Ikuinen viisaus – 2. osa

Ikuinen viisaus

Upadeshamritam

2. osa

Koonnut
Swami Jnanamritananda Puri

Kääntänyt malajamin kielestä englanniksi
Dr. M. N. Namboodiri

Mata Amritanandamayi Center, San Ramon
Kalifornia, Yhdysvallat

Ikuinen viisaus - Upadeshamritam
2. osa

Julkaisija:
Mata Amritanandamayi Center
P.O. Box 613
San Ramon, CA 94583-0613
Yhdysvallat

——————————— *Eternal Wisdom 2 – Finnish* ———————————

Yhteystiedot Suomessa:
www.amma.fi

Intiassa:
www.amritapuri.org
inform@amritapuri.org

Äiti,

Olkoon jokainen tekoni
antaumuksentäyteinen
palvelus sinulle.

Olkoon jokainen sana huulillani
sinun suuriarvoisen mantrasi toistamista,

Olkoon jokainen käteni liike
sinua ylistävä mudra.

Olkoon jokainen askeleeni
kunniakierros sinun ympärilläsi,

olkoon nauttimani ruoka ja juoma
uhrilahja pyhään tuleesi,

olkoon leponi
kumarrus sinulle.

Äiti, olkoon kaikki tekoni
ja kaikki iloni
sinun palvontaasi.

Sisällys

Esipuhe

Harvinaisia ovat *mahatmat* (suuret sielut), jotka näkevät koko maailmankaikkeuden *atmanissa* (Itsessä), ja *atmanin* maailmankaikkeudessa. Vaikka heidät tunnistettaisiinkin, he eivät välttämättä tunne halua olla yhteydessä meihin eikä neuvoa meitä, koska he ovat sulautuneet Itsen ikuiseen hiljaisuuteen. Sen tähden me olemme onnekkaita, kun täyden oivalluksen saavuttanut *mahatma* on halukas neuvomaan ja ohjaamaan meitä äidin lempeällä rakkaudella ja gurun selittämättömällä myötätunnolla. Sri Mata Amritanandamayin, Amman *darshan* (halaus) ja nektarin kaltaiset sanat saavat aikaan muutoksen sadoissatuhansissa ihmisissä eri puolilla maailmaa. Tämä kirja, epätäydellisyydessään, on arvokas kokoelma Amman ja hänen opetuslastensa, oppilaidensa ja ashramin vierailijoiden välisiä keskusteluja kesäkuusta 1985 syyskuuhun 1986.

Maailmaa kohottamaan tulleiden *mahatmojen* viisaus sisältää sekä välittömän että ikuisen merkityksen. Vaikka he selventävätkin ikuisia arvoja, he ovat samanaikaisesti sopusoinnussa sen aikakauden kanssa, jossa he elävät. Heidän sanansa ovat vastauksia heidän kuuntelijoidensa sydämenlyönteihin.

Amma lausuu yhteiskuntaa muuttavat kuolemattomat ajatuksensa aikana, jolloin ihminen on menettänyt perinteiset arvonsa, jalot tunteensa ja mielenrauhansa pyrkiessään kiihkeästi saavuttamaan aistimaailman nautintoja, valtaa ja kunniaa. Ihmisen järjetön pyrkimys tavoittaa itselleen näitä häiriötekijöitä samalla, kun hän on tietämätön omasta Itsestään, on kostautunut hänelle oman elämänsä tasapainon ja armollisuuden menettämisellä. Uskon puute, pelko ja kilpailuhenkisyys ovat tuhonneet

11

perhesuhteet ja ihmissuhteet. Rakkaudesta on tullut kuin kangastus kulutusyhteiskunnan keskellä.

Jumalaan kohdistuva epäitsekäs rakkaus on joutunut väistymään itsekkäisiin haluihin pohjautuvan antaumuksen tieltä. Ihminen antaa älylle liian suurta merkitystä, hakien vain välitöntä hyötyä kaikesta, ja unohtaen todellisen viisauden lahjoittaman kestävän loiston. Korkeat henkiset arvot ja jalot kokemukset eivät loista ihmisten elämässä vaan ilmenevät vain sanojen tasolla. Tällaisessa vaiheessa Amma puhuu meille puhtaan antaumuksen kielellä, sydämen ja viisauden kielellä, ja sillä rakkaudella, joka on hänen koko elämänsä. Hänen nektarin kaltaiset sanansa sisältävät sekä välittömän että ikuisen merkityksen.

Amma on kuuntelemalla satojentuhansien ihmisten ongelmia osoittanut viisautensa ja syvän ymmärryskykynsä ihmisten tilanteesta. Hän tunnistaa heidän tarpeensa ja laskeutuu rationalistin, uskovaisen, tiedemiehen, kadunmiehen, perheenäidin, liikemiehen, oppineen ja lukutaidottoman – miehen, naisen tai lapsen – tasolle ja antaa kullekin sopivan vastauksen täyttämällä jokaisen henkilökohtaisen tarpeen.

Viitaten omaan elämäänsä Amma sanoo:

"Näen kaikessa totuuden tai Brahmanin, niinpä kumarran tuolle totuudelle, kumarran omalle Itselleni. Palvelen kaikkia nähden kaiken Itsenä."

Hän pitää *advaitaa* (ei-kaksinaisuutta, ykseyttä) lopullisena totuutena. Tästä huolimatta, tie, jota hän yleensä suosittaa on tasapainoinen kokonaisuus *mantra-japaa* (mantran toistamista), jumalallisen hahmon mietiskelyä, antaumuksellisia lauluja, *archanaa* (mantraresitaatiota), *satsangia* (luentojen kuuntelua) ja epäitsekästä palvelutyötä maailmalle.

Hänen neuvonsa eivät ole teoreettisia vaan hyvin käytännöllisiä ja arkielämään soveltuvia. Ohjeet valaisevat henkistä polkua ja *sadhanaa* (henkisiä harjoituksia) ottaen huomioon yksilön ja yhteiskunnan tarpeet, ja sitä mikä merkitys epäitsekkäällä työllä, vilpittömällä, antaumuksellisella rukoilulla ja puhtaalla rakkaudella on Itsen etsinnässä. Hän puhuu myös perheelliselle sopivasta elämäntavasta, arkielämän ongelmista, miehen ja naisen suhteen *dharmasta* (velvollisuuksista) sekä antaa käytännöllisiä ohjeita henkiselle etsijälle, esittäen toisinaan filosofisia arvoituksia.

Saamme kuulla hänen kehottavan opetuslapsiaan noudattamaan henkisyyttä elämässään, luopumaan ylimääräisistä mukavuuksista ja huonoista tavoista ja palvelemaan heitä, jotka kärsivät.

"Lapseni, Jumalan oivaltaminen on elämän todellinen päämäärä."

Henkisyys ei ole sokeaa uskoa, se on elämäntapa, joka poistaa pimeyden. Se opettaa meitä kohtaamaan hymyillen vaikeat tilanteet ja esteet. Se on mielen kouluttamista. Amma osoittaa, että voimme käyttää oppimaamme tietoa tehokkaasti vain, jos hankimme tueksemme henkistä tietoa.

Amman ääretön viisaus ilmenee hänen lohduttavissa sanoissaan heille, jotka etsivät helpotusta elämänsä ongelmiin. Hänen viisautensa tulee esiin myös vastauksissa henkisyyttä koskeviin kysymyksiin ja aika ajoin neuvoissa opetuslapsilleen. Hänen vastauksensa ottavat huomioon kysyjän luonteen ja olosuhteet. Vaikka kysyjä ei kykenisikään ilmaisemaan ajatuksiaan täysin, Amma, joka tuntee sydämen kielen, antaa sopivan vastauksen. Moni on saanut kokea sen, että Amma vastaa jo ennen kuin kysymys on lausuttu ääneen.

Vastatessaan yhden ihmisen esittämään kysymykseen, hän antaa usein samalla neuvon vieressä kuuntelevalle. Vain hiljainen kuuntelija ymmärtää, että tämä vastaus oli tarkoitettu hänelle. Tutkittaessa Amman opetuksia nämä seikat on hyvä pitää mielessä.

Mahatman sanat ovat monitasoisia. Meidän tulee omaksua se merkitys, joka sopii parhaiten meille. *Upanishadien* tunnettu tarina kertoo siitä, miten Brahma-jumala sanoi kerran sanan 'da', silloin demonit tulkitsivat sen neuvoksi harjoittaa myötätuntoa (*dayaa*), ihmiset ymmärsivät sen tarkoittavan hyväntekeväisyyttä (*danaa*) ja taivaalliset olennot ymmärsivät sen neuvoksi harjoittaa itsekuria (*damaa*).

On hienoa saada kuunnella Ammaa ja katsella hänen ilmeitään ja eleitään, kun hän käyttää yksinkertaista kieltä ja elävöittää puheitaan sopivilla tarinoilla ja vertauskuvilla, joita hän ammentaa ympärillä olevasta elämästä. Rakkaus, joka loistaa Amman silmistä ja hänen myötätuntoa säteilevät kasvonsa säilyvät elävinä kuuntelijan mielessä, joita hän voi sitten jälkikäteen mietiskellä.

Henkisestä kirjallisuudesta ei ole puutetta tänä päivänä, mutta surullinen tosiasia on, että korkeimmat ihanteet ovat vain ihmisten puheissa, mutta eivät ilmene heidän elämässään. Amma sen sijaan puhuu oman jokapäiväisen elämänsä pohjalta. Hän ei koskaan anna ohjetta, jota hän ei itse toteuta omassa elämässään. Hän muistuttaa meitä jatkuvasti siitä, että henkisten periaatteiden ja mantrojen ei ole tarkoitus olla vain kielellämme vaan niiden tulee ilmetä myös elämässämme. Sen seikan salaisuus, että syvät henkiset viisaudet virtaavat jatkuvasti Amman suusta, joka ei ole opiskellut pyhiä kirjoituksia eikä saanut ohjeita gurulta, on siinä että hän elää jatkuvassa Itsen kokemuksessa.

Pyhät kirjoitukset perustuvat *mahatmojen* omaan elämään. Sellaiset Amman sanonnat kuten "Koko maailma kuuluu hänelle, joka tuntee todellisuuden", "Ystävällisyys köyhiä kohtaan on meidän velvollisuutemme Jumalaa kohtaan", "Jos turvaudut Jumalaan, hän lahjoittaa sinulle sen mitä tarvitset, silloin kun sen tarvitset", ilmentävät Amman omaa elämää. Hän ilmentää kaikissa toimissaan myötätuntoa koko maailmaa ja rakkautta Jumalaa kohtaan. Tällainen ajatusten, puheiden ja tekojen ykseys muodostaa perustan hänen toteamukselleen, ettei hänen opetuslastensa tarvitse tutkia pyhiä kirjoituksia, jos he analysoivat ja tutkivat hänen elämäänsä tarkasti. Amma loistaa yhteiskunnan keskellä *vedantan* (ykseysfilosofian) elävänä ilmentymänä.

Mahatmat, jotka pyhittävät maailman läsnäolollaan ovat eläviä *tirthoja*, pyhiinvaelluskohteita. Säännölliset pyhiinvaellusmatkat ja temppelipalvelus puhdistavat mieltämme, kun harjoitamme niitä vuosikausia, mutta *mahatman* yksikin *darshan* (kohtaaminen), kosketus tai sana siunaa meidät ja kylvää meihin ylevöittävän *samskaran* (henkisyyden) siemenen.

Mahatman sanat eivät ole pelkkiä sointuja. *Mahatmat* antavat armonsa laskeutua meihin sanojensa myötä. Heidän sanansa herättävät tietoisuuden jopa henkilössä, joka ei ymmärrä niiden merkitystä. Kun nämä puheet ilmestyvät nyt kirjan muodossa, niiden tutkimisesta tulee mitä parhain *satsang* (henkinen opiskelu) ja meditaatio. Amman kaltaiset *mahatmat*, jotka kokevat todellisuuden, ylittävät ajan ja paikan. Amman kuolemattomien ajatusten lukeminen ja kuunteleminen auttaa meitä ylläpitämään näkymätöntä sidettä häneen ja tulemaan kypsiksi vastaanottamaan hänen siunauksensa. Siinä piilee tällaisten kirjojen opiskelun suuruus.

Tarjoamme nöyrästi tämän Amman kuolemattomien ajatusten kokoelman lukijalle, rukoillen, että ne innostaisivat häntä noudattamaan korkeimpia henkisiä periaatteita, jotka ovat aina loistaneet Amman elämässä, sekä kannustaisivat edistymään omalla polullaan kohti korkeinta totuutta.

–Julkaisijat

Ikuinen viisaus

Upadeshamritam
2. osa

Amma kuuntelee Bhagavatamia

Kavyakaustubham [1] Ottoor luennoi parhaillaan *kalarin* edessä *Srimad Bhagavatamista*. Nektarin kaltainen antaumus virtasi ja oli ylittämässä kaikki raja-aidat. Ihmiset istuivat lumoutuneina. Amma oli yleisön joukossa kuuntelemassa tarinaa Krishnan lapsuuden leikeistä. Ottoor, joka oli jo lähes 80-vuotias ja jonka mieli keskittyi alati Krishnaan, kertoi tarinaa niin kuin hän olisi itse nähnyt nuo tapahtumat silmiensä edessä:

"Mitähän kepposta Krishna nyt suunnittelee? Kukapa tietää? Hän rikkoi ruukun ja jogurtti virtaa nyt kaikkialle – myös hänen itsensä päälle. On helppo nähdä mihin suuntaan hän on mennyt, jogurtista muodostuneet jalanjäljet kertovat sen, mutta muutaman askeleen päässä ei näy enää mitään – ei minkäänlaisia jalanjälkiä! Me olemme samanlaisessa tilanteessa. Voimme ottaa muutamia askeleita Herraa kohden *Upanishadien* ja *Puranoiden* auttamana – siinä kaikki. Sen jälkeen meidän on yritettävä löytää hänet oman etsintämme avulla. Yasoda etsii nyt häntä. Hän tietää

---

[1] *Kaustubha* tarkoittaa jalokiveä runoilijoiden joukossa. Kaustubha on arvokas jalokivi, jota Vishnu piti rintakehällään. Tämän arvonimen Ottoor oli saanut taitavana runoilijana. Hän oli kuuluisa runoilija ja sanskritin kielen oppinut. Hän on myös Ammalle omistettujen 108 mantran luoja. Hän vietti viimeiset vuotensa Amritapurin ashramissa.

varsin hyvin mistä Krishnaa tulee etsiä. On etsittävä sieltä, minne on varastoitu voita ja maitoa. Et voi olla löytämättä häntä. Mikä siunaus olisikaan, jos voisimme nähdä Herran yhtä helposti! Mutta näin oli tuohon aikaan, tarvitsi vain mennä ja katsoa."

"Niinpä Yasoda etsii ja löytääkin hänet, hän kun on kiivennyt jauhinkiven päälle, joka on käännetty ylösalaisin, ja hänen ympärillään on kokonainen armeija – Raman armeija.[2] He kurkottavat käsiään saadakseen häneltä herkkupaloja. Krishna katuu, että jätti nelikätisen hahmonsa vankilaan, missä hän syntyi, sillä tuhatkaan kättä ei riittäisi nyt syöttämään kaikkia noita apinoita.[3]

'Nopeasti, nopeasti!' hän sanoo. 'Teidän tulee syödä ne ennen kuin äiti tulee!'

Tuo kaikesta tietoinen olento katsoo aina silloin tällöin viekkaasti ympärilleen ja samassa hän näkee äitinsä. Sanotaan, että tuuli ja varis tunkeutuvat tilaan vain, jos kaksi kulkureittiä on avoinna, nimittäin sisääntulo ja poistumisreitti. Krishna on pitänyt myös siitä huolen. Hän on varmistanut, että pako-ovi on avoinna ja juuri kun hänen äitinsä on saamassa hänestä otteen, hän pakenee.

Minne hän juoksee? Yasoda pitää keppiä käsissään ja Krishna tietää, että äiti ei ole vielä niin vanha, että tarvitsisi kävelykeppiä.

---

[2] Ottoor tarkoittaa Raman armeijalla gopeja, lehmityttöjä, jotka olivat Krishnan leikkitovereita ja myöhemmin hänen oppilaitaan.

[3] Kun Krishna syntyi, hänen vanhempansa, Devaki ja Vasudeva, olivat vankilassa, minne heidän setänsä Kamsa oli heidät teljennyt. Krishna salli syntyttyään vanhempiensa nähdä hänet Vishnun nelikätisessä hahmossa, minkä jälkeen hän palasi jälleen inhimilliseen hahmoonsa vastasyntyneenä lapsena. *Mayan*, illuusion, voima sai hänen vanhempansa unohtamaan välittömästi tuon näyn, jonka he olivat saaneet nähdä.

Hän tietää, että keppi on tarkoitettu hänen kurittamisekseen, niinpä hän pakenee."

> *...ja hänen äitinsä seuraa häntä, jota ei edes joogin mieli, joka on henkisten harjoitusten ja itsekurin koulima, kykene seuraamaan ilman hänen armoaan.*
>
> Srimad Bhagavatam 10:9

Kun *satsang*, luento, jatkui, Amma nousi ylös ja käveli ashramin länsipuolelle. Hän pysähtyi kalarin ja Vedanta-koulun väliin, palkista roikkuvien ruukkukasvien eteen. Hän hyväili jokaista köynnöskasvia yksitellen, piteli niitä käsissään suukotellen niitä. Hän kosketti kasveja yhtä rakkaudellisesti kuin äiti, joka hyväilee vastasyntynyttä lastaan.

Eräs tyttö lähestyi häntä kysymyksen kanssa, mutta Amma viittasi häntä olemaan hiljaa. Kun tyttö ojensi kätensä koskettaakseen kasvia, Amma pysäytti hänet niin kuin olisi pelännyt, että tytön kosketus saattaisi vahingoittaa kasvia. Amma jatkoi vuoropuheluaan kasvien kanssa jonkin aikaa. Ehkäpä niille oli tärkeää saada jakaa surunsa Äidin kanssa, niin kuin hänen ihmisopetuslapsensakin tekevät. Kuka muu kuin Amma voisikaan lohduttaa heitä?

Tässä vaiheessa esitelmä oli päättynyt, jolloin Amma palasi *kalarin mandapamille*, temppelin verannalle ja istuutui.

Tyaga

Perheellinen oppilas: "Amma, puhut aina *tyagan* tärkeydestä. Mitä *tyaga* oikein on?"

Amma: "Poikani, jokainen teko, joka tehdään ajattelematta omaa mukavuuttamme ja etujamme, on *tyagaa*. Amma kutsuu kaikkia niitä tekoja *tyagaksi*, jotka tehdään uhrilahjana Jumalalle, maailman hyödyksi, vapaana 'minä' tai 'minun' -ajatuksesta tavoittelematta omaa etuamme. Kun ihminen ponnistelee omaksi edukseen, sitä ei voi kutsua *tyagaksi*."

Oppilas: "Voisitko selventää tuota hieman enemmän, Amma?"

Amma: "Kun lapsesi on sairaana, viet hänet sairaalaan. Kävelet sairaalaan vaikka se olisi kaukana. Olet valmis lankeamaan vaikka kuinka monen ihmisen jalkojen juureen, jotta lapsesi otettaisiin sairaalaan, ja jos huoneet ovat täynnä, olet valmis nukkumaan lapsesi kanssa likaisella lattialla. Olet valmis olemaan poissa työpaikaltasi useita päiviä ollaksesi lapsesi kanssa. Mutta koska teet kaiken tämän ponnistelun oman lapsesi hyväksi, niin sitä ei voi kutsua *tyagaksi*.

Ihmiset ovat valmiita kiipeämään oikeustalon portaita lukemattomia kertoja ylös alas taistellakseen pienen maatilkun vuoksi. Mutta he tekevät sen itsensä takia. Ihmiset tekevät myöhään ylitöitä ja luopuvat unestaan ansaitakseen rahaa. Tämä ei ole *tyagaa*. Mutta jos uhraat oman mukavuutesi ja autat toisia, sitä voi kutsua *tyagaksi*. Jos autat ihmisparkaa rahalla, jonka olet ansainnut kovalla työllä, kyse on *tyagasta*. Sanokaamme, että naapurisi lapsi on sairas eikä ole ketään, joka voisi olla hänen seuranaan sairaalassa, ja jos olet lapsen seurana odottamatta keneltäkään mitään vastalahjaa, et edes hymyä, kyse on *tyagasta*. Jos vähennät menojasi ja luovut omasta mukavuudenhalustasi ja käytät säästämäsi rahat hyväntekeväisyyteen, se on *tyagaa*.

Tällaisten uhrausten avulla sinä koputat ovelle, joka vie sinut Itsen valtakuntaan. Tällaisten tekojen avulla saavutat oikeuden astua tuohon maailmaan. Tämä on *karmajoogaa*. Muut teot vievät sinut vain lähemmäksi kuolemaa. Teot, jotka teet 'minä' ja 'minun' -asenteella, eivät hyödytä sinua.

Kun menet katsomaan ystävääsi, jota et ole nähnyt pitkään aikaan, saatat viedä hänelle kukkakimpun. Saat itse nauttia ensimmäisenä noiden kukkien tuoksusta ja saat myös kokea antamisen lahjoittaman ilon. Samalla tavoin saat kokea onnen ja täyttymyksen tunnetta toimiessasi epäitsekkäästi *tyagan* hengessä."

"Lapseni, jos joku toimii epäitsekkäästi *tyagan* hengessä eikä hänellä ole aikaa harjoittaa *japaa, mantran* toistamista, hän saavuttaa silti kuolemattomuuden. Hänen elämänsä hyödyttää toisia nektarin lailla. *Tyagan* täyttämä elämä on suurin *satsangin* muoto, koska toiset voivat ottaa siitä oppia.

Japaa koskeva neuvo

Brahmachari: "Amma, onko hyödyllistä olla nukkumatta ja harjoittaa mantran toistamista yöaikaan?"

Amma: "Olet vuosien ajan tottunut nukkumaan. Jos luovut tuosta tavasta yhtäkkiä, se aiheuttaa sinulle ongelmia. Nuku vähintään neljä tai viisi tuntia, ei vähempää kuin neljä tuntia. Älä vähennä unta äkisti, vaan asteittain."

Brahmachari: "Menetän usein keskittymiseni, kun toistan mantraa."

Amma: "Mantraa tulee toistaa keskittyen voimallisesti. Keskity joko mantran sointuun tai merkitykseen, tai voit visualisoida mantran jokaisen tavun toistaessasi sitä. Voit myös ajatella rakkaan Jumalasi hahmoa toistaessasi. Päätä etukäteen kuinka monta kertaa tulet toistamaan mantraa kunakin päivänä. Tämä auttaa sinua harjoittamaan *japaa* päättäväisesti. Mutta älä toista huolimattomasti, vain saavuttaaksesi tietyn määrän toistoja.

Tärkeintä on se, että mielesi on keskittynyt. *Malan* käyttö auttaa sinua laskemaan ja ylläpitämään keskittyneisyyttä.

Keskittyneisyyttä ei ole helppo saavuttaa aluksi, niinpä sinun tulee liikuttaa huuliasi toistaessasi. Ajan myötä opit toistamaan mantraa hiljaa mielessäsi liikuttamatta huuliasi tai kieltäsi. Harjoita *japaa* tarkkaavaisesti, älä tee niin mekaanisesti. Jokaisen toiston tulee olla kuin söisit makeisia. Lopulta saavutat tilan, jossa mantra ei jätä sinua vaikka sinä jättäisitkin mantran toistamisen.

Eikö Yasoda sitonutkin Krishnan jauhinkiveen? Kuvittele samalla tavoin, että sidot jumalhahmosi rakkauden köysin ja vapautat hänet sitten. Kuvittele mielessäsi niin kuin tuo kaikki tapahtuisi elokuvissa, että leikit hänen kanssaan, keskustelet hänen kanssaan ja juokset hänen perässään tavoittaaksesi hänet. Kun olet täynnä rakkautta, kenenkään ei tarvitse kertoa millä tavoin sinun tulee kuvitella tällaisia asioita, sillä silloin rakkaintasi koskevat ajatukset olevat ainoita asioita, jotka itsestään täyttävät mielesi.

Lapseni, pyrkikää kehittämään itsessänne rakkautta. Omaksukaa asenne, että Jumala on minun kaikkeni."

Perjantai, 15. marraskuuta 1985

Oli aikainen ilta. Amma ja hänen opetuslapsensa olivat juuri saapuneet erään oppilaan kotiin Kayamkulamiin. Hän oli pyytänyt useita kertoja Ammaa tulemaan, mutta vasta nyt Amma oli ottanut kutsun vastaan.

Pienikokoinen katos oli pystytetty talon eteen *bhajaneita* varten. Paikalle oli kerääntynyt paljon ihmisiä, joista suurin osa oli kouluttamattomia, eikä heillä ollut paljoakaan henkistä ymmärrystä. Alkoholin haju leijui ilmassa, eikä perhe yrittänyt juurikaan hallita väkijoukkoa. Tällaisessa ilmapiirissä brahmachareista tuntui vaikealta laulaa *kirtaneita*. Ehkäpä tästä johtuen Amma oli ennakoinut, että näin tulisi tapahtumaan, eikä hän siksi ollut ottanut kutsua aikaisemmin vastaan. Amma sanoo usein: "Amma on valmis menemään minne tahansa ja ottamaan vastaan minkälaisia loukkauksia tahansa, se ei ole hänelle ongelma. Eikö Amma laulakin Jumalan nimeä? Mitä häpeämistä siinä on? Mutta Amman opetuslapset eivät hyväksy sitä, että kukaan sanoo mitään kielteistä hänestä. Joukossa on myös muutamia tyttöjä. Eivät he voi mennä minne tahansa laulamaan. He tarvitsevat suojelua. Sen tähden Amma ei voi ottaa vastaan umpimähkään mitä tahansa kutsua."

Karman salaisuus

Paluumatka ashramiin tarjosi mahdollisuuden *satsangiin* Amman kanssa. Yksi *brahmachareista* kysyi:

"Onko väistämätöntä, että me joudumme kärsimään jokaisesta virheestä, jonka olemme tehneet?"

Amma: "Me joudumme ottamaan vastaan rangaistuksen jopa kaikkein pienimmistäkin virheistä. Jopa Bhishma[4] joutui kärsimään tekemänsä virheen seuraukset."

Brahmachari: "Mitä hän teki väärin? Millä tavoin häntä rangaistiin?"

Amma: "Hän vain seisoi ja katseli, kun Draupadi yritettiin riisua alasti. Vaikka hän tiesikin, että Duryodhana ja hänen

---

[4] Bhishma oli Pandavien ja Kauravien isoisä *Mahabharata*-eepoksessa. Hän oli rohkea taistelija, jolla oli suurta viisautta. Vaikka hänen myötätuntonsa olikin Pandavien puolella, hän taisteli silti Kauravien joukoissa Mahabharatan sodassa johtuen valasta, jonka oli vannonut.

veljensä eivät kuuntelisi järjen ääntä, hänen olisi silti pitänyt muistuttaa heitä heidän *dharmastaan.* Mutta hän ei tehnyt niin, vaan vaikeni. Hänen olisi pitänyt neuvoa noita pahantekijöitä heidän *dharmastaan,* riippumatta siitä, olisiko se otettu vakavasti vai ei. Koska hän ei sanonut sanaakaan heitä vastaan, hänestä tuli osallinen heidän pahaan tekoonsa. Tästä johtuen hän joutui myöhemmin makaamaan lävistettynä nuolipedissä.

Epäoikeudenmukaisen teon todistaminen ja siitä samaan aikaan vaikeneminen, vaikka tietää teon olevan vastoin *dharmaa,* on suurinta epäoikeudenmukaisuutta. Niin toimii pelkuri, ei rohkea ihminen. Tietäköön jokainen, joka syyllistyy sellaiseen syntiin, että hän ei voi paeta sen seurausta. Helvetti on tarkoitettu sellaisia ihmisiä varten."

Brahmachari: "Missä on helvetti?"

Amma: "Maan päällä."

Brahmachari: "Eikö Jumala saa meidät tekemään oikeita ja vääriä tekoja?"

Amma: "Poikani, se on totta hänelle, joka on vakuuttunut kaikkialla läsnäolevasta Jumalasta. Siinä tapauksessa meidän tulee kyetä näkemään kaikki Jumalan lahjana; nautiessamme hyvien tekojemme hedelmistä sekä kärsiessämme virheittemme rangaistusta.

Jumala ei ole vastuussa meidän virheistämme – me itse kannamme niistä vastuun. Sanokaamme, että lääkäri määrää meille lääkettä, joka parantaa kehomme. Hän kertoo meille kuinka paljon tätä nestemäistä lääkettä tulee juoda kerralla. Jos emme noudata hänen ohjeitaan vaan juomme koko pullon kerralla ja jos terveytemme tuhoutuu sen seurauksena, mitä hyötyä on silloin lääkärin syyttämisestä? Samoin, jos ajamme huolimattomasti ja joudumme sen tähden onnettomuuteen, voimmeko syyttää siitä polttoainetta? Kuinka siis voisimme syyttää Jumalaa ongelmistamme, jotka oma tietämättömyytemme on synnyttänyt? Jumala on tehnyt meille täysin selväksi, millä tavoin meidän tulisi elää täällä maan päällä. Ei ole hyötyä syyttää häntä aiheutuneista seuraamuksista, jos emme ole seuranneet hänen ohjeitaan."

Brahmachari: "*Bhagavad-Gita* opettaa meitä toimimaan toivomatta tekojemme hedelmiä. Amma, miten ihmeessä voisimme toimia sillä tavoin?"

Amma: "Herra kertoi sen vapauttaakseen meidät kärsimyksestä. Meidän tulee toimia harjoittaen *shraddhaa*, huolehtimatta tai ajattelematta lopputulosta. Silloin tulemme saamaan sen tuloksen, jonka toimintamme ansaitsee. Jos esimerkiksi olet opiskelija, opettele läksysi huolella kantamatta huolta siitä, läpäisetkö kokeen vai et. Jos rakennat taloa, rakenna huolellisesti noudattaen rakennuspiirustuksia kantamatta huolta siitä, kestääkö rakennus vai romahtaako se."

"Hyvät teot tuovat hyvän lopputuloksen. Jos maanviljelijä myy hyvälaatuista riisiä, ihmiset tulevat ostamaan sitä ja näin hän saa ansaitsemansa palkkion työstään. Mutta jos hän myy pilaantuneita tuotteita toivoen saavansa ylimääräisiä ansioita, hän tulee saamaan siitä rangaistuksen joko tänään tai huomenna, ja näin hän menettää mielenrauhansa. Tee sen tähden jokainen tekosi tarkkaavaisena ja Jumalalle antautuen. Jokaista tekoa seuraa aina ansaittu lopputulos, kannoit siitä sitten huolta tai et. Miksi siis kantaisit huolta tekojesi hedelmistä? Miksi et käyttäisi aikaasi ajatellen Jumalaa?"

Brahmachari: "Jos Itse on kaikkialla läsnäoleva, eikö sen pitäisi olla silloin myös kuolleessa ruumiissa? Miten siinä tapauksessa kuolema voi yllättää meidät?"

Amma: "Kun sähkölamppu palaa tai tuuletin lakkaa pyörimästä, niin se ei tarkoita sitä että sähköä ei enää ole. Kun lakkaamme käyttämästä viuhkaa, tuulenvire kasvoillamme lakkaa, mutta se ei tarkoita sitä, että ilmaa ei enää ole. Tai kun ilmapallo räjähtää, se ei tarkoita, että ilma joka täytti pallon olisi lakannut olemasta. Se on edelleen olemassa. Samalla tavoin Itse on kaikkialla. Jumala on kaikkialla. Kuolema tarkoittaa sitä, että ruumiillinen käyttövälineemme tuhoutuu. Kuoleman hetkellä ruumis lakkaa ilmentämästä Itsen tietoisuutta. Niinpä kuolema merkitsee käyttövälineen tuhoutumista, ei Itsen epätäydellisyyttä."

Amma ryhtyi nyt opettamaan kahdelle brahmacharille *bhajania*, henkistä laulua. Hän lauloi jakeen kerrallaan ja he toistivat sen hänen perässään.

Bhagavane, Bhagavane

Oi Herra, oi Herra!
Oi Herra, jolle palvojat ovat rakkaita,
oi puhtain, syntien tuhoaja,
tässä maailmassa näyttää olevan vain syntisiä.

Onko olemassa ketään, joka voisi osoittaa meille oikean tien?
Oi Narayana, hyveellisyys on kadonnut,
ihminen on menettänyt ymmärryksen totuudesta ja hyveistä.

Henkiset totuudet ovat enää kirjojen sivuilla.
Nyt saamme nähdä vain tekopyhyyttä,
uudista ja suojele dharmaa,
Oi Krishna!

Amme kannu turakkule

Oi Äiti, etkö avaisi silmäsi ja tulisi?
Poista tämä pimeys.
Minä toistan sinun lukemattomia nimiäsi,
yhä uudelleen ja uudelleen,
suurella antaumuksella.

Tässä tietämättömyyden maailmassa,
kuka muu kuin sinä
voisi poistaa tietämättömyyteni?
Sinä olet viisauden ydinolemus,
maailmankaikkeuden taustalla oleva voima.

Oi Äiti, sinä joka jumaloit oppilaitasi,
olet meidän elinvoimamme.
Kun kumarrumme sinun jalkojesi juureen,
etkö katsahtaisi meitä armollisesti?

Seitsemän tietäjää laulaa alati
sinun ylistystäsi.
Nyt me onnettomat kutsumme sinua,
oi sinä suurista suurin, etkö tulisi luoksemme?

Auto pysähtyi Vallickavun venelaiturin kohdalle. Aika oli mennyt niin nopeasti, että kaikki olivat ihmeissään huomatessaan heidän jo lähes saapuneen ashramiin.

Ashramin portilla yksi oppilaista odotti innolla Ammaa. Hänen seurassaan oli nuori mies. Oppilas kumartui maahan asti nähdessään Amman. Nuori mies seisoi rennosti vierellä. Amma johdatti heidät molemmat kalariin ja istuutui pienen temppelin avoimelle verannalle.

Amma: "Lapseni, milloin tulitte?"

Oppilas: "Muutamia tunteja sitten. Olimme Oachirassa linja-autossa, kun näimme autosi menevän vastakkaiseen suuntaan. Pelkäsimme, ettemme näkisi sinua tänään lainkaan. Mutta kun saavuimme tänne, meille kerrottiin, että sinä palaisit vielä tänä iltana. Sen jälkeen tunsimme olomme paremmaksi."

Amma: "Äiti meni erään poikansa kotiin Kayamkulamiin. Tämä köyhä perhe on kutsunut Ammaa monia kertoja. Nähtyään kuinka surullisia he olivat, Amma lupasi lopulta vierailla heidän luonaan tänään. Miten sinun *sadhanasi*, henkinen harjoituksesi, edistyy, poikani?"

Oppilas: "Amman armosta kaikki edistyy lupaavasti. Voinko esittää kysymyksen?"

Amma: "Ilman muuta, poikani."

Mantravihkimyksen saaminen gurulta

Oppilas: "Amma, ystäväni sai mantran *sanjaasilta*. Vähän aikaa sitten hän yritti houkutella myös minut ottamaan mantran vastaan tältä munkilta. Hän jatkoi ehdotteluaan vaikka kerroinkin hänelle, että olen saanut jo mantran sinulta. Lopulta pääsin hänestä eroon. Amma, kun on saanut mantran *gurulta*, onko oikein ottaa vastaan mantra joltakulta toiselta?"

Amma: "Jos lähestyt toista gurunasi sen jälkeen, kun olet valinnut itsellesi gurun, se on kuin jos olisit naimisissa ja pettäisit puolisoasi. Mutta jos et ole saanut mantraa gurulta, siinä tapauksessa siinä ei ole ongelmaa.

Saatuasi mantran *satgurulta* sinun ei tarvitse mennä enää kenenkään muun luokse. Gurusi huolehtii sinusta kaikin tavoin. Voit kunnioittaa toisia guruja, siinä ei ole mitään ongelmaa, mutta et hyödy mitään, jos et pitäydy mihinkään. Toisen gurun lähestyminen silloin kun *satguru*, joka on antanut sinulle mantravihkimyksen, on yhä elossa, on sama kuin että nainen pettäisi aviomiestään tapaamalla toista miestä. Otit vastaan mantran gurultasi, koska uskoit häneen täysin. Kun hyväksyt itsellesi toisen gurun, se tarkoittaa sitä, että olet menettänyt uskosi."

Oppilas: "Mitä tulisi tehdä, jos on menettänyt uskonsa guruun, jolta on saanut mantran?"

Amma: "Silloin tulisi pyrkiä ylläpitämään uskoaan mahdollisimman hyvin, mutta jos se on mahdotonta, silloin on hyödytöntä jatkaa tuon gurun kanssa olemista. Yritys uudistaa menetetty usko on kuin yrittäisi kasvattaa hiuksia kaljuun päälakeen. Kun olet menettänyt uskosi, sitä on erittäin vaikea saada enää takaisin. Joten ennen kuin hyväksyt jonkun guruksesi, sinun tulisi tarkkailla häntä huolellisesti. On paras ottaa vastaan mantra *satgurulta*, valaistuneelta opettajalta."

Oppilas: "Mitä hyödymme siitä, että saamme mantran *satgurulta*?"

Amma: "*Sankalpansa* avulla *satguru* voi herättää henkisen voiman sisälläsi. Jos kaadat maitoa maidon joukkoon, et voi valmistaa sillä tavoin jogurttia. Mutta jos laitat pienen määrän jogurttia maitoastiaan, maito muuttuu jogurtiksi. Kun *mahatma* antaa sinulle mantran, hänen *sankalpansa*, jumalallinen voimansa, laskeutuu sinuun."

Oppilas: "Moni omaksuu gurun roolin jakaen mantroja oikealle ja vasemmalle. Onko heidän antamistaan mantroista mitään hyötyä?"

Amma: "Jotkut pitävät luentoja kirjatiedon pohjalta tai lukevat *Bhagavatamia* tai *Ramayanaa* ääneen ansaitakseen elantonsa. Tällaiset ihmiset eivät voi pelastaa itseään. Kuinka he siis voisivat pelastaa toisia? Jos olet saanut mantran tällaiselta ihmiseltä ja tapaat sen jälkeen *satgurun*, sinun tulisi ilman muuta pyytää, että *satguru* vihkisi sinut uudelleen."

"Vain he, jotka ovat tehneet henkisiä harjoituksia ja oivaltaneet Itsen, ovat päteviä antamaan mantroja toisille. He, jotka teeskentelevät olevansa guruja, ovat kuin pesusienistä tehtyjä veneitä. He eivät voi kuljettaa ketään toiselle rannalle. Jos joku astuu tällaiseen veneeseen, se uppoaa, ja matkustajat vajoavat sen mukana. *Satguru* taas on kuin valtavan kokoinen laiva, mihin voi astua kuinka monta ihmistä tahansa ja se kuljettaa heidät toiselle rannalle. Se joka hyväksyy itselleen oppilaita ja vihkii heitä, ilman, että olisi ensin itse kerännyt riittävää voimaa *sadhanan* avulla, on kuin pienikokoinen käärme joka yrittää niellä suurta sammakkoa. Käärme ei kykene nielemään sammakkoa, eikä sammakko pääse pois."

Nuori mies: "Pyhät kirjoitukset kehottavat viettämään aikaa viisaiden seurassa. Mitä hyötyä on *mahatman satsangista*?"

Amma: "Poikani, jos kuljemme hajuvesitehtaan poikki, tuoksu säilyy meissä jälkikäteen. Meidän ei tarvitse työskennellä siellä eikä ostaa suitsukkeita tai koskettaa mihinkään – meidän tulee vain mennä sinne ja tuoksu tarttuu meihin ilman että ponnistelisimme millään tavoin. Samalla tavalla ollessasi *mahatman* seurassa sisälläsi tapahtuu muutos, vaikka et olisikaan tietoinen siitä. Aika, jonka vietät *mahatman* seurassa, on mittaamattoman arvokasta. Suuren sielun seura luo meissä myönteisiä *vasanoita*, ominaisuuksia ja *samskaroita*. Sellaisten ihmisten seura, jolla on synkkä mielenlaadu, on kuin huone täynnä hiiltä. Vaikka huoneessa ollessamme emme koskisi hiileen, vaatteemme ovat silti mustuneita, kun tulemme ulos."

"Voimme helposti löytää mahdollisuuden harjoittaa *tapasia* monia vuosia, mutta mahdollisuus *mahatman* seuraan on erittäin harvinaista ja vaikea saavuttaa. Sellaista mahdollisuutta ei tulisi heittää hukkaan. Meidän tulisi olla äärimmäisen kärsivällisiä ja pyrkiä saamaan kaikki mahdollinen hyöty irti tilanteesta. Pelkkä *mahatman* kosketus tai katse voi hyödyttää meitä paljon enemmän kuin kymmenen vuoden *tapas*. Mutta voidaksemme kokea tuon hyödyn meidän tulee vapautua egosta ja uskoa riittävästi."

On tärkeää tehdä henkisiä harjoituksia yksinäisyydessä

Nuori mies: "Kuljimme tänään ashramin alueella katsellen ympärillemme."

Amma: "Mitä nähtävää täällä on, poikani?"

Nuori mies: "En ymmärrä miksi kalarin takana on luola?"

Amma: "Alkuvaiheessa yksinolo on tarpeen etsijälle. Näin mieltä estetään häiriintymästä, silloin mieli voidaan suunnata sisäänpäin. Jos seuraat gurun neuvoja, opit näkemään Jumalan kaikessa.

Tällä alueella ei ole vuoria, kaikkialla on vain taloja. Yksinäistä paikkaa ei ole mahdollista löytää. Emme voi edes kaivaa kovin syvälle rakentaaksemme meditaatioluolan, sillä täällä on niin paljon vettä. Niinpä luola on rakennettu vain metrin verran maanpinnan alapuolelle, ei sitä voi edes oikein kutsua luolaksi.

Ennen kuin kylvämme siemenet, meidän tulee valmistaa maaperä. Meidän on poistettava rikkaruohot, kyntää maa, tehdä siitä pehmeää ja tasaista, ja sen jälkeen voimme lopulta kylvää siemenet. Sadon itäessä, meidän on jatkettava rikkaruohojen kitkemistä. Kun kasvit ovat kasvaneet riittävästi, ei meidän tarvitse enää kantaa huolta tuhoisista rikkaruhoista, sillä kasvit ovat nyt tarpeeksi vahvoja. Alkuvaiheessa kun kasvit ovat vielä nuoria ja hentoja, rikkaruohot voivat helposti tuhota ne. Sen tähden meidän tulee alkuvaiheessa tehdä henkisiä harjoituksia yksinäisyydessä. Meidän tulee antautua harjoittamaan *japaa* ja meditaatiota, eikä viettää liikaa aikaa toisten seurassa. Peltomme on oltava vapaa haitallisista rikkaruohoista. Myöhemmässä vaiheessa, kun olemme harjoittaneet *sadhanaa* jo jonkin aikaa, olemme riittävän vahvoja ulkoisten esteiden ylittämiseksi.

Jos yrität pumpata vettä ylemmäksi, se ei onnistu, jos järjestelmän pohjalla on vuoto. Samalla tavoin meidän on pysäytettävä keräämämme henkisen voiman vuoto, ja luovuttava ulkoisista kiinnostuksen kohteista. Meidän tulee viettää aikaa yksinäisyydessä, puhdistaa mieltämme ja vapautua niistä kielteisistä *vasanoista*, joita olemme keränneet itsellemme menneisyydessä. Tässä vaiheessa meidän tulisi välttää liiallista kanssakäymistä.

Opiskelijan ei ole helppo opiskella meluisalla tai ruuhkaisella rautatieasemalla. Hän tarvitsee ympäristön, joka on otollinen opiskelulle. Samoin *sadhaka* tarvitsee aluksi yksinoloa. Riittävän harjoittelun jälkeen hän kykenee meditoimaan minkälaisissa olosuhteissa tahansa. Mutta tässä vaiheessa tällaiset erityiset olosuhteet ovat tarvittavia.

Lisäksi luolassa meditoimiselle on olemassa toinenkin syy. Maanpinnan alapuolella, samoin kuin vuoristossa, on erityinen värähtely, joka lisää henkisten harjoitusten voimaa. *Mahatmat* sanovat, että maanalaiset luolat ovat erityisen hyviä meditointipaikkoja. Heidän sanansa ovat kuin *Veda*-kirjallisuutta. Me menemme tapaamaan lääkäriä, kun olemme sairastuneet ja hyväksymme sen mitä hän sanoo. Samalla tavoin meidän tulee kunnioittaa *mahatman* arvovaltaa henkisellä polulla.

Entisaikaan oli olemassa paljon metsiä ja luolia, minne etsijät vetäytyivät tekemään itsekuriharjoituksia. He elivät hedelmillä ja juurilla, ja keskittyivät *tapasin* harjoittamiseen. Tänä päivänä ympäristö on kovin erilainen. Jos kaipaamme luolaa, meidän tulee rakentaa sellainen. Vaikka tämä luola onkin käsin tehty, se on riittävän hyvä yksinoloa ja meditointia varten."

Nuori mies: "Mutta tarvitseeko etsijä luolaa harjoittaakseen *tapasia*? Emmekö eristäydy silloin maailmasta? Eikö sellainen ole heikkoutta?"

Amma: "Vaikka vesiastiassa olisikin laineita, ei vesi pääse karkaamaan. Mutta jos astia rikkoutuu, kaikki vesi pakenee. Samalla tavalla *sadhaka* menettää hienosyisen energiansa ollessaan tekemisissä ja keskustellessaan toisten kanssa. Tästä johtuen on hyvä olla alkuvaiheessa yksin. Tässä on kyse *sadhakan* harjoitus-vaiheesta. Kun haluat opetella ajamaan polkupyörällä, menet avoimeen, tyhjään paikkaan, missä voit harjoitella häiritsemättä ketään. Et pidä sitä heikkoutena. Ashramin opetuslapset tarvitsevat tätä luolaa ja yksinoloa, jonka se tarjoaa. Myöhemmin he saavat lähteä palvelemaan maailmaa."

Nuori mies: "Mutta minkä tähden he eivät mene Mookambikaan tai Himalajalle harjoittamaan *tapasia*? Siellä he olisivat oikeanlaisessa ympäristössä?"

Amma: "Poikani, gurun läheisyydessä oleminen on sama kuin Mookambikassa ja Himalajalla oleminen. Pyhissä kirjoituksissa sanotaan, että gurun jalkojen juuressa on kaikkien pyhien vesien kohtaamispaikka. Täällä olevat opetuslapset ovat *sadhakoita*, jotka tarvitsevat gurun läheisyyttä voidakseen saada häneltä tarvittaessa ohjeita. Opetuslapsen ei tule koskaan mennä kauaksi gurun luota ilman hänen lupaansa.

Lääkäri ei anna vakavasti sairaalle potilaalle vain lääkkeitä ja lähetä häntä sitten kotiin. Hän määrää potilaan olemaan sairaalassa, missä hän voi saada hoitoa. Hän tutkii potilaan kunnon säännöllisesti ja muuttaa lääkityksen annostusta sairauden kehityksen myötä. Sama pätee opetuslapseen, joka harjoittaa *sadhanaa*. Hänen tulee olla aina gurun valvovan katseen alla. Gurun tulee olla lähettyvillä, jotta hän voi hälventää oppilaan epäilykset, jotka nousevat hänessä pintaan, ja jotta hän voi ohjata opetuslasta eteenpäin sopivalla tavalla *sadhanan* eri vaiheissa. Lisäksi gurun tulee olla henkilö, joka on jo kulkenut vastaavan matkan.

Jos *sadhakaa* ei opasteta oikealla tavalla, hänestä voi tulla mieleltään epävakaa. Keho kuumentuu meditaation aikana. Jos näin tapahtuu, oppilaalle tulee antaa ohjeita siitä, miten keho voidaan viilentää. Siinä vaiheessa hänen ruokavaliotaan tulee muuttaa, hän tarvitsee yksinäisyyttä eikä hän saa meditoida liikaa. Jos ihminen, joka ei ole tarpeeksi voimakas nostaakseen neljäkymmentä kiloa, nostaakin yhtäkkiä sata kiloa, niin hän horjahtaa ja kaatuu. Samalla tavalla, jos meditoit enemmän kuin kehosi kestää, se voi aiheuttaa monenlaisia ongelmia. Sen tähden gurun tulee olla lähettyvillä, jotta hän voi antaa opetuslapselle ohjeita, joita tämä tarvitsee.

Jos jokin menee vikaan meditaatiosi kanssa, et voi syyttää siitä Jumalaa tai meditaatiota. Vika on silloin siinä meditaatiotekniikassa, jota olet käyttänyt. Tässä kehitysvaiheessa opetuslapset täällä tarvitsevat Amman läsnäoloa, jotta he voisivat harjoittaa meditaatiota oikealla tavalla ja kehittyä. Aika ei ole vielä kypsä *sadhanan* yksin harjoittamiseen, ja siksi heidän ei tulisi poistua täältä. Myöhemmässä vaiheessa tämä ei ole ongelmaksi."

Nuori mies: "Mitä me saavutamme harjoittamalla *tapasia*?"

36

Amma: "Tavallista ihmistä voi verrata pieneen kynttilään, kun taas hän joka harjoittaa *tapasia*, on kuin sähkömuuntaja, joka kykenee jakamaan sähköä suurelle alueelle. *Tapas* lahjoittaa *sadhakalle* valtavan voiman. Kun hän kohtaa vaikeuksia, hän ei koe itseään heikoksi. Hän on äärimmäisen tehokas kaikessa siinä mitä hän tekee. *Tapas* herättää hänessä takertumattomuutta, minkä johdosta *sadhaka* ei odota toimistaan hedelmiä. *Tapasin* avulla hän oppii kohtaamaan jokaisen tasa-arvoisesti. Hän ei koe erityistä kiintymystä ketään kohtaan eikä kohtele ketään vihamielisesti. Nämä luonteenpiirteet hyödyttävät sekä *sadhakaa* että maailmaa.

On helppo sanoa, että 'Minä olen Brahman', jopa silloin kun mieli on täynnä kateutta ja vihamielisyyttä. *Tapas* tarkoittaa niitä harjoituksia, joita teet muuttaaksesi epäpuhtaan mielesi jumalalliseksi mieleksi.

Voidaksesi läpäistä tutkinnon sinun tulee ensin opiskella. Et voi olettaa läpäiseväsi tutkintoa opiskelematta laisinkaan. Ennen kuin voit ryhtyä ajamaan autoa, sinun tulee opetella autolla ajamista. Tätä voi verrata *tapasin* harjoittamiseen. Kun olet saanut mielesi hallintaan, voit tehdä mitä tahansa, missä tahansa, ilman että koet itsesi heikoksi. Et voi saavuttaa tätä pelkällä kirjojen lukemisella, tarvitaan *tapasia*. Sitä, mitä *tapas* lahjoittaa meille, voisi verrata siihen, että auringonvalo alkaisi tuoksua suloisesti. He jotka harjoittavat *tapasia*, etenevät kohti kokonaisuuden tilaa. Heidän sanansa värähtelevät elämää. Ihmiset kokevat autuutta heidän lähellään. *Tapas* hyödyttää koko maailmaa, sillä *tapasin* avulla he ovat saavuttaneet voiman, jolla he kykenevä kohottamaan toisia."

Nuori mies: "Mitä tarkoitetaan Itse-oivalluksella tai heräämisellä korkeimpaan tietoisuuteen?"

Amma: "Oivallus tarkoittaa sitä, että näet Jumalan kaikessa, näet kaiken yhtenä, näet kaikki olennot omana Itsenäsi. Kun kaikki ajatukset ovat päättyneet eikä mitään haluja enää ole, kun mieli on täydellisessä hiljaisuudessa, silloin koet *samadhin.* Siinä tilassa 'minä' ja 'minun'-tunto ovat kadonneet. Silloin palvelet kaikkia, etkä ole taakka kenellekään. Tavallista ihmistä voi verrata pieneen vesilätäkköön, missä vesi seisoo, kun taas oivalluksen saavuttanut sielu on kuin joki tai puu, joka tarjoaa viileyttä kaikille, jotka tulevat sen luokse."

Oli jo myöhäinen iltahetki. Amma nousi ylös lähteäkseen. Hän sanoi nuorelle miehelle:

"Miksi et jäisi tänne huomiseen, poikani? Jos Amma jää istumaan tänne, myös nämä opetuslapset jäävät tänne istumaan, jolloin he eivät jaksa nousta suorittamaan aamuohjelmaansa. Amma tapaa sinut uudelleen huomenna."

Lauantaina, 16. marraskuuta 1985

Seuraavana aamuna useat brahmacharit jäivät pois *archanasta* koska olivat valvoneet ollessaan Amman seurassa. Kun meditaatio oli sitten sen jälkeen alkamassa, Amma kysyi, miksi he eivät olleet tulleet archanaan. Hän sanoi:

"Se jolla on *vairagyaa* ei luovu koskaan päivittäisestä ohjelmastaan, riippumatta siitä kuinka väsynyt hän on. Lapseni, älkää jättäkö *archanaa* väliin. Jos se jää teiltä väliin, aloittakaa meditaationne vasta sen jälkeen, kun olette tehneet *archanan* itseksenne."

Kaikki keskeyttivät nyt meditaationsa ja ryhtyivät toistamaan *Lalita Sahasranamaa* Amman seurassa. Kun *archana* oli ohi, Amma nousi ylös ja käveli pihan poikki ashramin pohjoisreunalle.

Muutama brahmachari seurasi häntä ja pari nuorta miestä, jotka olivat saapuneet päivää aikaisemmin.

Brahmacharya

Nuori mies: "Onko seksuaalinen pidättäytyminen täällä välttämätöntä?"

Amma: "Amma on kehottanut täällä asuvia opetuslapsiaan muuntamaan seksuaalienergiansa *ojas*-energiaksi, sillä siten he tulevat tuntemaan oman todellisen olemuksensa, joka on puhdasta onnea. Tämä on heidän elintapansa. Vain he, jotka kykenevät siihen, voivat jäädä tänne. Muiden tulee lähteä ja astua *grihasthashramaan*. Tänne tuleville opetuslapsille kerrotaan, että heidän tulee elää selibaatissa. Joka kokee, ettei kykene tähän, voi lähteä milloin haluaa.

Poliisiosastolla on omat sääntönsä, samoin armeijalla. Samalla tavoin ashramin brahmacharien ja *brahmacharinien* tulee noudattaa *brahmacharyan* sääntöjä. Selibaatin harjoittaminen on tärkeää heille, jotka ovat tehneet sen valinnan että haluavat asua täällä, eikä siinä ole kyse yksinomaan seksuaalisuudesta. Heidän tulee rajoittaa kaikkia aistejaan: silmiään, nenäänsä, kieltään ja korviaan. Amma ei pakota heitä. Hän vain kertoo heille, että tämä on polku.

Itse asiassa Amma on kehottanut heitä menemään naimisiin, mutta he eivät ota sitä kuuleviin korviinsa. Niinpä Amma on sanonut heille, että heidän on elettävä täällä tietyllä tavalla ja seurattava tiettyjä sääntöjä, ja jos he eivät kykene siihen, he ovat vapaita lähtemään. Ketään ei pakoteta elämään tällä tavalla. Kaikki eivät kykene pitäytymään tällaisella pollulla. Amma on sanonut heille, että älkää pakottako itseänne. Voitte yrittää tätä elämäntapaa, ja jos se ei toimi teidän kohdallanne, menkää naimisiin.

Jos pukeudut jotakin tiettyä roolia varten, sinun tulee näytellä se hyvin, muussa tapauksessa sinun ei pitäisi edes ryhtyä näyttelemään kyseistä roolia. Jos haluat saavuttaa korkeimman päämäärän, *brahmacharya* on välttämätöntä. Mitä meidän *mahatmamme* sanoivatkaan siitä?"

Nuori mies: "Kehen viittaat?"

Amma: "Buddhaan, Ramakrishnaan, Vivekanandaan, Ramanaan, Ramatirthaan, Chattampi Swamiin, Narayana Guruun. Mitä jokainen heistä sanoikaan? Minkä takia Buddha, Ramatirtha, Tulsidas ja muut *mahatmat* jättivät vaimonsa ja kotinsa? Minkä takia Shankaracharya ryhtyi *sanjaasaan* niin nuorella iällä? Tarkoittaako heidän tekonsa sitä, ettei *brahmacharya* olisi tarpeen? Jopa sen jälkeen kun Ramakrishna meni naimisiin, eikö hän harjoittanutkin *brahmacharyaa* asettaakseen toisille esimerkin jota seurata?"

"*Brahmacharya* ei ole vain ulkoinen toimi, se ei tarkoita ainoastaan sitä, ettei mene naimisiin. Jokainen askel tulee ottaa korkeimpien periaatteiden mukaisesti. Edes ajatusten ei tule olla tämän periaatteen vastaisia. *Brahmacharya* tarkoittaa myös sitä, ettei vahingoita toisia millään tavalla, ettei kuuntele eikä katso mitään tarpeettomasti, ja että puhuu vain silloin kun on tarpeen. Vain silloin voi todella sanoa harjoittavansa *brahmacharyaa*. Henkisellä tiellä *brahmacharya* on ehdottomasti tarpeen.

Koska alkuvaiheessa sinun voi olla vaikea hallita ajatuksiasi, voit aloittaa harjoittamalla *brahmacharyaa* ulkoisesti. Jos et harjoita *brahmacharyaa*, menetät sen voiman, minkä olet saavuttanut *sadhanallasi*. Amma ei tarkoita, että sinun tulisi pakottaa itseäsi. Heille, jotka pitävät kaiken aikaa *lakshya bodhan* mielessään, itsensä hallitseminen ei ole niin vaikeaa. Ihmiset, jotka menevät töihin Lähi-itään, palaavat usein vasta monen vuoden jälkeen.[5] Ulkomailla he elävät kaukana vaimostaan ja lapsistaan. Kun kyse on työpaikan löytämisestä, et anna kiintymyksesi kotimaatasi ja perhettäsi kohtaan olla esteenä. Jos päämääräsi on saavuttaa Itse-oivallus, et ajattele mitään muuta. Muut ajatukset poistuvat mielestäsi itsestään, ilman että sinun tarvitsisi yrittää hallita niitä.

Ihmiset uskovat, että onnellisuus voisi löytyä ulkoisista aistikohteista, niinpä he työskentelevät ahkerasti tällaisten asioiden eteen kuluttaen kaiken energiansa. Sinun olisi mietiskeltävä tätä ja ymmärtää totuus. Rakastaessamme Jumalaa ja harjoittaessamme keskittyneesti *tapasia* me kasvamme voimakkaiksi. Se ei ole vaikeaa heille, jotka ymmärtävät hukkaavansa energiansa etsiessään onnea ulkopuoleltaan.

Tietyt kasvit eivät kanna hedelmää, jos niissä on liikaa lehtiä. Vain jos lehtiä karsitaan, ne kukkivat ja kantavat hedelmää. Samalla tavalla jos sallimme ulkoisten nautintojen viedä meidät mennessään, emme kykene löytämään sisäistä totuutta. Meidän on vapauduttava halustamme maallisiin nautintoihin, jos haluamme poimia Itse-oivalluksen hedelmän."

Nuori mies: "Kieltääkö Intian henkinen kulttuuri kokonaan maallisen elämän?"

Amma: "Ei, ei todellakaan. Se vain sanoo, että todellinen onnellisuus ei löydy sillä tavoin."

Nuori mies: "Miksi emme voi saavuttaa päämäärää samalla kun nautimme maallisesta elämästä?"

Amma: "Joku, joka todella haluaa oivallusta, ei edes ajattele maallista elämää tai maallisia nautintoja. He, jotka elävät

---

[5] Monet intialaiset, erityisesti Keralasta, ovat matkustaneet Lähi-itään töihin aina 1970-luvulta alkaen.

41

perhe-elämää, voivat myös saavuttaa päämäärän, mikäli he oival-
tavat maallisen elämän rajoitteet ja ovat täysin takertumattomia
omistautuen *japalle*, meditaatiolle ja luopumiselle."

Nuori mies: "Eikö tämä tarkoita sitä, että on hyvin vaikeaa
saavuttaa Itse-oivallus, kun elää maallista elämää?"

Amma: "Yritit sitten kuinka paljon tahansa, niin ei ole
mahdollista tuntea Itse-oivalluksen autuutta jos samaan aikaan
tavoittelee maallista onnea. Jos syöt *payasamia* astiasta, jossa on
pidetty tamarindia, miten voisit maistaa, miltä tuo makea riisi-
vanukas todella maistuu?"

Nuori mies: "Voisitko selittää tätä hieman perusteellisemmin?"

Amma: "Kun antaudut maallisille nautinnoille, saat kokea
jossakin määrin onnen tunnetta. Eikö totta? Mutta jos et hallit-
se tätä taipumusta itsessäsi, et voi kohota henkiseen autuuteen.
Voit mennä naimisiin ja elää vaimosi ja lastesi kanssa. Siinä ei
ole mitään ongelmaa, jos kykenet pitämään mielesi kaiken aikaa
korkeimpaan Itseen keskittyneenä. Miten kukaan, joka etsii
onnea maallisista asioista, voisi löytää ilon, joka ei kuulu tähän
maailmaan?"

Nuori mies: "Mutta eivätkö maalliset nautinnot ole osa
elämää? Me esimeriksi istumme nyt tässä sen takia, että toiset
ovat antautuneet fyysiseen yhteyteen keskenään. Jos miehet ja
naiset eivät yhtyisi toisiinsa, mikä olisikaan maailman tilanne?
Joten miten me voimme kieltää sen? Jääkö joku vaille lopullista
autuutta sen takia, että hänellä on fyysinen suhde?"

Amma: "Amma ei sano, että maalliset nautinnot tulisi koko-
naan torjua, mutta sinun tulisi ymmärtää, että todellinen onni ei
löydy tämänkaltaisista nautinnoista. Hedelmän makeus ei ole sen
kuoressa vaan sen sisällä. Ymmärtäessäsi tämän et anna kuorelle
enempää merkitystä kuin mitä se ansaitsee. Kun ymmärrät, että

aistinautinnot eivät ole elämän todellinen päämäärä, tunnet kiintymystä vain *Paramatmania* kohtaan. On mahdollista saavuttaa päämäärä eläessäsi perhe-elämää, jos olet täysin takertumaton kuin kala mudassa.[6]

Entisaikaan ihmiset seurasivat eri yhteiskuntaluokille annettuja ohjeita. He elivät pyhien kirjoitusten suositusten mukaisesti. He eivät tavoitelleet yksinomaan aistinautintoja, sillä Jumala oli heidän elämänsä todellinen päämäärä. Sen jälkeen kun lapsi oli syntynyt, mies asennoitui vaimoonsa – joka oli synnyttänyt hänen kuvajaisensa lapsen hahmossa – kuin äitiinsä. Kun heidän poikansa aikuistui, he siirsivät kaiken vastuun hänelle ja vetäytyivät elämään metsään. Tuossa vaiheessa pariskunta oli saavuttanut tietyn määrän kypsyyttä elettyään perheellistä elämää. Työ, jota he olivat tehneet, lasten kasvatus ja erilaisten esteiden kohtaaminen, oli kypsyttänyt heidän luonnettaan. *Vanaprasthan* aikana vaimo eli edelleen miehensä kanssa. Mutta lopulta myös tuo side katkaistiin, kun heistä tuli *sanjaaseja* – maailmasta luopuneita. Ja näin he saavuttivat lopulta päämäärän. Tällä tavoin elettiin siihen aikaan. Mutta tänä päivänä tilanne on toinen. Ihmiset ovat niin takertuneita omaisuuteensa ja perheeseensä, ja niin itsekkäitä, ettei kukaan enää elä tällä tavoin. Tämän on muututtava. Meidän on tärkeää tulla tietoisiksi elämän todellisesta tarkoituksesta ja elää sen mukaisesti."

Nuori mies: "Eivätkö jotkut ihmiset sano, että miehen ja naisen yhtyminen on syvin onnen muoto? Ja että jopa äidin rakkaus lapsiinsa on alunperin luonteeltaan eroottista?"

Amma: "Noin rajoittunut on heidän käsityskykynsä. Siinä kaikki mitä he kykenevät näkemään. Avioliitossa ei himon pitäisi

---

[6] Intiassa on kaloja, jotka elävät pohjamudassa. Ne ovat kuin teflon-pannuja, muta ei tartu niihin.

olla tärkein asia. Miehen ja naisen suhteen tulee perustua todelliseen rakkauteen. Rakkaus kannattelee kaikkea. Rakkaus on maailmankaikkeuden perusta. Jos rakkautta ei olisi, ei mitään voisi luoda. Rakkauden todellinen lähde on Jumala, ei seksuaalinen halu.

Jotkut pariskunnat sanovat Ammalle: 'Seksuaalinen halu heikentää mieltämme. Emme kykene ylläpitämään asennetta, että olemme veli ja sisar. Emme tiedä mitä meidän pitäisi tehdä.'

Mikä on syynä tällaiselle tilanteelle? Ihminen on nykyisin himonsa orja. Jos tätä kehityssuuntaa voimistetaan edelleen, minkälainen tulee olemaan maailman tilanne? Sen tähden Amma opastaa ihmisiä katsomaan sisälleen ja etsimään siten todellisen autuuden lähdettä. Mitä meidän pitäisi tehdä? Pitäisikö meidän rohkaista ihmisiä jatkamaan virheellistä toimintatapaansa ja seurata harkitsemattomasti viettejään vai tulisiko meidän ohjata heidät erheiden polulta erottelukyvyn tielle?

Moni on tehnyt lukemattomia virheitä menneisyydessään ja silti he ovat oppineet hallitsemaan mielensä harjoittamalla *sadhanaa,* ja näin he ovat oppineet olemaan hyödyksi maailmalle. Hän joka on jopa katsonut omaa sisartaan himoiten, on oppinut näkemään kaikki naiset sisarinaan."

"Sanokaamme, että perheessä on viisi veljestä. Yksi heistä on alkoholisti, toinen veli juoksee ylellisyyksien perässä, kolmas riitelee kaikkien kanssa ja neljäs varastaa kaiken minkä vain kykenee. Mutta viides veli on erilainen. Hän elää yksinkertaista elämää. Hänellä on hyvä luonne, hän on myötätuntoinen ja nauttii antamisen ilosta. Hän on todellinen *karmajoogi.* Tämä veli ylläpitää perheessä rauhaa. Joten ketä näistä viidestä meidän tulisi pyrkiä seuraamaan toimissamme?

Amma ei voi nähdä asiaa muulla tavoin. Ei hän silti käännä selkäänsä ihmisille. Amma rukoilee, että myös he tulevat tälle polulle, sillä vain sillä tavalla maailmassa tulee vallitsemaan rauha ja tyytyväisyys."

Nuori mies: "Amma, voisitko kuvailla hieman Itsen autuutta, josta olet puhunut?"

Amma: "Se pitää itse kokea. Voitko kuvailla kukan kauneutta tai hunajan makeutta? Jos joku lyö sinua, voit sanoa että sinuun sattuu, mutta voitko kuvailla sanoilla tarkalleen kuinka paljon kipua tunnet? Onko siis mahdollista kuvailla äärettömyyden kauneutta?

Äly ei voi kokea henkistä autuutta. Siihen tarvitaan sydäntä. Äly leikkaa asiat erilleen niin kuin sakset, mutta sydän yhdistää kaiken niin kuin ompeluneula. Amma ei sano, ettemme tarvitse älyä: sekä sydän että äly ovat tarpeellisia. Aivan niin kuin linnun kaksi siipeä, kumpaakin tarvitaan. Esimerkiksi, jos joessa oleva pato on murtumaisillaan ja kylä on vaarassa jäädä tulvan alle. Tällaisissa tilanteissa tarvitaan älyä ja on oltava voimakas. Jotkut ihmiset murtuvat ja itkevät, kun he kohtaavat pienenkin ongelman. Meidän olisi kyettävä kohtaamaan mikä tahansa ongelma ilman heikkomielisyyttä. Meidän on löydettävä sisäinen voimamme. Tämä on mahdollista, kun teemme henkisiä harjoituksia."

Lempeän tuulen lailla Amman sanat veivät tietämättömyyden pilvet mennessään pienen etsijäjoukon mielestä sallien heidän paistatella hänen sanojensa viisauden valossa.

Tiistai, 7. tammikuuta 1986

Amma liittyi brahmacharien seuraan varttia vaille kymmenen aamulla ashramin meditaatiohallissa.

Amma: "Lapseni, jos takerrutte Ammaan tässä muodossa, ette kehity. Teidän pitäisi rakastaa Maailmankaikkeuden Äitiä, ei tätä kehoa. Teidän olisi kyettävä tunnistamaan Amman hahmon taustalla oleva todellinen tekijä ja oppia näkemään Amma sisällänne, jokaisessa elävässä olennossa ja jokaisessa kohteessa. Kun matkustatte bussilla, ette kiinny kulkuneuvoon. Bussi on vain apuväline, jolla matkustatte päämääräänne."

Nuorukainen nimeltä Jayachandra Babu lähestyi Ammaa ja kumarsi. Hän asui Thiruvananthapuramissa ja oli saapunut ensimmäistä kertaa Amman *darshaniin*, halaukseen, edellisenä päivänä. Nyt hän oli tullut jälleen jättäen viestin perheelleen, että hän muuttaisi pysyvästi ashramiin.

Amma sanoi hänelle: "Poikani, jos jäät nyt tänne, perheesi nostaa metelin ja syyttää Ammaa. He sanovat, että Amma pitää sinut täällä ilman heidän suostumustaan. Joten sinun on palattava tässä vaiheessa kotiin."

Babu ei tahtonut lähteä, mutta kun Amma edellytti sitä, hän suostui lopulta. Hän kumarsi Ammalle uudelleen ja nousi ylös.

"Poikani, onko sinulla rahaa bussimatkaa varten?" Amma kysyi.

"Ei ole, en ottanut rahaa mukaan tarpeeksi, sillä en suunnitellut palaavani."

Amma pyysi nyt brahmachari Kunjumonia antamaan hänelle hieman rahaa bussimatkaa varten. Sen jälkeen Babu lähti Kunjumonin seurassa, ja Amma jatkoi puhettaan brahmachareille.[7]

---

[7] Pian tämän jälkeen Babu muutti ashramiin ja hänestä tuli brahmachari.

Muodon palvominen

Amma: "Jotkut sanovat, että älä mietiskele muotoa. Brahmanilla ei ole muotoa, joten sinun tulisi mietiskellä muodon tuolla puolen olevaa. Mikä on tällaisen ajattelun johdonmukaisuus? Yleensä kuvittelemme meditaation kohteen. Eikö totta? Jos mietiskelemme jopa tulta tai sointua, kyse on silti mielikuvien käytöstä. Mitä eroa siis on tällaisella meditaatiolla ja muodon meditoimisella? He, jotka mietiskelevät muotoa vailla olevaa, käyttävät silti mielikuvitustaan. Jotkut ajattelevat Brahmania puhtaana rakkautena, äärettömyytenä tai kaikkialla läsnäolevuutena. Jotkut toistavat mielessään: 'Minä olen Brahman' tai tutkivat: 'Kuka minä olen?' Nämä ovat silti mielen käsitteitä. Niinpä kyse ei ole todella Brahmanin mietiskelemisestä. Mitä eroa niillä siis on muodon mietiskelyyn nähden? Jotta voisit antaa janoiselle vettä, tarvitset astian. Voidaksesi oivaltaa muotojen tuolla puolen olevan Brahmanin tarvitset apuvälineen tai jonkin tuen. Jos siis haluamme mietiskellä muotojen tuolla puolen olevaa Brahmania, miten voisimme tehdä niin, jos emme kasvata itsessämme rakkautta Brahmania kohtaan? Kyse on näin *bhaktista*. Jumalan persoonallinen olemuspuoli on brahmanin, absoluutin, henkilöitymä."

Brahmachari Rao:[8] "Tuon Jumalan me näemme edessämme Ammana."

Amma (nauraen): "Kuvittele Brahmanille pää, kaksi silmää, nenä ja muut kehonosat. Miltä hän näyttäisi?"

Brahmachari: "Mitä hyötyä on tällaisen olennon kuvittelemisesta?"

---

[8] Brahmachari Rao sai muutamia vuosia myöhemmin sanjaasivihkimyksen, jolloin hänen nimekseen tuli Swami Amritatmananda.

Amma: "Palvonnasta tulee helppoa, kun kuvittelemme Brahmanille muodon. Sen jälkeen meidän on helppo oivaltaa *preman* avulla ikuinen olemus. Säiliössä oleva vesi valuu hanan kautta ulos, jolloin meidän on helpompi sammuttaa janomme."

Brahmachari Venu[9] esitti erilaisen kysymyksen: "Amma, sanotaan, että Jarasandha sai jopa Krishnan pakenemaan taistelua. Miten tämä on mahdollista?"

Amma: "Krishnan kaltainen *avataara* ei pakene taistelua pelon takia vaan opettaakseen jotakin meille."

Venu: "Jarasandhan kohtalossa ei ollut sitä hyvää onnea, että hän olisi kuollut Jumalan käsissä, siksi Krishna pakeni. Onko tämä totta, Amma?"

Amma: "Kyllä se on totta. Krishna poistaisi toisen ylpeyden vain annettuaan sen ensin ilmentyä täydessä mittakaavassa. Kun lapsi näyttelee pelottavaa, isä osallistuu leikkiin teeskennellen pelästynyttä, mutta tosiasiassa hän ei tietenkään pelkää lastaan."

Toinen brahmachari kysyi: "Amma, olen tuntenut itseni viime aikoina väsyneeksi meditaation aikana. Mitä minun tulisi tehdä?"

Amma: "Juokse vähän aikaa aamulla tai tee jotakin fyysistä työtä. Anna *rajaksen*, aktiivisuuden ajaa *tamas*, velttous pois. Jos et tee mitään fyysistä työtä, *vata*, *pitta* ja *kapha* menettävät tasapainonsa, jolloin tunnet itsesi liian väsyneeksi meditaation aikana." Nauraen Amma lisäsi vielä: "Jumala antaa lopulta paljon vaikeuksia heille, jotka ovat liian laiskoja työskentelemään."

---

[9] Swami Pranavamritananda.

Amma kohtaa oppineen

Amma tuli meditaatiohallista ja näki *shastrin*, uskonnollisen oppineen, joka oli odottanut häntä. Nähdessään Amman tämä vanhempi mies sitoi puuvillahuivinsa lanteilleen ja heittäytyi kunnioituksesta maahan asettaen sitten tuomiaan hedelmiä Amman jalkojen juureen. Hän piti käsissään *Brahma Sutria*, joita hän oli kantanut mukanaan viimeiset neljäkymmentä vuotta minne hyvänsä hän oli mennytkin. Hän oli tutkinut niitä päivittäin. Amma istuutui hänen kanssaan meditaatiohallin verannalle.

Amma: "Milloin saavuit, poikani?"

Shastri: "En ole ollut täällä pitkään. Olen paluumatkalla Thiruvananthapuramista. Poikani kävi täällä viime kuussa ja kertoi minulle Ammasta. Niinpä päätin pysähtyä täällä paluumatkani aikana."

Amma sulki silmänsä ja istui hetken meditaatioon vaipuneena. Kun hän avasi silmänsä, *shastri* jatkoi sanoen:

"Amma, olen opiskellut ja luennoinut *vedantasta* viimeiset neljäkymmentä vuotta, mutta en ole silti saavuttanut tähän päivään mennessä mielenrauhaa."

Amma: "Poikani, *vedantalla* ei ole paljoakaan tekemistä lukemisen ja esitelmien pitämisen kanssa. *Vedanta* on jotakin, joka meidän tulisi omaksua omaan elämäämme. Voit piirtää kauniin, värillisen kuvan talosta paperille, mutta et voi asua siinä. Jos haluat itsellesi vaikkapa vain pienen paikan, joka suojelisi sinua sateelta ja auringolta, sinun tulee kuljettaa tiiliä ja puutavaraa paikan päälle ja rakentaa suoja itsellesi. Samalla tavoin et voi kokea korkeinta harjoittamatta *sadhanaa*, henkisiä harjoituksia. Jos et ole oppinut hallitsemaan mieltäsi, ei auta toistaa *Brahma Sutria*. Papukaija tai magnetofoni voi tehdä saman."

49

Oppinut ei ollut kertonut Ammalle, että hän toisti *Brahma Sutria* ja *Panchadashia* päivittäin. Hän oli ihmeissään kuullessaan Amman viittaavan tähän. Hän vuodatti nyt kaikki ongelmansa Ammalle, joka hyväili ja lohdutti häntä myötätuntoisin sanoin. Amma kehotti häntä istumaan viereensä ja sitten hän ryhtyi antamaan *darshania* ihmisille. Vanha mies istui ja katseli Ammaa hyvin keskittyneesti. Yhtäkkiä kyyneleet täyttivät hänen silmänsä ja hän alkoi itkeä. Amma kääntyi hänen puoleensa ja lohdutti häntä.

Shastri: "Amma, tunnen sellaista rauhaa, mitä en ole löytänyt neljäänkymmeneen vuoteen! En tarvitse enää opiskeluani enkä oppineisuuttani. Toivon vain, että siunaat minut, että en menetä tätä rauhaa."

Amma: "Namah Shivayah! Ei riitä, että lukee *vedantaa* ja yrittää omaksua sen mielensä avulla. Se tulee omaksua sydämellä. Vain sillä tavoin voimme kokea *vedantan* periaatteen. Kuultuasi, että hunaja on makeaa, saatat ottaa sitä hieman käteesi, mutta jos et maista sitä kielelläsi, et voi kokea sen makeutta. Tieto, jonka olet kerännyt älylläsi, tulisi tuoda sydämeesi, sillä vain siellä sen voi kokea. Tulee aika, jolloin sydämesi ja älysi yhdistyvät. Tuota tilaa ei voi kuvata sanoilla. Se on suora kokemus, suora havainto. Vaikka lukisit kaikki kirjat, jotka ovat olemassa, et silti saisi tätä kokemusta. Sinun tulee olla vakuuttunut siitä, että vain Jumala on todellinen ja muistaa häntä kaiken aikaa. Puhdista sydämesi. Näe Jumala kaikessa ja rakasta kaikkia olentoja. Sinun ei tarvitse tehdä muuta. Sinulle annetaan kaikki mitä tarvitset."

Shastri: "Amma, olen kohdannut monia *mahatmoja* ja ollut monissa ashrameissa, mutta vasta tänään sydämeni on avautunut. Sen tiedän."

Amma pyyhki hellästi hänen kyyneleensä ja mies jatkoi:

"Sinun armosi on viimein tuonut minut luoksesi. Jos Amma suostuu, haluaisin oleilla täällä muutamia päiviä."

"Niin kuin haluat, poikani."

Amma kehotti brahmacharia järjestämään *shastrille* paikan, mihin hän voisi majoittua, sitten Amma meni huoneeseensa.

Abhyasa-jooga – joogan harjoittaminen

Amma lopetti *darshanin* kolmen aikaan iltapäivällä. Hän meni ashramin pohjoisreunalla olevan navetan lähettyville ja istuutui sinne yhdessä *shastrin* ja muutaman brahmacharin kanssa.

Brahmachari: "Amma, kuinka voimme pitää aina Jumalan mielessämme?"

Amma: "Se vaatii jatkuvaa harjoittelua. Jumalan jatkuva muistaminen ei ole luonnollinen tottumuksesi, joten joudut harjoittelemaan sitä. *Japa* on tässä lääkemääräys. Älä lopeta *japaa* hetkeksikään, edes silloin kun syöt tai nukut.

Pienet lapset, jotka opettelevat matematiikkaa, toistavat 'yksi plus yksi on kaksi, yksi plus kaksi on kolme' ja niin edelleen – istuessaan, kävellessään ja mennessään kylpyhuoneeseen. He pelkäävät, että jos he eivät muista lukuja, heitä rangaistaan luokkahuoneessa. Joten riippumatta siitä mitä he tekevät, he jatkavat näiden lukujen toistamista mielessään. Näin sinunkin tulee tehdä.

Tiedä, että maailmassa ei ole mitään muuta kuin Jumala, että mikään ei voi toimia ilman häntä. Sinun tulee nähdä Jumala kaikessa mitä kosketat. Kun otat käteesi vaatteet, jotka aiot pukea päällesi, kuvittele, että ne ovat Jumala. Ja kun otat käteesi kamman, näe se Jumalana.

Ajattele Jumalaa kaikkien toimiesi keskellä ja rukoile: 'Sinä olet minun ainoa turvani. Mikään muu ei ole ikuista. Kenenkään muun rakkaus ei kestä. Maallinen rakkaus voi tuntua hetken aikaa hyvältä, mutta lopulta sekin vain satuttaa minua. On kuin joku syleilisi meitä myrkyllisillä käsillä, sillä lopulta sellainen rakkaus lahjoittaa meille vain kärsimystä. Se ei voi pelastaa meitä. Jumala, vain sinä voit täyttää minun kaipaukseni.' Meidän tulee rukoilla jatkuvasti tähän tapaan. Ilman tällaista takertumattomuutta emme voi kasvaa henkisesti, emmekä auttaa toisia. Meidän tulisi olla vakuuttuneita siitä, että vain Jumala on ikuinen.

Meidän on vapauduttava kaikista *vasanoista*, joita olemme keränneet itsellemme. Mutta niistä ei ole helppo vapautua hetkessä. Tarvitsemme jatkuvaa harjoittelua. Meidän on toistettava mantraa jatkuvasti – istuessamme, kävellessämme ja käydessämme makuulle. Toistaessamme mantraa ja ajatellessamme Jumalan hahmoa muut ajatukset kaikkoavat ja mielemme puhdistuu. Voidaksemme pestä mielestämme 'minän' tarvitsemme 'sinä'-saippuaa. Kun havaitsemme, että kaikki on Jumalaa, silloin 'minä', toisin sanoen ego, katoaa ja korkein minä loistaa sisällämme."

Brahmachari: "Eikö ole vaikeaa kuvitella rakkaan jumaluutensa olemusta, kun toistaa mantraa?"

Amma: "Poikani, puhut Ammalle parhaillaan. Onko Amman näkeminen vaikeaa samalla kun puhut hänelle? Voit samaan aikaan nähdä hänet ja puhua hänelle. Eikö totta? Samalla tavoin voimme visualisoida rakkaan Jumalamme hahmon ja toistaa mantraa samaan aikaan. Mutta edes sitä ei tarvita, jos voit itkeä ja rukoilla, 'Oi Äiti, anna minulle voimaa! Tuhoa minun tietämättömyyteni! Nosta minut syliisi! Sinun sylisi on ainoa turvani, vain siten löydän rauhan. Äiti, miksi työnnät minut tähän maailmaan? En halua olla ilman sinua hetkeäkään. Etkö sinä lahjoita kaikille turvan? Ole siis omani! Tee minun mielestäni sinun omasi!' Itke tähän tapaan."

Brahmachari: "Mutta minä en tunne lainkaan antaumusta. Voidakseni rukoilla tuolla tavoin minulla on oltava antaumusta. Eikö totta? Amma, sanot että meidän tulee kutsua Jumalaa itkien, mutta eikö minun tule ensin tuntea itseni itkuiseksi?"

Amma: "Jos et voi ensi alkuun itkeä, toista näitä sanoja yhä uudelleen ja saata itsesi itkemään. Lapsi painostaa äitiään niin kauan, että tämä lopulta ostaa sen mitä lapsi haluaa. Hän seuraa äitiään eikä lopeta itkemistä ennen kuin hänellä on kädessään se mitä hän on halunnut. Meidän tulee rukoilla Jumalallista Äitiä tähän tapaan. Meidän tulee istua ja itkeä. Älä anna hänelle hetken rauhaa! Meidän tulee itkien vaatia: 'Näytä itsesi minulle! Näyttäydy minulle!' Poikani, sanoessasi ettet osaa itkeä, se tarkoittaa sitä, ettei sinulla ole todellista kaipuuta. Jokainen itkee kun kaipuu täyttää hänet. Jos et kykene itkemään, laita itsesi itkemään vaikka se vaatisi ponnistelua.

Sanokaamme, että olet nälkäinen eikä sinulla ole ruokaa eikä rahaa. Menet silloin jonnekin tai teet jotakin, että saisit ruokaa. Itke Jumalallista Äitiä sanoen: 'Miksi et anna minulle kyyneleitä?' Kysy häneltä: 'Miksi et salli minun itkeä? Tarkoittaako se, että et rakasta minua? Kuinka voin elää, jos et rakasta minua?' Silloin hän antaa sinulle kyvyn itkeä. Lapseni, tällä tavoin Amma tapasi tehdä. Te voitte tehdä samalla tavoin.

Tällaiset kyyneleet eivät ole surun kyyneleitä. Ne ovat sisäisen autuuden ilmennystä. Tällaiset kyyneleet virtaavat kun *jivatman* sulautuu *Paramatmaniin*. Meidän kyyneleemme ilmentävät Jumalaan yhdistymisen hetkeä. He, jotka katsovat meitä, saattavat tulkita sen suruksi. Meille se merkitsee kuitenkin autuutta.

Mutta sinun tulee harjoittaa luovaa mielikuvitusta saavuttaaksesi tämän. Yritä, poikani!"

Brahmachari: "Tapasin mietiskellä Bhagavanin, Krishnan, hahmoa. Mutta tavattuani Amman se ei ollut enää mahdollista, sillä en voinut olla ajattelematta Ammaa. Nyt en kykene tekemään enää niinkään. Amma, kun ajattelen sinua, Krishnan hahmo ilmestyy ja kun ajattelen häntä, sinun hahmosi ilmestyy. Olen onneton, kun en kykene päättämään, ketä minun tulisi mietiskellä. Niinpä en mietiskele mitään hahmoa. Mietiskelen mantran sointua."

Amma: "Keskitä mielesi siihen mistä pidät. Ymmärrä, että kaikki sisältyy siihen ja ettei se ole erillinen sinusta. Mitä tai ketä hyvänsä mietiskelet, ymmärrä, että kaikki ovat saman olemuksen eri puolia."

Rakkaus on tärkeintä

Shastri: "Amma, mitä meidän tulisi tehdä, jotta meille rakkaan Jumaluuden hahmosta tulisi selkeä ja kirkas meditaatiossa?"

Amma: "Hahmosta tulee selkeä, kun meissä kehittyy puhdas rakkaus Jumalaa kohtaan. Niin kauan kuin et näe Jumalaa, sinun tulisi tuntea ahdistusta. *Sadhakalla* tulisi olla samanlainen asenne Jumalaa kohtaan kuin rakastuneella on rakastettuaan kohtaan. Hän rakkautensa tulisi olla sellaista, että hän ei kestä olla hetkeäkään erossa Jumalasta. Jos rakastunut näki rakastettunsa viimeksi sinisessä asussa ja sitten hän näkee vilauksen sinistä jossakin, hän muistaa heti rakastettunsa ja hänen ulkoisen olemuksensa. Kun hän syö tai nukkuu, hänen mielensä lepää alati rakastetussa. Kun hän herää aamulla ja harjaa hampaitaan tai juo kahvia, hän ajattelee, mitä hänen rakastettunsa mahtaa parhaillaan tehdä. Tällaista meidän rakkautemme tulisi olla rakasta jumalhahmoamme kohtaan. Meidän ei tulisi kyetä ajattelemaan mitään muuta kuin rakkaan Jumalamme hahmoa. Jopa kitkerästä melonista tulee makeaa, kun sitä pidetään sokeriliemessä jonkin aikaa. Samalla tavoin, kielteinen mielesi puhdistuu, kun antaudut Jumalalle ja ajattelet häntä jatkuvasti.

Kerran eräs *gopi* näki jalanjäljen puun alla. Hän ajatteli: 'Krishnan on täytynyt kulkea tästä! Hänen seurassaan olleen gopin on täytynyt pyytää häneltä kukkaa puusta ja Krishnan on täytynyt ottaa hänen olkapäästään tukea kiivetessään puuhun. Tämän maassa olevan painautuman on täytynyt syntyä siitä, kun hän on noussut puuhun.' Gopi kutsui toisia gopeja katsomaan Herran jalanjälkeä. Ajatellessaan Krishnaa he unohtivat kaiken muun."

"Tämä gopi näki kaiken Krishnana. Jos joku kosketti häntä olkapäähän, hän eläytyi siihen, että kyse oli Krishnasta, ja voimallisessa antaumuksen tunteessaan hän unohti tietoisuuden ulkopuolisesta maailmasta. Milloin hyvänsä gopit muistivat Krishnan, he unohtivat ulkomaailman ja vuodattivat autuuden kyyneleitä. Meidän tulisi myös pyrkiä saavuttamaan tuo tila, jossa näemme kaiken Jumalana. Meillä ei tulisi olla muuta maailmaa kuin Jumalan maailma. Silloin meidän ei tarvitse ponnistella kokeaksemme jatkuvasti Jumala meditaatiossa, sillä silloin mielemme ei ole koskaan erossa Jumalasta.

Meidän tulisi itkeä hiljaa mielessämme katsoessamme kaikkea edessämme olevaa: 'Rakkaat puut ja kasvit, missä on Äitini? Oi linnut ja eläimet, oletteko nähneet häntä? Oi valtameri, missä on kaikkivoipa Äiti, joka lahjoittaa sinulle voiman liikkua?' Me voimme käyttää mielikuvitusta tähän tapaan. Kun kilvoittelemme tällä tavoin, mielemme ylittää kaikki esteet, jolloin saavumme korkeimman jalkojen juureen ja pysymme siinä. Käytä mielikuvitustasi tällä tavoin, silloin hänen hahmostaan tulee voimallinen mielessäsi."

Brahmachari: "Toisinaan minusta tuntuu, että toiset toimivat väärin, ja se tuhoaa mielenrauhani. Kuinka voimme oppia antamaan toisille anteeksi?"

Amma: "Jos sormesi osuu vahingossa silmääsi, toinen kätesi ei lyö sormeasi, joka on osunut silmääsi. Rankaisu ei tule edes mieleesi. Annat sormellesi anteeksi. Jos satutat jalkasi kompuroidessasi tai jos leikkaat haavan sormeesi, kestät sen kärsivällisesti. Olet aina kärsivällinen silmiesi, käsiesi ja jalkojesi suhteen, sillä tiedät, että ne kuuluvat omaan ruumiiseesi. Riippumatta siitä kuinka paljon joudut kärsimään, kestät kaiken kärsivällisesti. Meidän tulisi nähdä samalla tavalla toiset osana itseämme. Meidän tulisi ymmärtää: 'Minä olen kaiken alkusyy. Minä olen kaikki. Kukaan ei ole erillinen minusta.' Silloin emme kiinnitä huomiota toisten tekemiin virheisiin, ja vaikka olisimmekin tietoisia heidän virheistään, pidämme niitä omina virheinämme ja annamme ne anteeksi.

Voimme omaksua samanlaisen antaumuksellisen asenteen kuin Kuchela:[10] Mitä hyvänsä tapahtui, kyse oli Jumalan

---

[10] Kuchela oli nuoren Krishnan rakastettu ystävä ja oppilastoveri. Myöhemmin Kuchela meni naimisiin ja eli brahmiinin yksinkertaista ja kurinalaista elämää. Eräänä päivänä Kuchelan vaimo, joka oli heidän köyhyytensä uuvuttama, pyysi Kuchelaa menemään vanhaa ystäväänsä Krishnaa tapaamaan, jotta hän voisi pyytää tältä taloudellista apua. Kuchela päätti mennä Krishnan luo, ei apua pyytääkseen, vaan saadakseen tavata rakkaan ystävänsä. Krishna otti hänet rakkaudella vastaan. Kuchela oli täynnä iloa ja rauhaa, eikä maininnut sanallakaan ahdingostaan Krishnalle. Krishna, joka näki ystävänsä sydämeen, päätti yllättää hänet lahjoittamalla hänelle suuren omaisuuden. Tästä tietämättömänä Kuchela aloitti paluumatkansa. Hänen ainoa huolensa oli se, että hänen täytyisi kertoa vaimolleen, ettei

tahdosta. Meidän pitäisi ajatella, että olemme Jumalan palveli-joita. Silloin emme ole vihaisia kenellekään ja näin meissä kasvaa nöyryys.

Voit myös ajatella, että jokainen on sinun oma Itsesi. Toinen tapa on kokea jokainen Jumalana ja palvella heitä.

Elä jokainen hetki harjoittaen *shraddhaa*, tarkkaavaisuutta. Syö ruokasi vasta toistettuasi mantran ja rukoiltuasi: 'Oi Jumala, ovatko kaikki saaneet jo syödäkseen? Ovatko he saaneet kaiken mitä he tarvitsevat?' Meidän tulee tuntea myötätuntoa heitä kohtaan, jotka joutuvat kamppailemaan elämässään. Näin mei-dän mielemme puhdistuu. Myötätuntomme kohottaa meidät Jumalan läheisyyteen."

Painottaen näin universaalia rakkautta Amma päätti opetus-puheensa antaumuksen harjoittamisesta. Kuunneltuaan hänen nektarin kaltaisia sanojaan shastri ja brahmachari tunsivat sydä-mensä avautuvan.

Keskiviikkona, 15. tammikuuta 1986

Amma oppilaittensa seurassa

Kello oli hieman yli kahdeksan aamulla. Amma istui meditaatio-hallissa brahmacharien kanssa.

---

ollut pyytänyt Krishnalta apua. Kun hän saapui kotiinsa, hän hämmästyi huomatessaan, että siellä missä hänen köyhä kotinsa oli sijainnut, oli nyt palatsi, jota ympäröi kaunis puutarha, ja hänen vaimollaan oli arvokkaita jalokiviä ja vaatteita yllään sekä useita palvelijoita ympärillään. Kuchela rukoili, että hän ei koskaan kiintyisi omaisuuteen, joka oli annettu hänelle vaan että hän rakastaisi Herraansa vain rakkauden itsensä takia.

Amma: "Lapseni, jos istuudutte paikollenne ja ajattelette, että nyt ryhdyn harjoittamaan meditaatiota, niin (Jumalan) hahmo ei noin vain ilmesty mieleenne. Istutte paikoillanne silmät suljettuina ja hetken päästä muistatte, että 'minunhan piti nyt meditoida'! Niinpä kun istut alas harjoittaaksesi meditaatiota, itke Jumalalle: 'Oi Jumalani, etkö asettuisi sydämeeni? En voi nähdä sinua ilman, että autat minua. Sinä olet minun ainoa turvani!' Eläydy siihen, että näet rakkaan Jumalasi seisomassa edessäsi. Jonkin ajan kuluttua kykenetkin näkemään hänen hahmonsa loistavan kirkkaana mielessäsi."

Amma astui ulos meditaatiohallista puoli kymmenen aikaan. Hän kohtasi naimisissa olevan naisoppilaan, joka oli ollut ashramissa muutamia päiviä, mutta joka kieltäytyi palaamasta kotiin. Amma yritti suostutella häntä, mutta hän ei halunnut lähteä Amman luota. Amma kääntyi lähellään olevien puoleen sanoen:

"Amma on sanonut hänelle, että hän voi jäädä tänne, jos tuo kirjeen mieheltään. Ilman hänen suostumustaan ei ole oikein antaa hänen jäädä tänne. Jos mies ilmestyisi tänne ja esittäisi valituksensa, niin mitä Amma voisi sanoa hänelle? Toiset saattaisivat myös ryhtyä seuraamaan hänen esimerkkiään. Hän on sanonut jo usean päivän ajan, että hänen miehensä tulee tänne päivän tai kahden kuluttua, mutta ei häntä ole kuulunut. Hänellä on myös tytär kotona." Kääntyen naisen puoleen hän sanoi: "Amma ei voi odottaa enää. Sinun on lähdettävä huomenna."

Nainen kyynelehti sanoen:

"Amma, jos hän ei tule sunnuntaina, minä lähden maanantaina."

Amman sydän heltyi hänen kyyneleittensä ja pyyntönsä edessä ja hän salli naisen jäädä. Kun Amma käveli darshan-majaa kohden, hän kurkisti sisään havaiten, että vedanta-tunti oli meneillään. Nähdessään brahmacharin nojaavan seinään, kun hän kuunteli opetusta, hän sanoi tälle:

"Poikani, henkisen oppilaan ei tule nojata seinään paikassa, missä annetaan opetusta. Hänen tulee istua selkä suorana, tarkkaavaisena nojaamatta mihinkään, liikuttamatta käsiään ja jalkojaan, muussa tapauksessa *tamas*, velttous, lisääntyy hänessä. *Sadhakan* pitäisi tukeutua itseensä, sisäisesti, eikä olla riippuvainen mistään ulkoisesta tuesta. Henkinen elämä ei tarkoita sitä, että istumme tekemättä mitään, antamatta *tamasisten* ominaisuuksien lisääntyä. Riippumatta siitä, miten vaikeaa se on, sinun tulee pyrkiä istumaan selkä suorana."

Amma jatkoi matkaansa darshan-majaan. Hän istuutui yksinkertaiselle puualustalle, joka oli peitetty puunkuoresta punotulla matolla. Ihmiset, jotka olivat odottaneet häntä, tulivat nyt yksitellen – kumartaen – hänen luokseen. Yksi heistä oli loukannut niskansa. Tämä oli toinen kerta, kun hän tuli tapaamaan Ammaa. Ensimmäisellä kerralla hän ei ollut kyennyt kannattelemaan päätään ja hänen olkapäänsä oli halvaantunut. Hän oli läpikäynyt leikkauksen, mutta siitä ei ollut ollut apua. Amma oli antanut hänelle *bhasmaa* ja pyytänyt häntä tuomaan ruumiin polttorovion tuhkaa.

Amma: "Kuinka voit, poikani?"

Oppilas: "Paljon paremmin, kykenen kannattelemaan päätäni. Ja kykenen matkustamaan ilman vaikeuksia. En kyennyt tähän aiemmin, jouduin makaamaan kaiken aikaa pitkälläni. Minun oli vaikeaa tulla viime kerralla tapaamaan sinua, mutta tällä kertaa se ei tuottanut minulle vaikeuksia. Toin mukanani polttorovion tuhkaa. "

Hän ojensi paketin Ammalle, joka avasi sen ja ojensi hänelle hieman pyhää tuhkaa.

"Poikani, tässä tuhkassa on paljon maa-ainesta. Sinun tulisi tuoda sellaista pyhää tuhkaa, jossa ei ole lainkaan maa-ainesta. Ole tämän suhteen varovainen ensi kerralla. Amma antaa sinulle nyt tavallista tuhkaa."

Amma otti pyhää tuhkaa lautaselta ja siveli sitä hänen niskaansa. Hän pyysi brahmacharia hakemaan paperia, johon se voitaisiin kääriä. Tämä toi paperinpalasen, jonka hän oli repäissyt puhtaan paperiarkin kulmasta.

Amma: "Poikani, kuinka saatoit repiä noin siistin paperin? Käytetty sanomalehti olisi riittänyt tuhkan käärimiseen. Tätä valkoista paperia olisi voinut käyttää kirjoittamiseen. Amma ajattelee kaiken hyödyllisyyttä. Älä tuhlaa mitään. Kun et tuhlaa mitään, se on *shraddhaa*, ja vain jos sinulla on *shraddhaa,* voit kehittyä."

Eräs Sveitsiläinen nainen istui Amman lähellä. Hän oli juuri saapunut ashramiin ja tapasi nyt Amman ensimmäistä kertaa. Hän oli tuonut mukanaan joitakin lahjoja, jotka hän nyt avasi ja näytti Ammalle.

Nainen: "Käytin paljon aikaa näiden valitsemiseen. En tiennyt, mistä Amma pitäisi."

Amma: "Äiti tietää kuinka paljon aikaa käytit valitessasi näitä tavaroita, mutta Amma ei tarvitse mitään tällaista. Hän haluaa mielesi. Sinä toit nämä lahjat rakkautesi tähden, mutta et voi kuitenkaan aina tuoda tällaisia lahjoja. Jos et joskus voi tuoda mitään, etkö tunne silloin surua? Älä kuitenkaan jätä tulematta Amman luo sen tähden, että sinulla ei ole mitään antaa hänelle. Kaikki tällaiset esineet ovat katoavaisia. Mutta jos uhraat mielesi, niin sen hyöty on ikuinen, sinun mielesi palautetaan sinulle puhtaassa tilassaan."

Naisoppilas: "Eikö sanota, että oppilaan ei tulisi tulla gurun luokse tyhjin käsin, että hänen tulisi aina tuoda jotakin."

Amma: "Kyllä, mutta ei sen tähden, että guru tarvitsisi jotakin. Oppilaat tuovat jotakin sen vertauskuvana, että he uhraavat oman mielensä. Tällä tavoin he uhraavat oman *prarabdhansa* gurun jalkojen juureen. Jos sinulla ei ole mitään mitä antaa, niin sitruuna riittää. Jos sinulla ei ole sitäkään, hieman polttopuuta riittää."

Kun Amma puhui, nainen tuli hänen luokseen, laittoi päänsä Amman syliin ja purskahti itkuun. Itkunsa lomassa nainen sanoi:

"Amma, anna minulle antaumusta! Sinä olet petkuttanut minua tähän asti, mutta se ei onnistu enää!" Amma lohdutti häntä myötätuntoisesti, jolloin nainen jatkoi: "Tällainen kepponen ei onnistu enää. Amma, joka tietää kaiken, esittää minulle ystävällisiä kysymyksiä huijatakseen minua. Amma, älä esitä minulle tuollaisia kysymyksiä! Mitä minä voin sanoa sinulle? Sinä tunnet minut paremmin kuin minä itse!"

Nainen halusi lahjoittaa talonsa ashramille, mutta Amma ei ottanut sitä vastaan. Nainen itki, koska hän halusi Amman ottavan sen vastaan. Amma ei siitä huolimatta hyväksynyt hänen lahjaansa.

Amma palasi huoneeseensa lounaalle vasta puoli neljältä. Kaksi brahmacharia odotti häntä huoneessa. Hän puhui heille syödessään:

"Lapseni, teidän tulisi tervehtiä ihmisiä, jotka tulevat tänne, ja antaa heille mitä he tarvitsevat, mutta älkää kuluttako paljon aikaa keskustelemalla heidän kanssaan. Ei ole hyötyä yrittää voimistaa heidän uskoaan puhumalla. Kun istutatte kasvin, siinä saattaa olla muutamia lehtiä, mutta vasta sitten voitte arvioida sen kasvua, kun kasvi on levittänyt juurensa maahan ja uusia lehtiä on ilmestynyt. Vain usko, joka syntyy omista kokemuksista, on pysyvää samalla tavoin kuin uudet lehdet, jotka ilmestyvät sen jälkeen kun kasvin juuret ovat työntyneet maahan. Käyttäkää enemmän aikaa puhumalla heidän kanssaan, jotka haluavat todella tietää."

Päivää aiemmin yksi brahmachareista oli käyttänyt paljon aikaa puhuen erään oppilaan kanssa, joka oli tullut *darshaniin*. Kuultuaan Amman sanat tuo brahmachari oivalsi nyt, että Amma, joka asustaa meidän kaikkien sisällä, oli tietoinen tästä.

Brahmachari: "Amma, mitä meidän tulisi tehdä, jos ihmiset seuraavat meitä esittäen kysymyksiään?"

Amma: "Kerro heille sen verran, että heidän epäilyksensä katoavat."

Myötätuntoisen huolenaiheet

Kello oli viisi iltapäivällä. Teini-ikäinen poika oli oleillut ashramissa muutamia päiviä. Hänen sukulaisensa olivat tulleet nyt hakemaan häntä kotiin. He seisoivat ashramin pohjoispuolella olevan rakennuksen edessä keskustellen hänen kanssaan pitkään, mutta hän ei halunnut lähteä. Hänen äitinsä oli pahoillaan. Lopulta Amma tuli paikalle. Hän ohjasi naisen rakennuksen verannalle, istuutui hänen kanssaan ja puhui hänelle jonkin aikaa. Nainen itki ja pyysi Ammaa lähettämään hänen poikansa kotiin. Amma suostui. Nuorukainen hyväksyi Amman päätöksen ja lähti perheensä kanssa. Amma istui sen jälkeen rakennuksen portailla brahmacharien kanssa.

Amma: "Mitä Amma voi tehdä? Kuinka monta äitiä, jotka vuodattavat katkeria kyyneleitä, Amma joutuukaan vielä näkemään? Amma voi nähdä ennalta, että tänne tulee monia brahmachareja. Merkeistä päätellen näyttää siltä, että he saapuvat pian. Muutamia päiviä sitten nuorukainen saapui Nagercoilista, mutta hänet lähetettiin takaisin hakemaan isänsä suostumus. Viimeksi saapui tämä poika, joka lähti juuri. Amma sanoi hänelle, että hänen tulisi palata ashramiin vasta jonkin ajan kuluttua, vasta sitten, kun hän olisi saanut vanhempiensa suostumuksen, mutta ei hän kuunnellut. Missä kaikki tulevat asumaan täällä? Amma pohtii sääntöjen asettamista sille, millä perusteella brahmachareja hyväksytään."

Keskustelu kääntyi nyt toiseen aiheeseen.

Amma: "Eräs tytär saapui Pandalamista *bhava-darshaniin*. Hän ei ottanut vastaan *tirthamia*, pyhää vettä, jota Amma tarjosi hänelle. Hän on kärsinyt aika tavalla, mutta hänen vaikeutensa eivät ole päättyneet. Amma tarjosi hänelle *tirthamia* täydellä myötätunnolla, mutta mitä Amma voi tehdä, jos sitä ei oteta vastaan? Tyttö ei usko Ammaan, mutta poika, joka aikoo solmia avioliiton hänen kanssaan, on seuraaja. Hän toi tytön tänne toivoen, että hänen tuleva vaimonsa tuntisi jonkin verran antaumusta Ammaa kohtaan.

Amma tunsi sääliä heitä kohtaan. Onhan tuo tyttö menossa naimisiin Amman pojan kanssa. Amman myötätunto virtasi heille *tirthamin* ja *prasadin* välityksellä, jotka heille annettiin. Kun he olivat lähteneet, Amma kutsui pojan veljen, joka sattui olemaan ashramissa, luokseen ja sanoi hänelle: 'Amma näkee, että he joutuvat kärsimään paljon tulevaisuudessa. Kauhistuttava vaara odottaa heitä. Pyydä heitä rukoilemaan vilpittömästi. Kun he eivät vastaanottaneet *tirthamia*, Amma ei ottanut sitä takaisin. Sen sijaan Amma kaatoi sen maahan. Tämän takia he eivät joudu kärsimään niin paljon.'

63

Tuo tytär tulee varmuudella takaisin. Tuleehan hänestä lopulta Amman pojan vaimo. Amma ei anna hänen etääntyä. Mutta vain työskentelemällä lujasti hän voi välttää *prarabhansa.* Jos hän olisi ottanut *tirthamin* vastaan, hän ei olisi joutunut kärsimään niin paljon."

Onnekkaita ovat todellakin he, jotka saavat vastaanottaa Amman armon ja pysyvät siinä, sillä Amma on myötätunnon ruumiillistuma. Mutta miten voisimme vastaanottaa hänen armonsa säteet, jos emme avaa sydäntämme? Sen tähden Amma neuvoo meitä seuraamaan hänen ohjeitaan kirjaimellisesti – ei hänen takiaan vaan itsemme takia.

Perjantai, 17. tammikuuta 1986

Amma, myötätunnon joki

Amma ja *brahmacharit* lähtivät aamulla Ampalapparaan, Pohjois-Keralaan. Kun he saapuivat Bharatajoen rannalle, Amma päätti pysähtyä uimaan. Vedenpinta oli alhaalla ja joenpohja loisti monin paikoin kuivana. Vettä oli vain kapeana virtana lähellä vastarantaa. Minibussi oli juuri lähtenyt ylittämään siltaa, kun Amma pyysi kuljettajaa pysäyttämään auton, kääntymään takaisin ja ohjaamaan auton kapealle tielle, joka alkoi juuri ennen siltaa. Pieni tie johti suurikokoisen talon kuistin edustalle. Amma kehotti kuljettajaa pysäyttämään auton pienen matkan päähän talosta. Kaikki ihmettelivät, miksi Amma oli johdattanut heidät tähän paikkaan, sillä joelle ei päässyt kovinkaan helposti täältä.

Heti kun auto pysähtyi, Amma pyysi *kanjia* juodakseen. Mutta autossa oli vain kylmää vettä. Brahmachari tiedusteli, voisiko hän hakea Ammalle juotavaa läheisestä talosta. Amma suostui oitis tähän. Tämä oli yllättävää, sillä yleensä Amma ei ottanut vastaan mitään lähitaloista tällaisten matkojen aikana, he tapasivat juoda vain sitä minkä olivat ottaneet mukaansa.

Brahmachari kiirehti taloon. Muutamia minuutteja myöhemmin vanha nainen juoksi talosta pienen pojan kanssa kohti ajoneuvoa. Brahmachari seurasi heitä kädessään lasi *kanjia*. Kun nainen lähestyi autoa, Amma kurkotti kätensä avoimesta ikkunasta ja otti kiinni naisen käsistä. Vanha nainen itki ja toisteli: 'Narayana, Narayana!' uudelleen ja uudelleen. Hän oli kuitenkin niin hengästynyt juoksustaan, ettei kyennyt sanomaan jumalallista nimeä oikealla tavalla. Hänen antaumuksensa oli näkemisen arvoinen.

Kun hän kykeni lopulta puhumaan, hän sanoi vavahtelevalla äänellä:

"Ottoor Unni Namboodiripad kertoi minulle Ammasta. Siitä lähtien olen kaivannut saada nähdä sinut. Mutta olen jo vanha, niinpä minun on vaikea matkustaa. Olen ollut hyvin surullinen siitä, että en ole voinut tulla tapaamaan sinua. Päivääkään ei kulu ilman, etten ajattelisi sinua. Kuulin, että sinä olit vieraillut Tripunitturan *kovilakamissa*.[11] Minä olen tuon perheen jäsen. Minä toivoin, että saisin tavata sinut jollakin tavoin sinun armostasi. Tämä toive on täytetty tänään. En olisi koskaan uskonut, että saisin nähdä sinut näin pian! Se johtuu yksin sinun armostasi. Nuori mies tuli tänne ja pyysi hieman *kanjia*. Hän sanoi, että se on Ammaa varten. Ketä Ammaa (Äitiä) varten, kysyin. Kun kuulin nimesi, tiesin, että kyse oli samasta Äidistä, jonka olin halunnut nähdä. Annoin hänelle hieman *kanjia* ja mangopikkelsiä ja juoksin sitten tänne pojanpoikani kanssa." Sitten hänen

---

[11] *Kovilakam* on asuinrakennus, joka kuuluu kuninkaalliselle perheelle.

äänensä murtui. "Minulla ei ole mitään muuta tarjottavana kuin tämä riisivesi! Anna minulle anteeksi, Amma!"

Kyyneleet valuivat naisen kasvoja pitkin. Amma pyyhki hänen kyyneleensä pyhillä käsillään ja sanoi pehmeästi:

"Tyttäreni, Amma ei tarvitse mitään. Hän haluaa vain sydämesi."

Amma joi lähes kaiken *kanji*-veden ja söi hieman mangopikkelsiä. Vanha nainen kertoi nyt Ammalle miten joelle pääsisi ja kun Amma lähti kävelemään toisten seurassa polkua pitkin, nainen sanoi:

"Amma, kun olet uinut, pyydän että siunaisit kotini tulemalla vieraakseni!"

Kun Amma palasi joelta, hän täytti naisen toiveen astumalla taloon, missä nainen ja hänen aviomiehensä odottivat. Nainen ohjasi Amman verannalla olevaan tuoliin ja oli niin ylitsevuotavan iloinen, että unohti kaiken muun. Hänen miehensä meni sisälle taloon noutamaan vettä. Yhdessä he pesivät Amman jalat. Vastauksena heidän puhtaaseen antaumukseensa Amma vaipui *samadhiin*. Koska olisi vienyt aikaa mennä sisälle taloon hakemaan sopivaa kangasta, nainen kuivasi Amman jalat päällään olevan sarinsa kulmalla. Samalla kyyneleet valuivat hänen silmistään Amman jaloille.

Vietettyään vielä hetkisen heidän seurassaan Amma ja hänen opetuslapsensa jatkoivat matkaansa. Kun he ylittivät sillan, Shashi, yksi Amman perheellisistä oppilaista, odotti häntä autonsa kanssa. Shashin toivomuksesta Amma matkusti hänen autossaan loppumatkan.

Puoli kahden aikaan iltapäivällä Amma ja hänen opetuslapsensa saapuivat Narayanan Nairin taloon Ampalapparan kylässä, joka sijaitsee 250 kilometriä ashramista pohjoiseen. Keralan

66

maaseudun luonnollinen kauneus, joka on tuhottu monin paikoin, oli vielä nähtävissä täällä. Metsäisten kukkuloiden välissä oleva kylä koostui kookoslehdillä katetuista majoista, joita ympäröi rehevä trooppinen puutarha palmupuineen, kukkivine puineen ja pensaineen. Useita ihmisiä oli odottamassa Ammaa.

Kun Amma saapui taloon, perheenjäsenet jotka olivat Ammalle antautuneita, ohjasivat hänet istumaan *peethamille*. He pesivät hänen jalkansa ja koristelivat ne punaisella *kumkumilla* ja santelipuutahnalla. Sen jälkeen he tekivät *aratin* polttaen kamferia. Huone täyttyi vedisillä mantroilla, joita brahmacharit toistivat. He olivat kaikki syvästi liikuttuneita samalla kun heidän silmänsä lepäsivät Amman jumalallisessa olemuksessa. Kun *pada-puja* oli ohi, Amma meni viereiseen huoneeseen, missä hän ryhtyi vastaanottamaan seuraajiaan *darshanissa*.

Perheenjäsenet antoivat brahmachareille kupin *jappyä*. Kaikki olivat mielissään saadessaan juoda tuota kuumaa, makeaa maitoa.

Amma huomasi, kuinka naisoppilas auttoi munkkia pesemään kätensä kaatamalla vettä hänen käsilleen. Hän huomautti myöhemmin: "*Sadhakana*, henkisenä oppilaana, sinun ei tule pyytää keneltäkään apua, sillä silloin menetät sen voiman, minkä olet kerännyt *tapas*-harjoitustesi avulla. Meidän ei tulisi sallia kenenkään poimia edes puun lehteä meille. Meidän tulisi sen sijaan palvella toisia niin paljon kuin mahdollista."

Brahmachari järjesteli öljylamppuja ja muita tarvikkeita paikalla, missä *bhajaneitten*, henkisten laulujen, oli määrä alkaa. Kun hän oli aikeissa sytyttää tulen lamppuihin, Amma keskeytti hänen aikomuksensa sanoen:

"Poikani, käännä kasvosi pohjoisen suuntaan, kun sytytät lamput."

Kun brahmachari ei ymmärtänyt mitä hän tarkoitti, Amma otti pienen lampun, jota hän piteli käsissään ja sytytti sillä öljy-lamput. Amma järjesteli lamput huolellisesti ja peitti lehdellä *kindin*, joka oli täynnä vettä. Sitten hän laittoi *kindin* lamppujen eteen, asetteli kukkien terälehtiä lehdelle ja sytytti lamput. Hän sanoi brahmacharille:

"Älä käänny etelän suuntaan sytyttäessäsi lamppuja. Ja kun sytytät lampun sydämet, etene lampun ympäri myötäpäivään samalla tavalla kuin harjoittaessasi *pradakshinaa* temppelissä."

Amma pitää tällaisia yksityiskohtia hyvin tärkeinä, erityisesti neuvoessaan brahmachareja. Hän sanoo: 'Huomenna heidän tulee mennä maailmaan, niinpä heidän tulee olla silloin erittäin tarkkaavaisia kaikessa siinä mitä tekevät.'

Bhajanit, henkiset laulut, alkoivat. Jonkin ajan kuluttua pieni lapsi tuli kontaten Amman luo. Amma nosti lapsen syliinsä ja ojensi hänen käteensä kellon. Ja kun hän jatkoi *kirtanien* laulamista, hän auttoi lapsen pientä kättä soittamaan kelloa musiikin tahdissa.

Gopivallabha Gopalakrishna

Oi Lapsi-Krishna,
Gopien rakastettu,
Govardhana-kukkulan kohottaja,
lootussilmäinen,
sinä joka elät Radhan mielessä,
jonka iho on sinisen lootuksen värinen.

Oi Krishna,
sinä joka liikut Vrindavanissa,
jonka silmät ovat kuin punaisen lootuksen terälehdet,

oi Nandan poika,
vapauta minut kaikista kahleista.

Oi kaunis lapsi,
oi Krishna,
sinä joka lahjoitat vapautuksen.

Keskiviikkona, 22. tammikuuta 1986

Kaksi länsimaalaista naista istui meditaatioon vaipuneena meditaatiohallissa. Pieni tyttö, joka oli toisen tytär, väritti lähettyvillä kuvakirjaa. Hänen äitinsä oli antanut sen hänelle tehtäväksi, jottei hän häiritsisi äitinsä hiljentymistä. Amma tuli halliin muutaman opetuslapsensa kanssa ja katseli miten tyttö väritti hiljaa kuvia.

Kun meditaatio oli päättynyt, Amma osoitti tyttöä ja sanoi: "Meidän tulisi ohjata lasten huomio hyviin harrastuksiin kuten piirtämiseen ja laulamiseen, kun he ovat vielä nuoria. Voisiko tämä lapsi piirtää kuvia, ellei hänellä olisi runsaasti kärsivällisyyttä? Piirtämien ja laulaminen opettavat hänelle kärsivällisyyttä ja samalla hänen keskittymiskykynsä kehittyy. Jos jätämme lapset yksin, he juoksentelevat ympäriinsä, hukkaavat aikaansa ja tekevät kaikenlaisia keppposia. Sen jälkeen heille on vaikeaa opettaa enää itsekuria."

Ashramissa ei juurikaan ollut vierailijoita tuona päivänä, paitsi pieni ryhmä länsimaalaisia, jotka olivat saapuneet muutamia päiviä aiemmin. He käyttivät aikansa ashramin päivittäisissä työtehtävissä ja lukien kirjaston kirjoja. Totuuden kaipuu eli voimakkaana näissä oppilaissa, jotka olivat jo saaneet maistaa maailman mukavuuksia ja nautintoja. Väsyttyään vihamieliseen, kilpailuhenkiseen maailmaan he saivat nyt kokea Amman puhtaan,

pyyteettömän rakkauden ja sen tähden he olivat ylittäneet valta-
meren saadakseen sammuttaa janonsa tuolla rakkaudella.

Brahmachari kertoi Ammalle, että intialainen nuorukainen
toivoi saavansa nähdä hänet. Niinpä Amma pyysi häntä nouta-
maan nuorukaisen. Amma istuutui meditaatiohallin länsireunalle
ja viittasi nuorukaista istuutumaan lähelleen.

Amma: "Oletko ollut täällä pitkään, poikani?"

Nuorukainen: "En, saavuin vasta."

Amma: "Miten sait kuulla ashramista?"

Nuorukainen: "Olen vieraillut eri ashrameissa jo jonkin
aikaa. Viime kuussa eräs ystäväni vieraili täällä. Hän sanoi, että
minun tulisi ehdottomasti tulla tänne tapaamaan Ammaa."

Amma: "Oletko jo saattanut opintosi päätökseen?"

Nuorukainen: "Minulla on maisterin tutkinto ja olen yrit-
tänyt löytää töitä. Minulla on nyt väliaikainen työ yksityisessä
oppilaitoksessa, ja siten ansaitsen toimeentuloni. Olen kuitenkin
nyt päättänyt, etten etsi uutta työtä. Minulla on sisar. Kun hän
on avioitunut, haluan liittyä johonkin ashramiin."[12]

Amma: "Eivätkö vanhempasi vastusta sitä?"

Nuorukainen: "Minkä tähden?"

Amma: "Eikö se vaikeuta heidän tilannettaan?"

Nuorukainen: "He tulevat toimeen eläkkeellään ja sen lisäksi
he omistavat maata."

Amma: "Kuka huolehtii heistä, kun he vanhenevat? Eikö
sinun tulisi huolehtia heistä?"

Nuorukainen: "Mitä takeita on siitä, että olen lähettyvillä,
kun he ovat vanhoja? Saattaisin olla siinä vaiheessa ulkomailla

---

[12] Intiassa on tapana, että vanhempien ja vanhempien veljien velvollisuus
on huolehtia siitä, että perheen tytöt avioituvat ja että heidän tulevaisuu-
tensa on näin turvattu.

työskentelemässä, jolloin en voisi kiirehtiä heidän avukseen. Ja entäpä jos kuolen ennen heitä?"

Amma nauroi ja sanoi: "Älykäs nuorukainen!"

Nuorukainen: "Ystäväni toivoi, että pyytäisin Ammaa järjestämään minulle töitä, mutta sanoin hänelle, että pyydän häntä vain auttamaan henkistä kehitystäni."

Sadhaka ja tiedemies

Nuorukainen: "Amma, millä tavoin *sadhakan*, henkisen oppilaan, elämä on parempaa kuin tiedemiehen? Jotta *sadhaka* voisi saavuttaa päämääränsä ja jotta tiedemies voisi menestyä tutkimustyössään, molemmilla tulee olla keskittymiskykyä. Mitä eroa on näin ollen heidän välillään? Eikö tiedemiehen elämäkin ole eräänlaista *sadhanaa*, henkistä harjoitusta?"

Amma: "Kyllä, se on *sadhanaa*, henkistä harjoitusta. Mutta tiedemies ajattelee jotakin kohdetta. Jos hän tutkii esimerkiksi tietokoneita, hänen meditaationsa kohde on yksin tietokone. Hän ajattelee sitä paljon ja tulee näin tuntemaan sen. Hänen mielensä on keskittynyt vain niin kauan kun hän on uppoutunut tutkimustyöhönsä. Muina aikoina hänen mielensä suuntautuu eri tahoille ja hän uppoutuu tavallisiin asioihin. Tämän vuoksi ääretön voima ei herää hänessä. *Tapasvi* on tässä suhteessa erilainen. Paneutuessaan henkisiin harjoituksiin hän alkaa nähdä kaiken yhtenä. *Sadhaka* pyrkii oivaltamaan sen mikä on piilevänä läsnä kaikessa. Saavutettuaan oivalluksen kaikki voimat heräävät hänessä. Hänelle ei ole olemassa enää mitään mikä pitäisi oivaltaa.

Ajattele lampea, missä on suolapitoista vettä. Jos kaadat makeaa vettä lammen yhdelle laidalle, vähennät veden suolaisuutta vähäksi aikaa. Jos taas sataa, se vaikuttaa koko lampeen.

71

Samalla tavoin kun *sadhaka* tekee henkisiä harjoituksia avarakat-
seisella asenteella, ääretön voima herää hänessä ja hän oivaltaa
kaiken. Näin ei tapahdu tiedemiehelle, sillä hänen lähestymista-
pansa on toisenlainen."

Nuorukainen: "Pyhät tekstit sanovat, että kaikki on samaa
Itseä. Kun yksi saavuttaa oivalluksen, niin eikö kaikkien tulisi
näin ollen saavuttaa se samalla hetkellä?"

Amma: "Poikani, jos käännät pääkatkaisimesta, sähkö on
saatavilla kaikkialla talossa. Mutta jotta omassa huoneessasi voisi
olla valoa, sinun tulee kääntää valokatkaisijaa tuossa huoneessa.
Kun laitat valon päälle yhdessä huoneessa, se ei tarkoita sitä, että
kaikkiin huoneisiin syttyisi valo. Kaikki on samaa Itseä, mutta
vain hän, joka puhdistaa mielensä *sadhanalla*, oivaltaa Itsen.

Ajattele lampea, joka on levän peittämä. Jos poistat levää
lammen yhdeltä laidalta, se puhdistaa veden ja voit nähdä nyt
vedenpinnan, mutta se ei tarkoita, että koko lammesta olisi tullut
näin puhdas."

Sadhanaa koskevia kysymyksiä

Nuorukainen: "Moni sanoo, että totuudenetsijän tulisi noudat-
taa tiukasti *yamaa* ja *niyamaa*. Onko se todella tärkeää? Eikö
riitä, että tietää periaatteet? Eikö tärkeintä ole se, että keräämme
tietoa?"

Amma: "Poikani, maa vetää kaiken itseensä. Jos nukut mus-
talla hiekalla, tunnet itsesi väsyneeksi aamulla, sillä hiekka imee
itseensä voimasi.[13] Tässä vaiheessa olet vielä luonnonvoimien
alainen, joten sinun tulee noudattaa tiettyjä lainalaisuuksia ja

---

[13] Jossain päin Keralaa, kuten sillä alueella, missä ashram sijaitsee, rannan
hiekka on mustaa, sillä se sisältää metalleja.

rajoituksia. Nuo säännöt ja rajoitukset ovat nyt tarpeen. Mutta kun saavutat tason, jossa olet luonnon vaikutuksen tuolla puolen, ongelmaa ei enää ole. Silloin et voi enää menettää voimaasi, sillä silloin luonto tulee olemaan sinun hallinnassasi. Siihen asti tietyt rajoitukset ja säännöt ovat kuitenkin tarpeen.

Kun kylvät siemenen, sinun tulee laittaa aita sen ympärille suojellaksesi sitä, jotta sen päälle ei astuta eikä kana syö sitä. Myöhemmin, kun siemen on kasvanut puuksi, se tulee antamaan suojan linnuille, ihmisille ja kaikille muillekin. Alkuvaiheessa sitä tulee kuitenkin suojella jopa pieneltä kanalta. Samalla tavoin, koska mielemme on alkuvaiheessa heikko, me tarvitsemme sääntöjä ja rajoituksia kunnes olemme saavuttaneet riittävästi mielen voimaa."

Nuorukainen: "Voidaksemme kehittää tuota voimaa onko mielemme altistaminen vakavalle, itsekuria lisäävälle *sadhanalle* välttämätöntä?"

Amma: "Kyllä, sinun tulee rakastaa itsekuria yhtä paljon kuin Jumalaa. Hän joka rakastaa Jumalaa, hän rakastaa myös itsekuria. Meidän tulee rakastaa itsekuria enemmän kuin mitään muuta.

Ken tapaa juoda aina säännölliseen aikaan teetä, saa päänsärkyä ja tuntee olonsa epämiellyttäväksi, jos hän ei saa teetä. Joka polttaa *ganjaa*, hashista, säännöllisesti, tuntee olonsa levottomaksi, jos hän ei polta sitä tavalliseen aikaan. Tapa, jota hän noudatti eilen, ilmoittaa itsestään tänään. Samalla tavoin, jos luomme itsellemme aikataulun ja noudatamme sitä tarkasti, siitä tulee meille tapa, joka ilmoittaa meille oikeaan aikaan, mitä meidän tulee milloinkin tehdä. On todella arvokasta noudattaa tällaista rutiinia *sadhanassa*."

Perheellinen oppilas, joka oli kuunnellut Ammaa, sanoi:

"Olen meditoinut joka päivä, mutta en näytä edistyväni lainkaan."

Amma: "Poikani, monenlaiset asiat sitovat sinun mieltäsi. Henkinen elämä edellyttää paljon itsekuria ja itsensä hallintaa, jota ilman on vaikea hyötyä *sadhanasta* niin paljon kuin toivoisit. Saattaa olla totta, että harjoitat *sadhanaa,* mutta tiedätkö mihin sitä voi verrata? Se on kuin ottaisit hieman öljyä ja kaataisit sitä vuorotellen sataan eri astiaan. Lopulta öljyä ei ole enää lainkaan jäljellä – vain ohut kalvo jokaisen astian pinnalla. Poikani, teet henkisiä harjoituksia ja sitten ryhdyt tekemään kaikenlaisia asioita. Kaikki voima, jonka olet kerännyt keskittymisen avulla, häviää erilaisiin kohteisiin. Jos kykenet näkemään moninaisuuden takana olevan ykseyden, et menetä niin paljon voimaasi. Jos kykenet näkemään kaiken taustalla olevan Jumalan, et menetä henkistä voimaasi."

Oppilas: "Kaikki pelkäävät minua kotona. Suutun kovasti, jos toiset eivät elä minun käskyjeni mukaan."

Amma: "Poikani, et todellakaan hyödy *sadhanastasi*, jos tunnet samaan aikaan vihaa ja ylpeyttä. On kuin laittaisit sokeria astiassa yhteen kohtaan ja muurahaisia toiseen, jolloin muurahaiset syövät sokerin. Etkä edes huomaa mitä tapahtuu! Mitä hyvänsä olet saavuttanut *sadhanasi* avulla, menetät sen suuttuessasi. Taskulamppu, joka toimii pattereilla, menettää voimansa sen jälkeen kun se on laitettu päälle useita kertoja. Samalla tavoin käy kun suutut – menetät energiasi silmiesi, nenäsi, suusi, korviesi ja kehosi huokosten kautta. Vain harjoittamalla mielenhallintaa, voit säilyttää itselläsi sen energian, minkä olet saavuttanut *sadhanan* avulla."

Oppilas: "Tarkoitatko, että jos suuttuu, ei voi kokea *sadhanan* synnyttämää autuutta?"

Amma: "Jos lasket reikiä täynnä olevan ämpärin kaivoon saadaksesi vettä ja vedät sitten sen suurella vaivalla ylös, niin siinä vaiheessa kun ämpäri on ylhäällä, ei siinä ole enää lainkaan vettä. Kaikki vesi on valunut rei'istä ulos. Poikani, *sadhanasi* on samanlaista. Mielesi on vihan ja halujen vallassa. Aika ajoin kaikki se mitä olet saavuttanut *sadhanasi* avulla valuu hukkaan. Vaikka teetkin henkisiä harjoituksia, et nauti niiden hyödystä, etkä tunne niiden todellista arvoa. Vietä silloin tällöin aikaa yksinäisyydessä, anna mielesi rauhoittua ja yritä harjoittaa *sadhanaa*. Pyri pysyttäytymään erossa tilanteista, jotka herättävät sinussa halua ja vihaa. Sillä tavalla tulet varmuudella tuntemaan kaiken voiman alkulähteen."

Oppilas: "Amma, en kykene toisinaan hallitsemaan halujani. Jos yritän hillitä niitä, ne vain voimistuvat."

Amma: "Haluja on vaikea hallita. Siitä huolimatta tiettyjä rajoituksia tulee noudattaa, muuten mieltä ei ole mahdollista hallita. Sellaiset ruoka-aineet, kuten liha, kananmuna ja kala synnyttävät lisää siemennestettä, mikä vuorostaan lisää seksuaalista halua. Aistit toimivat silloin tietyllä tavalla voidakseen toteuttaa nuo halut ja näin menetät energiasi. Kun syöt *sattvista*[14] ruokaa kohtuullisessa määrin, vahinkoa ei synny. Ruokavalion noudattaminen on tärkeää, kun harjoitamme *sadhanaa* erityisesti heidän kohdallaan, joiden mieli ei ole vahva, sillä he joutuvat helposti vaikutuksille alttiiksi. Mutta kenellä on suuri määrä mielen voimaa, häneen ruokavalion muutoksilla ei ole suurta vaikutusta."

Nuorukainen: "Eikö ihmisen luonne muutu hänen ruokavalionsa mukaisesti?"

Amma: "Kyllä, ehdottomasti. Jokaisella eri ruokavaliolla on oma ominaislaatunsa ja jokaisella maulla, kuten mausteisella,

---

[14] *Sattvinen* ruoka tarkoittaa puhdasta, kasvisravintoa.

happamalla ja makealla ravinnolla, on oma vaikutuksensa. Jopa *sattvista* ravintoa tulee syödä vain kohtuullinen määrä. Maito ja *ghee*, puhdistettu voi, ovat *sattvisia*, puhtaita, mutta niitäkään ei tule syödä liikaa. Jokaisella ruokalajilla on erilainen vaikutus meihin. Lihan syöminen tekee mielestä epävakaan. Itsekurin harjoittaminen ravinnon suhteen on alkuvaiheessa ehdottoman välttämätöntä hänelle, joka harjoittaa *sadhanaa* ja jolla on voimakas halu varastoida itselleen voimaa Itse-oivallusta varten ."

"Kun istutat siemenen, sinun tulee suojata se auringolta. Mutta kun siemen kasvaa puuksi, se kestää auringonvaloa. Samalla tavoin kuin sairaudesta toipuvan tulee noudattaa terveellistä, sopivaa ruokavaliota, niin myös hänen, joka tekee henkisiä harjoituksia, tulee olla varovainen sen suhteen, mitä hän syö. Myöhemmin kun olet edistynyt henkisissä harjoituksissasi, ruokavaliota koskevat rajoitukset eivät enää olen niin välttämättömiä."

Nuorukainen: "Usein sanotaan, että *sadhakan*, henkisen oppilaan, tulee olla vaatimaton ja nöyrä, mutta minusta tuntuu siltä, että nuo ominaisuudet ovat merkkejä heikkoudesta."

Amma: "Poikani, jos haluat kehittää itsessäsi hyviä *samskaroita*, luonteenpiirteitä, sinun tulee olla nöyrä suhteessa toisiin. Nöyryys ei ole heikkoutta. Jos ylimielisyydessäsi suutut tai toimit ylemmyydentuntoisesti toisia kohtaan, menetät voimasi ja tietoisuuden Jumalasta.

Lähes kukaan ei halua olla nöyrä. Ihmisillä ei ole nöyryyttä, koska he ovat ylpeitä siitä, mikä ei ole todellista. Ruumis[15] on muoto, jonka ego, minä-tunne, täyttää. Ruumis on egon, vihan ja halun saastuttama. Voidaksesi puhdistua sinun tulee kehittää itsessäsi sellaisia ominaisuuksia kuten nöyryys ja vaatimattomuus. Voimistamalla egoasi ylpeytesi ruumiistasi lisääntyy. Jotta egosi

---

[15] Kun Amma viittaa tässä ruumiiseen, niin siihen sisältyy samalla mieli.

voisi poistua, sinun tulee olla halukas asennoitumaan nöyrästi ja kumartamaan toisille.

Ei kannata kaataa vettä likaiseen astiaan, sillä siten vedestäkin tulee likaista. Jos sekoitat jotakin kitkerää *payasamiin,* et voi nauttia sen mausta. Samalla tavoin, jos pidät yllä egoasi harjoittaessasi *sadhanaa,* et voi turvautua kokonaan Jumalaan ja kokea *sadhanasi* täyttä hyötyä. Kun tuhoat minä-tunteen nöyryydelläsi, hyvät ominaisuutesi pääsevät esiin ja *jivatman,* sielusi, kohoaa *Paramatmaniin.*

Tässä vaiheessa sinä olet kuin pieni pöytälamppu, joka antaa valoa juuri sen verran, että voit lukea kirjaa, jos pidät sitä lähellä lamppua. Mutta jos harjoitat *tapasia,* itsekuria ja poistat egosi, tulet loistamaan kuin aurinko."

Gurulle antautuminen

Nuorukainen: "Moni tuntuu olevan nykyään sitä mieltä, että gurulle antautuminen on heikkouden merkki. He ovat sitä mieltä, että suurelle sielulle kumartaminen ei sovi heidän arvolleen."

Amma: "Entisaikaan talon etuovi oli matala. Yksi syy tähän oli se, että tahdottiin kehittää nöyryyttä. Välttääkseen iskemästä päätään ovenkamaraan ihmiset joutuivat kumartamaan astuessaan sisään. Samalla tavalla, kun kumarramme gurun edessä, vältämme egon vaarat ja mahdollistamme näin sen, että Itse voi herätä.

Tänä päivänä me ilmennämme kahdeksanlaista ylpeyttä tai minä-tunnetta. Jos haluamme muuttua ja tuoda esiin todellisen olemuksemme, meidän on omaksuttava opetuslapsen asenne ja noudatettava nöyrästi gurun ohjeita. Jos elämme gurun ohjeiden mukaisesti tänään, voimme antaa turvaa huomenna koko maailmalle. Gurun läheisyys herättää *shaktin*, jumalallisen voiman, sisällämme ja henkiset harjoituksemme saavat sen kukoistamaan.”

Nuorukainen: ”Amma, eivätkö pyhät kirjoitukset sano, että Jumala on sisällämme eikä erillinen meistä? Mihin näin ollen tarvitaan gurua?”

Amma: ”Kyllä poikani, Jumala on todellakin sisälläsi. Aarrearkku täynnä timantteja on sisälläsi. Mutta et ole tietoinen tästä, olet etsinyt sitä ulkopuoleltasi. Aarrearkun avain on hallussasi, mutta sitä ei ole käytetty pitkään aikaan, se on ruostunut. Sinun tulee puhdistaa se poistamalla ruoste ja avata aarrearkku. Tämän takia lähestymme gurua. Jos haluat oppia tuntemaan Jumalan, sinun tulee poistaa egosi lähestymällä gurua ja tottelemalla häntä nöyrästi ja antautuen.

Puu voi lahjoittaa hedelmiä lukemattomille ihmisille. Tässä vaiheessa sinä olet kuitenkin kuin siemen, et ole vielä kasvanut tulee lähestyä häntä ja harjoittaa *sadhanaa* hänen ohjeittensa mukaisesti.

Jos kaivat vettä vuorenhuipulta, et välttämättä löydä sitä vaikka kaivaisit kolmekymmentä metriä. Mutta jos kaivat pienen kuopan joen lähelle, löydät pian vettä. Samalla tavoin läheisyytesi *satguruun* tuo hyvät ominaisuutesi esiin ja henkiset harjoituksesi tuottavat pian tulosta. Tällä hetkellä olet aistiesi orja, mutta jos elät gurun ohjeiden mukaisesti, aisteistasi tulee sinun orjiasi.

Heidän, jotka ovat gurunsa seurassa, tarvitsee vain pyrkiä saamaan osakseen gurunsa armo. Tuon armon avulla gurun *tapasin* voima virtaa heihin. Jos kosketat jotakin, mikä kuljettaa sähkövirtaa, sähkö virtaa sinuun. Samoin, jos turvaudut guruun, hänen voimansa tulee sinuun.

Guru on epäitsekäs. Hän ilmentää sellaisia hyviä ominaisuuksia kuin totuutta, *dharmaa*, rakkautta ja myötätuntoa. Sellaiset sanat kuten 'totuus' ja *'dharma'* eivät itsessään ole eläviä, mutta *satguru* on tällaisten ominaisuuksien ruumiillistuma. Maailma saa ainoastaan hyvyyttä tällaisilta yksilöiltä. Jos pidämme yllä ystävyyttä huonoja luonteenpiirteitä kantavan ihmisen kanssa, on hänellä meihin huono vaikutus, mutta jos pidämme yllä ystävyyttä hyviä luonteenpiirteitä kantavan ihmisen kanssa, luonteemme muuttuu sen mukaisesti. Samalla tavoin he, jotka ovat gurun seurassa, muokkaantuvat hedelmälliseksi maaperäksi, jossa hyvät ominaisuudet kehittyvät.

Jos et kitke rikkaruohoja pellosta, niin ne tuhoavat kylvämäsi siemenet. Jos teet henkisiä harjoituksia poistamatta egoasi, *sadhanastasi* tulee olemattoman hedelmätöntä. Kun betonia valmistetaan, murskatut kivet on ensin pestävä. Samalla tavoin Jumalaa koskeva ajatus vakiintuu vain puhtaaseen mieleen. Kun harjoitat *sadhanaa* epäitsekkäästi – egosta vapautuen – tulet kokemaan totuuden: sinä olet Jumala."

Amman nektarin kaltaiset viisauden sanat lakkasivat virtaamasta. Hän kääntyi erään vierailijan puoleen sanoen:

"Keittiön ympäristö on likainen. Amma tuli alas siivotakseen sen, mutta matkalla hän näki tämän pienen tytön, joka piirteli kuvia ja pysähtyi katsomaan häntä. Sitten tämä poikani tuli tänne, ja Amma istuutui keskustelemaan hänen kanssaan. Te lapsethan ette lähde ennen huomista *darshania*? Amma tapaa teidät myöhemmin."

Tämän jälkeen hän käveli kohti keittiötä.

Perjantaina, 7. helmikuuta 1986

Kalarissa suoritetun aamuisen *pujan* ja *aratin* jälkeen brahmacha-ri Unnikrishnan[16] toi palavan kamferin odottavien oppilaiden luokse. He koskettivat tulta ja sen jälkeen otsaansa. Jotkut heistä ottivat myös hieman *bhasmaa*, pyhää tuhkaa, ja laittoivat sitä otsaansa. Muutamia minuutteja myöhemmin Amma tuli *kalariin,* ja kaikki kumarsivat hänelle. Meditaation jälkeen myös Rao ja Kunjumon tulivat paikan päälle. He kumarsivat Ammalle ja istuutuivat hänen viereensä.

Epäilysten poistaja

Rao: "Sinä sanot, että meidän tulisi surra kaivatessamme Jumalaa. Mutta sinä olet täällä meidän kanssamme, joten kun mietiskelemme sinun hahmoasi, kuinka voisimme olla surullisia?"

Amma: "Teidän tulisi tuntea tuskaa siitä, että olette erossa Jumalasta. Tällaista surua teidän tulisi kokea!"

Rao: "Jos meillä on todellinen mestari gurunamme, eikö hän lahjoita meille tällaisen surun?"

Amma: "*Namah Shivayah*! Ei riitä, että sinulla on guru, joka täyttää korkeimmat laatuvaatimukset – myös oppilaalla on oltava oikeat luonteenpiirteet."

Kunjumon: "Me olemme tulleet Amman luokse, joten meillä ei ole mitään aihetta huoleen. Meidät on pelastettu!"

Amma: "Tuo usko on hyvä, lapseni. Mutta älkää rajoittuko vain ulkonaiseen Ammaan, jonka näette tässä aineellisessa kehossa. Jos teette niin, menetätte voimanne ja alatte epäröidä. Pyrkikää näkemään todellinen Amma, todellinen olemus. Pyrkikää

---

[16] Swami Turyamritananda

80

näkemään tämä Amma jokaisessa. Amma on tullut auttamaan teitä lapsia toteuttamaan tämän."

Kunjumon: "Eilen eräs kysyi, mikä on Amman päämäärä perustettuaan ashraminsa."

Amma: "Voimistaaksemme ihmisten uskoa Jumalaan, innostaaksemme heitä hyviin tekoihin ja astumaan totuuden ja oikeudenmukaisuuden polulle. Se on päämäärämme."

Naisoppilas: "Amma, he jotka kutsuvat Jumalaa avukseen näyttävät kärsivän paljon elämässään."

Amma: "Lapseni, kyyneleet joita vuodattaa hän, joka rukoilee rakkaudella Jumalaa, eivät ole surun kyyneleitä vaan autuuden kyyneleitä. Nykyisin ihmiset rukoilevat Jumalaa vain vaikeuksien hetkellä. Jos rukoilet Jumalaa sekä onnen että surun hetkellä, et joudu enää kokemaan minkäänlaista kärsimystä. Vaikka joutuisitkin kohtaamaan kärsimystä, et koe sitä kärsimyksenä. Jumala huolehtii sinusta. Jos voit rukoilla häntä sydän avoinna ja vuodattaa muutaman kyyneleen rakkaudesta häneen, silloin olet pelastettu."

Kun Amma puhui Jumalasta, hän vaipui syvään antaumuksen tilaan. Hän ryhtyi kuvaamaan päiviä, jotka hän oli viettänyt *prema-bhaktissa*.

"Oi, minkälaisia vaikeuksia Amma joutuikaan kohtaamaan noina päivinä! Hän ei voinut astua kadulle ilman, että ihmiset olisivat ilkeilleet hänelle. Hän oli jatkuvan pilkan kohde. Kukaan ei antanut hänelle edes ruokaa. Hän toivoi, että hänellä olisi ollut edes yksi henkinen kirja, jota hän olisi voinut lukea, mutta ei hänellä ollut ainuttakaan. Eikä hänellä ollut gurua. Lapseni, elämä ilman gurua on kuin lapsen elämä ilman äitiä. Amma kasvoi kuin äiditön lapsi. Ihmiset hänen ympärillään eivät tienneet mitään henkisyydestä. Kun hän istuutui meditoimaan, joku tuli ja kaatoi kylmää vettä hänen päälleen tai löi häntä. He ajoivat hänet pois kotoa. Tällaista kohtelua Amma sai osakseen! Mutta siitä huolimatta hän ei asennoitunut siihen kärsimyksenä, sillä hän uskoi, että Jumala ei koskaan hylkäisi häntä. Huolimatta kaikesta siitä mitä hän joutui kokemaan, hän unohti sen seuraavassa hetkessä kun hän toisti Devin nimeä. Kokiessaan itsensä surulliseksi hän kertoi surunsa yksin Jumalalliselle Äidille. Kyyneltensä kautta hän oli yhteydessä Deviin."

Amma istui hetken hiljaa. Sitten hän lauloi värisevällä äänellä:

Oru tulli sneham

*Oi Äiti, lahjoita hieman rakkauttasi
korventuvaan sydämeeni,
jotta elämäni saavuttaisi täyttymyksensä.
Miksi annat tulen
polttaa tätä kuivunutta kasvia?*

*Minä purskahdan kyyneliin.
Kuinka monta kuumaa kyyneltä minun tulee vuodattaa
uhrilahjana sinulle?
Etkö tunne kuinka sydämeni hakkaa,
kuinka raskaita ovat tuskaiset huokaukseni?*

*Ethän anna tulen levitä tanssimaan
santelipuumetsässä.
Ethän salli surun näyttää voimaansa
ja murtaa sydämeni muuria.*

*Oi Jumalallinen Äiti,
toistaessani 'Durga', 'Durga',*

unohdan kaikki muut polut.
En etsi taivasta enkä vapautusta,
kaipaan vain puhdasta antaumusta sinulle.
En etsi taivasta enkä vapautusta,
kaipaan vain puhdasta antaumusta sinulle.

Amma lauloi kaksi viimeistä säettä yhä uudelleen ja uudelleen. Kyyneleet täyttivät hänen silmänsä. Sitten hän pyyhki kyyneleensä sanoen:

"Surun täyttäessä Amman mielen hän tapasi laulaa spontaanisti näitä säkeitä ja itkeä laulaessaan. Toisinaan, kun hän toisti Jumalan nimeä, hän purskahti yhä uudelleen nauruun. Katsellessaan tätä Sugunandan ajatteli: 'Kaikki on lopussa. Tämä lapseni on tullut hulluksi!' Sitten hän juoksi tyttärensä luokse ja löi häntä päälaelle. Ihmiset ajattelivat, että jos he löivät häntä päälaelle tällaisina hetkinä, hänen mielensä asettuisi. Kun hänessä ei tapahtunut minkäänlaista muutosta, isä kutsui hänen äitiään: 'Damayanti, tyttäremme on tullut hulluksi! Hae vettä ja kaada sitä hänen päälleen. Nopeasti!'

Ja sitten *dhara* alkoi ja he kaatoivat vettä astia toisensa jälkeen Amman päälle. Ja kun hän itki Jumalaa, he toivat hänelle lääkettä ajatellen, että hän oli sairas.

Nuoremmat lapset tulivat hänen luokseen ja kysyivät: 'Miksi itket, *chechi*? Onko sinulla päänsärkyä?'

He istuutuivat hänen lähelleen ja alkoivat hekin itkeä. Jonkin ajan kuluttua he ymmärsivät, miksi *chechi* itki. Se johtui siitä, että *chechi* ei nähnyt Äiti Deviä. Silloin pienet tytöt pukivat sarin päälleen ja tulivat hänen luokseen teeskennellen, että he olivat Devi. Amma syleili heitä nähdessään heidät pukeutuneina tällä tavoin. Amma ei kokenut heitä lapsina, sillä hänelle he olivat Itse Jumalatar.

Toisinaan kun Amma itki valtoimenaan, isä nosti hänet ylös ja piteli häntä olkapäätään vasten lohduttaen häntä sanoen:

'Älä itke, rakkaani, minä näytän sinulle Devin aivan kohta.' Hän oli niin viaton, että uskoi isäänsä ja lopetti itkunsa.

Noina päivinä Amma ei halunnut puhua kenenkään kanssa. Kun joku tuli juttelemaan hänen kanssaan, hän piirsi maahan kolmion ja eläytyi siihen, että Devi istui sen sisäpuolella. Toinen ymmärsi pian, että hän oli toisessa maailmassa. Niinpä hän nousi ylös ja meni matkoihinsa. Hän eläytyi siihen, että jokainen oli Devi. Tästä johtuen sattui toisinaan niin, että kun kylän tytöt kulkivat hänen ohitseen, hän yritti syleillä heitä."

Rao: "Minkä tähden me emme koe tuollaista viatonta antaumuksellista rakkautta?"

Amma: "Ettekö te ole tulleet tänne antaumuksellisen rakkauden tähden – hyläten perheenne ja kotinne?"

Rao: "Amma, kun me näemme sinut edessämme, ketä meidän tulisi kutsua, ketä meidän tulisi itkeä?"

Amma nauroi ja vaihtoi aihetta:

"Eikö nyt ole teidän henkisen luentonne aika? Älkää hukatko aikaanne istumalla Amman seurassa. Menkää!"

Amma nosti lähellään istuvan lapsen syliinsä ja nousi ylös. Sitten hän käveli lapsi käsivarsillaan *darshan*-hallia kohden ja sanoi:

"Tulkaa, lapseni!"

Oppilaat seurasivat häntä sisälle.

Pyhien kirjoitusten ruumiillistuma

Amma seisoi Ottoorin huoneen ulkopuolella. Hän kuunteli hetken aikaa kätkeytyen samalla oven taakse. Pimeästä huoneesta kantautui Krishnan nimi, jota lausuttiin antaumuksellisella äänellä:

"Narayana, Narayana, Narayana!"

Lopulta Amma astui Ottoorin huoneeseen. Nähdessään Amman vanha mies hypähti ylös ja kumarsi Amman vastusteluista huolimatta. Ennen kuin Amma oli istuutunut, Ottoor oli jo kumartunut ja laittanut päänsä hänen syliinsä pienen lapsen vapaudella.

Amma: "Poikani, Amma ei voinut olla seisomatta ovesi takana kuullessaan sinun toistavan Herran nimeä suurella antaumuksella!"

Ottoor: "En usko, että minulla on lainkaan antaumusta, sillä eikö myötätuntoinen Herra olisi jo siinä tapauksessa antanut minulle *darshaninsa*!"

Brahmachari, joka oli kuunnellut vieressä, sanoi:

"Etkö juuri nyt näe Ammaa edessäsi?"

Ottoor: "Sharada Devi ymmärtääkseni sanoi kerran Ramakrishnalle, 'Tiedäthän että minulla ei ole niin paljon kärsivällisyyttä odottaa kuin sinulla. En voi katsoa kun lapseni kärsivät.' Uskon, että sama henkilö on antanut minulle *darshanin* tänään. Amma puhuu aina antaumuksesta samalla tavoin kuin Sharada Devi."

Amma: "Tiedätkö, miksi Amma puhuu antaumuksesta? Koska hän puhuu omasta kokemuksestaan. Oppineita ja sanjaaseja on tänä päivänä niin paljon. He puhuvat *advaitasta*, mutta eivät elä sen mukaisesti. Heidän mielensä on täynnä vihaa ja haluja. *Advaita* ei ole jotakin mistä puhutaan vaan joka koetaan.

Upanishadeissa on tarina, joka kertoo isästä, joka lähetti poikansa oppimaan pyhiä kirjoituksia. Kun poika palasi, isä näki miten ylpeä pojasta oli tullut. Niinpä hän ymmärsi, että poika ei ollut sisäistänyt oppimaansa. Hän päätti antaa pojalleen oppitunnin opetuksen todellisesta sisällöstä. Niinpä hän pyysi tätä tuomaan sokeria ja maitoa. Sitten hän kehotti poikaansa sekoittamaan sokerin maitoon. Sen jälkeen hän syötti pojalleen maitoa astiasta ja kysyi, miltä se maistui. 'Makealta', poika vastasi. 'Kuinka makealta', kysyi isä, mutta poika ei kyennyt kuvaamaan sitä. Hän seisoi hiljaa aloillaan. Sitten hän ymmärsi totuuden. Poika, joka oli pitänyt meteliä Itsestä, oppi, että Itse on koettava ja että sitä ei voi kuvata sanoilla.

Kukaan ei voi kuvata *Brahmania*. Brahmania ei voi tuntea älyn avulla. Kyse on kokemuksesta. Kuka tahansa voi sanoa, 'Minä olen Brahman', mutta siitä huolimatta he kokevat vain elämän nautinnot ja kärsimyksen. He, jotka ovat kokeneet Brahmanin, ovat erilaisia. Vesi ja tuli eivät kykene vahingoittamaan heitä. Vahingoittuiko Sita, kun hän hyppäsi tuleen? Ei lainkaan. Jotkut ihmiset sanovat, että he ovat Brahman, mutta jos pitäisit näitä 'Brahmaneita' veden alla, he haukkoisivat henkeään ja olisivat epätoivoisen pelokkaita omasta elämästään. Ja jos heidät heitettäisiin tuleen, he palaisivat. Heillä ei ole kokemusta Brahmanista, joka on nautinnon ja kärsimyksen tuolla puolen. Harjoittamatta kurinalaista *sadhanaa* et voi kokea sitä, että sinä olet Brahman."

Osoittaen lehmää, joka söi lähettyvillä ruohoa, Amma sanoi: "Katsohan tuota lehmää. Tuleeko siitä maitoa, jos puristat sitä korvista? Onko sen jokaisessa kehon osassa maitoa? Vain sen utareissa on maitoa, jota voimme juoda ja sitä me saamme vain lypsämällä lehmän.

On totta, että Jumala on kaikkialla, mutta me voimme kokea hänet vain tekemällä keskittyneesti ja päämäärätietoisesti henkisiä harjoituksia gurun ohjauksessa."

Brahmachari: "Amma sanoo, että hän ei ole lukenut pyhiä kirjoituksia ja silti kaikki mitä hän sanoo ilmentää suoraan henkisiä kirjoituksia!"

Amma: "Poikani, pyhät kirjoitukset kirjoitettiin kokemuksen pohjalta. Eikö totta? Amma puhuu asioista, jotka hän on nähnyt, kuullut ja kokenut, niinpä niiden täytyy olla myös pyhissä kirjoituksissa."

Brahmachari: "Palaako Ramarajya koskaan?"

Amma: "Ramarajya palaa, mutta siellä tulee olemaan ainakin yksi Ravana. Myös Dvaraka palaa, mutta myös Kamsa ja Jarasandha olevat siellä."

Brahmachari: "Ihmiset puhuvat jälleensyntymisestä. Onko se totta?"

Amma: "Viime kuussa me opettelimme laulua yhdessä. Jos emme kykene muistamaan tuota laulua nyt, voimmeko sanoa, että emme opetelleet tuota laulua? On olemassa monia todistajia sille, että opettelimme tuota laulua. Sinun voi olla mahdotonta muistaa aiempia elämiäsi, mutta *tapasvi* muistaa ne. Tämä on mahdollista, kun mielestä tehdään hienosyinen *sadhanan* avulla."

Myöhemmin iltapäivällä Puthumana Damodaran Namboodiri, kuuluisa tantrinen pappi Keralasta, saapui pienen ryhmän kanssa Amman *darshaniin*. Tämä oli Puthumanan ensimmäinen vierailu Amman luona. Amma ei sanonut paljoakaan, suurimman osan aikaa hän istui silmät suljettuina katsellen sisälleen. Hän näytti olevan meditaatissa.

Puthumana luki ääneen kirjoittamansa runon, jonka hän sitten ojensi Ammalle. Hän sanoi:

"Tiedän, että on väärin toivoa omaisuutta, mutta silti mieli halajaa sitä. Tiedän, että on väärin toivoa tekojensa hedelmiä, mutta jos emme kykene saavuttamaan halusta vapaata tilaa, mitä meidän tulisi tehdä?"

Amma ei vastannut. Hän vain katsoi miestä ja hymyili. Hänen hiljaisuutensa ilmaisee toisinaan enemmän kuin hänen sanansa. Puthumana sanoi (viitaten Ammaan ja Ottooriin, joka istui hänen vierellään):

"Olen iloinen saadessani nähdä teidät kaksi yhdessä niin kuin Krishna ja Kuchela!"

Ottoor: "Totta! Mutta toisaalta tällaista näkyä ei ole koskaan aiemmin nähty. Pimeys katoaa, kun aurinko ilmestyy, mutta täällä voit nähdä pimeyden kiinteässä muodossa!" Hän osoitti samalla itseään.

Kaikki nauroivat. Onnekas on oppilas, joka ilmentää avuttomuutta maailmankaikkeuden Äidin läheisyydessä, joka on myötätunnon ruumiillistuma! Mikä voisikaan silloin estää harmonsa virtaa?

Sunnuntaina 16. helmikuuta 1986

Hänen sankalpansa on totuus

Amma palasi aamulla Alappuzhasta, missä hän oli viettänyt kaksi päivää opetuslastensa kanssa. Siellä oli näet vietetty *Ramayana yajnaa*.[17] Suurin osa brahmachareista saapuisi vasta illalla, sen

---

[17] *Ramayana yajnan* aikana opetetaan useiden päivien ajan Raman, muinoin eläneen valaistuneen kuninkaan, opettavaista elämäntarinaa, *Ramayanaa*.

jälkeen kun he olisivat osallistuneet valoseremoniaan *yajnan* päättymisen kunniaksi.

Paluumatkan aikana Amma oli sanonut eräälle *brahmacharinille*:

"Tyttäreni, keitä riisiä heti kun saavut takaisin ashramiin!"

Mutta kun he saapuivat perille, riisi ja vihannekset oli jo keitetty. Brahmacharini ei tiennyt mitä hänen tulisi nyt tehdä. Niinpä hän sanoi toisille:

"Minkä tähden Amma pyysi minua keittämään riisiä? Kaikki on jo keitetty. Jos keitän lisää ruokaa, joudumme heittämään sen huomenna pois. Täällä ei ole tänään tavanomaista väkimäärää. Mutta toisaalta, jos en keitä, olen tottelematon Ammaa kohtaan."

Vaikka toiset sanoivatkin, että hänen ei tulisi ryhtyä keittämään, sillä ruoka menisi hukkaan, hän päätti jättää heidän neuvonsa huomioimatta ja yksinkertaisesti vain seurata Amman ohjeita. Niinpä hän keitti riisiä ajatellen, että ruoka, joka jäisi yli, voitaisiin syödä illallisella.

Siinä vaiheessa kun lounas oli tarjoiltu, kävi ilmi, että kaikkien arvio oli ollut virheellinen – paitsi Amman. Oppilaita oli tullutkin huomattavasti enemmän. Ja kun lounas oli syöty, mitään ei jäänyt jäljelle. Ruokaa oli juuri oikea määrä. Jos tuo nuori nainen ei olisi seurannut Amman antamia ohjeita, heistä kaikista olisi tuntunut pahalta, sillä he eivät olisi kyenneet tarjoamaan ruokaa kaikille halukkaille. Amman jokainen sana on merkityksellinen. Aluksi ne saattavat tuntua merkityksettömiltä tai vähemmän tärkeiltä, mutta se johtuu ainoastaan meidän kyvyttömyydestämme ymmärtää niiden syvempää merkitystä.

Kun Amma käveli illalla *kalariin bhajaneihin* ja *bhava-darshaniin*, brahmachari kysyi häneltä:

"Koska ashramilla ei ole rahaa jatkaa uuden rakennuksen rakentamista, miksi emme laittaisi avunpyyntöä *Matruvaniin*?"[18]

Amma vastasi vakavalla äänensävyllä:

"Sanotko sinä todellakin näin, poikani? Näyttää siltä, että et ole oppinut mitään tähänastisista kokemuksistasi. Se joka on antautunut Jumalalle, hänen ei tarvitse huolehtia mistään. Meidän ei tule koskaan lähestyä ketään mielessämme pyyntö, sillä sellainen tuottaa meille vain kärsimystä. Turvautukaamme yksin Jumalaan. Hän antaa meille kaiken mitä tarvitsemme. Siellä missä on *tapasvi*, siellä ei ole puutetta mistään, kaikki tulee itsestään silloin kun on tarvetta.

Ryhdyimmekö tähän rakennustyöhön, kun meillä oli rahaa? Ryhdyimmekö siihen niin, että meillä oli tarpeeksi auttajia? Emme todellakaan. Olemme turvautuneet yksin Jumalaan tähän asti ja sen tähden hän on sallinut asioiden edetä niin, ettei esteitä ole ilmennyt työllemme – ja hän tulee huolehtimaan meistä jatkossakin."

Kun peruskivi oli muurattu suurelle rakennukselle, jota parhaillaan rakennettiin, kaikki olivat olleet ihmeissään. Ashramilla ei näet ollut mainittavaa varallisuutta. Ashram oli kuitenkin omistanut kaksi rakennusta Tiruvannamalaissa, lähellä Ramanashramia, ja niiden myymistä oli harkittu. Mutta kun Amma oli vieraillut paikan päällä, suuri määrä oppilaita oli tullut hänen *darshaniinsa*, eivätkä jotkut oppilaista olleet pitäneet ajatuksesta, että rakennukset olisivat myyty. Kun Amma oli kotiin palattuaan kuullut tästä, hän oli sanonut:

"Jos olemme niin lähellä toista ashramia, jonkinasteista kilpailua niiden välillä tulee ilmenemään. Joten meidän ei tule ylläpitää ashramia niin lähellä Ramanashramia. Myykäämme siis

---

[18] *Matruvani* on ashramin kuukausittain ilmestyvä lehti.

siellä olevat talot ja tehkäämme sen sijaan jotakin täällä. Ashramin tulee aina olla sellaisessa paikassa, missä se voi palvella toisia. Meidän ashramillemme ei ole tarvetta tuossa paikassa, koska Ramana Bhagavanin ashram on jo siellä."

Niinpä kaksi Tiruvannamalaissa sijaitsevaa taloa oli myyty ja päivämäärä oli asetettu ashramin rakennuksen peruskiven muuraamiselle Amritapurissa. Samaan aikaan ashramin reunamilla sijaitsevan tontin omistajat olivat laittaneet maa-alueensa myyntiin. Ashram oli ostanut tuon maa-alueen sillä rahalla, mikä oli korvamerkitty uutta rakennusta varten. Siinä vaiheessa yksi brahmachareista oli sanonut, ettei ollut mitään järkeä muurata ashramin päärakennuksen peruskiveä tilanteessa, jossa meillä ei ollut rahaa rakennustyötä varten. Silloin Amma oli sanonut:

"Edetkäämme siitä huolimatta suunnitelmamme kanssa. Jumala huolehtii kaikesta. Hän saa sen toteutumaan."

Peruskivi oli muurattu aikataulun mukaisesti ja työ oli alkanut. Siitä lähtien rakennustyö oli edennyt ilman vaikeuksia. Tavalla tai toisella se mitä kulloinkin tarvittiin oli ilmestynyt oikeaan aikaan. Ja Amma oli korostanut sitä, ettei heidän tulisi pyytää apua hetkellä, jolloin jotakin tarvittiin rakennusta varten.

Kävellessään nyt kalariin Amma sanoi:

"Kun hyväksymme kaiken Jumalan tahtona, kaikki taakkamme otetaan pois, emme joudu kokemaan minkäänlaisia vaikeuksia missään asiassa. Eräs pieni tytär rakastaa Ammaa paljon. Hän kutsuu Ammaa Matajiksi. Eräänä päivänä hän putosi keinusta, mutta ei kuitenkaan loukannut itseään. Hän nousi ylös maasta ja sanoi: 'Matajin voiman ansiosta istuin keinussa, sitten Mataji työnsi minut keinusta pois ja Mataji myös huolehti siitä, että en loukannut itseäni.' Meidän tulisi olla kuin hän. Siinä missä toiset kokevat ilonsa ja surunsa *prarabdha* (*karmanaan*), siinä meidän tulisi hyväksyä ilomme ja surumme Jumalan tahdon mukaisena."

Amma kääntyi nuoren miehen puoleen, joka oli ilmaissut halunsa elää ashramissa, ja sanoi:

"Henkinen elämä on kuin seisoisi keskellä tulta, ilman että saamme palovammoja."

Amma saapui nyt *kalariin* ja istuutui laulamaan *bhajaneita*. Pyhä musiikki alkoi virrata, täynnä antaumusta.

Gajanana he Gajanana

Oi elefanttikasvoinen,
oi Parvatin poika,
myötätunnon ruumiillistuma,
alkuperäinen syy.

Tiistaina 25. helmikuuta 1986

Näkymättömien lankojen liikuttaja

Keski-ikäinen nainen Bombaysta ja nuori nainen Saksasta olivat juuri saapuneet yhtä matkaa Amman luokse, kumartaneet ja uhranneet hedelmälautasen hänen jakojensa juureen. Amma syleili heitä. Tämä oli nuoren naisen ensimmäinen vierailu ashramiin. Hänen silmänsä olivat täynnä kyyneleitä.

Amma: "Mistä tulet, tyttäreni?"

Nuori nainen itkin niin paljon, että ei kyennyt vastaamaan. Amma syleili häntä ja silitti hänen selkäänsä. Hänen matkaseuralaisensa kertoi lopulta Ammalle elämäntilanteesta, mikä oli tuonut nuoren naisen ashramiin.

Hän oli tullut Saksasta ja oli Sharada Devin seuraaja. Hän oli lukenut monta kirjaa Sharada Devistä ja hänen antaumuksensa oli kasvanut tasaista tahtia. Hän ei kestänyt sitä surua, ettei voisi koskaan tavata jumalatarta, joka oli hänen antaumuksensa kohde. Eräänä aamuna hän oli meditoimassa, jolloin hän oli nähnyt hymyilevän naisen, joka oli pukeutunut valkoiseen vaatteeseen ja jonka pää oli peitetty hänen asunsa liepeellä. Nuori nainen oli ihmetellyt, kenestä saattoi olla kysymys, sillä hän ei ollut koskaan nähnyt tätä naista aiemmin, ei edes valokuvissa. Hän oli ollut vakuuttunut siitä, että naisen täytyi olla Sharada Devi toisenlaisessa hahmossa, jota hän rakasti niin suuresti. Hänestä oli tuntunut siltä, että hän oli nähnyt Sharada Devin ja se oli täyttänyt hänet autuudella.

Kolme päivää myöhemmin hän oli saanut kirjeen ystävältään. Kirjeen sisällä oli ollut valokuva samasta naisesta, jonka hän oli nähnyt meditaatiossa. Hänen ilollaan ei ollut ollut rajoja. Hän oli kirjoittanut ystävälleen ja kysynyt lisää tietoja naisesta, jota valokuva oli esittänyt. Mutta hänen ystävänsä ei ollut osannut vastata hänelle. Ystävä oli matkustanut Intiaan ja lähettänyt hänelle kuvan sieltä. Hänen ystävänsä ei ollut itse suuntautunut henkisyyteen, vaan oli lähettänyt kuvan naiselle tietoisena tämän kiinnostuksesta henkisiä asioita kohtaan. Ainoa vihje siitä, mistä nainen saattaisi löytää tuon naisen, oli kuvan takapuolella ollut osoite.

Hän ei ollut hukannut aikaa. Hän oli suorittanut välittömästi järjestelyt voidakseen matkustaa Intiaan, ja niin hän oli lentänyt Bombayhin. Bombayssa hän oli vaihtanut konetta ja lentänyt Cochiniin pitäen valokuvaa käsissään. Jopa lentokoneessa hän oli katsellut kuvaa. Vanhempi intialainen nainen oli huomannut tämän ja kysynyt valokuvasta. Nuori nainen oli alkanut puhua hänelle. Hän oli näyttänyt naiselle valokuvan takapuolella olevaa osoitetta ja kertonut saapuneensa juuri Intiaan ensimmäistä kertaa, ja ettei hän tuntenut entuudestaan reittiä tuohon paikkaan. Nuoren naisen suureksi hämmästykseksi nainen oli kertonut, että hän oli itse matkalla samaiseen ashramiin ja että hän veisi nuoren naisen mukanaan sinne! Tämä intialainen nainen oli ollut yksi Amman oppilaista! Niinpä nuori nainen oli päässyt ashramiin ilman vaikeuksia.

On huomionarvoista, että *mahatma* auttaa etsijöitä henkisellä polulla, tavalla joka sopii kunkin *samskaraan,* ja ohjaa heitä sitten heidän omalla tiellään. Moni uskoo, että Amma on Krishna, Shiva, Ramakrishna Paramahansa, Kali, Durga, Mookambika tai Ramana Maharshi. Amma on jopa antanut ihmisille *darshania* heidän hahmossaan. Mutta on mahdotonta yrittää arvata, mikä on ollut Amman edellinen inkarnaatio.

Amma antoi ohjeita brahmacharinille noiden kahden naisen majoittamisen järjestämiseksi ashramissa. Sitten Amma meni brahmacharien majojen taakse, missä lojui runsaasti roskia maassa ja ryhtyi siivoamaan aluetta. Brahmacharit tunsivat olonsa noloksi ja juoksivat auttamaan. Muitakin seuraajia liittyi mukaan auttamaan Ammaa. Työskennellessään Amma puhui oppilaille ehdottaen ratkaisuja heidän ongelmiinsa.

Lasten kasvattamisesta

Pohjois-Keralasta saapunut perhe, joka työskenteli Amman vierellä, oli saapunut edellisenä päivänä ashramiin. Isä käytti tilaisuutta hyväkseen kertoakseen Ammalle tyttärensä opinnoista:

"Amma, hän ei opiskele lainkaan. Ole ystävällinen ja puhu hänelle järkeä. Minun vaimoni hemmottelee hänet pilalle."

Vaimo: "Mutta Amma, hän on vielä lapsi! Minä en anna hänelle piiskaa, sillä minun mieheni rankaisee häntä ja se riittää. En halua, että me molemmat rankaisemme häntä!"

Oppilas: "Näinä päivinä yleensä äiti hemmottelee lapsen piloille."

Amma: "Miksi syyttää vain äitejä? Myös isillä on roolinsa lasten kasvattamisessa. Tänä päivänä vanhemmat ajattelevat vain sitä, että haluavat lähettää lapsensa mahdollisimman nuorina kouluun, jotta he opiskelisivat mahdollisimman paljon, ja he saisivat järjestettyä heille hyvän työpaikan. He eivät kiinnitä huomiota lastensa henkiseen kehitykseen tai heidän luonteensa puhtauteen. Ensimmäinen asia, johon vanhempien tulisi kiinnittää huomiota, on heidän lastensa luonne. Vanhempien tulisi opettaa heille hyvää käytöstä, joka tarkoittaa henkisten asioiden opettamista. Vanhempien tulisi kertoa lapsilleen henkisiä tarinoita, joista he voivat oppia eettisiä periaatteita. Heidän tulisi opettaa lapset harjoittamaan *japaa* ja meditaatiota. Kun lapset harjoittavat *sadhanaa*, heidän älynsä ja muistinsa kehittyvät suuresti. Vain vilkaisemalla kirjaa he kykenevät muistamaan kaiken mitä he ovat opiskelleet vuoden aikana. Ja kun he kuulevat kysymyksen, vastaus ilmestyy heidän mieleensä kuin tietokoneen ruudulle. Heistä tulee myös hyvin käyttäytyviä. He kehittyvät henkisesti ja menestyvät myös aineellisesti elämässään."

Kun työ oli saatu päätökseen, Amma istuutui lähellä olevan kookospuun alle. Oppilaat kerääntyivät hänen ympärilleen. Yksi heistä esitteli nuoren miehen, joka oli uusi ashramissa.

Oppilas: "Hän on Malappuramista. Hän käyttää kaiken aikansa työskentelemällä luonnonsuojelun hyväksi. Hän ja hänen ystävänsä pyrkivät suojelemaan temppeleitä ja temppeleiden vesialtaita."

Nuori mies hymyili ujosti ja kumarsi yhteenliitetyin käsin Ammalle.

Amma: "Kaikki ashramin maa-alueet on valloitettu takavesiltä. Opetuslapseni ovat istuttaneet tänne kookospalmuja, banaanipuita ja kukkivia kasveja aina kun heovat voineet."

Amma pesi kätensä ja käveli kalarille oppilaat perässään.

Mistä etsiä onnea

Amma istuutui *kalarin* kuistille. Oppilaat kumarsivat ja istuutuivat hänen lähettyvilleen. Uusi tulokas kysyi:

"Vaikka monia aineellisia mukavuuksia on saatavilla, moni on silti onneton. Mistä tämä johtuu, Amma?"

Amma: "Kyllä, tuo on totta. Tänä päivänä monikaan ihminen ei saavuta onnea ja täyttymyksen tunnetta. He rakentavat suuria, palatsimaisia koteja ja päätyvät lopulta itsemurhaan niiden sisällä. Jos luksuskodit, rikkaudet, aineelliset mukavuudet ja alkoholi olisivat onnenlähteitä, olisiko tarvetta kuolla tuolla tavoin masennuksen vallassa? Niinpä onnea ei voi löytää tuollaisista asioista. Rauha ja täyttymyksen tunne riippuvat kokonaan mielestä.

Mitä on mieli? Mistä se nousee? Ja mikä on elämän tarkoitus? Kuinka meidän tulisi elää elämämme? Miksi emme pyrkisi ymmärtämään tällaisia asioita? Jos ymmärtäisimme ja eläisimme sen mukaisesti, meillä ei olisi tarvetta vaeltaa ympäriinsä etsimässä mielenrauhaa. Mutta sen sijaan kaikki etsivät rauhaa itsensä ulkopuolelta.

Tämä saa Amman muistamaan tarinan. Vanha nainen etsi kovasti jotakin talon edustalta. Ohikulkija kysyi:

'Mitä etsit, vanha nainen?'

'Etsin korvakoruani, jonka olen hukannut', hän vastasi.

Mies ryhtyi auttamaan häntä etsimisessä. He etsivät ja etsivät, mutta eivät löytäneet korvakorua. Lopulta mies sanoi vanhalle naiselle:

'Yritä muistaa minne tarkalleen hukkasit sen.'

'Itse asiassa se putosi jonnekin talon sisällä', hän vastasi.

Vastaus ärsytti miestä ja hän sanoi:

'Miksi etsit sitä sitten täältä, kun tiesit koko ajan, että hukkasit sen talon sisäpuolella?'

'Koska sisällä on niin pimeää. Ajattelin, että etsin sitä täältä, kun täällä katulamppu antaa valoa,' vanha nainen vastasi.

Lapseni, me olemme kuin tuo vanha nainen. Jos haluamme nauttia rauhasta elämässämme, meidän tulee löytää sen todellinen lähde ja etsiä sitä sieltä. Emme tule koskaan saamaan todellista rauhaa tai onnea ulkoisesta maailmasta."

Yagnan hyödyt

Nuori mies sanoi: "Jokin aika sitten suoritettiin *yagna,* veedinen palvontameno. Moni vastusti sitä valittaen, että sillä tavoin tuhlattiin rahaa tarpeettomasti."

Amma: "Totta, esitettiin kysymys, miksi meidän pitäisi kuluttaa rahaa Jumalan tähden. Poikani, Jumala ei tarvitse *yagnoja,* ihminen kuitenkin hyötyy niistä. *Yagnat* puhdistavat ilmapiiriä. Samalla tavoin kuin me poistamme limaa kehostamme *nasyamin* avulla, savu joka nousee *homasta,* uhritulesta, puhdistaa ympäristöä. Amma ei kuitenkaan suosittele, että käyttäisimme liian suuria summia *homaan, yagnaan* tai vastaaviin. Ei ole tarpeen uhrata kultaa tai hopeaa tuleen. Näiden palvontamenojen taustalla on kuitenkin henkinen periaate. Kun uhraamme tuleen jotakin, johon olemme kiintyneet, irrottaudumme tuosta riippuvuudestamme. Suurin *yagna* on siinä, kun uhraamme egomme Jumalan rakastamisen tähden. Sitä on todellinen *jnana*, viisaus. Meidän tulisi luopua 'minä'- ja 'minun'-ajatuksesta ja nähdä kaikki samana totuutena, Jumalana. Meidän tulisi ymmärtää, että mikään ei ole meistä erillinen. Uhraamalla egomme *homan* tuleen, meistä tulee ehjiä.

Homat eivät hyödytä vain heitä, jotka suorittavat niitä vaan myös heitä, jotka oleilevat lähialueilla. Jos emme voi suorittaa tällaisia seremonioita, meidän tulisi kasvattaa paljon puita ja lääkekasveja, koska myös ne puhdistavat ilmaa. Moni sairaus tulee estetyksi, jos hengitämme ilmaa, joka on ollut yhteydessä lääkekasveihin.

Ihmisestä on tullut hyvin maallinen. Hän kiirehtii kaatamaan puita ansaitakseen sillä tavoin rahaa. Hän tuhoaa metsät tehdäkseen niistä maatiloja. Tällaiset toimet ovat muuttaneet luontoa. Niinpä aurinko ei paista eikä sade lankea enää oikeaan aikaan, ja ympäristömme on saastunut kauhistuttavalla tavalla. Ihminen elää tuntematta itseään. Hän elää vain ruumiinsa tähden unohtaen *atmanin*, tietoisuuden, joka lahjoittaa ruumiille elämän.

Ihmiset kysyvät: 'Miksi meidän tulisi tuhlata rahaa *yagnaan* ja *homaan*? Eihän Jumala tarvitse tällaista?' Mutta samaan aikaan ihmiset eivät valita siitä, että miljoonia käytetään siihen, että kuusta tuodaan kourallinen maa-ainesta. Ihmiset itse asiassa hyötyvät *yagnan* ja *homan* rituaaleista.

Näinä aikoina ihmiset nauravat sille, että kotona sytytetään öljylamppu. Mutta öljylampusta nouseva savu puhdistaa ilmapiirin. Iltahämärän aikaan epäpyhät värähtelyt täyttävät ilmapiirin. Tämän takia me toistamme jumalallisia nimiä tai laulamme henkisiä lauluja tuohon aikaan. Jos emme harjoita *japaa*, maalliset taipumukset voimistuvat meissä. Meidän ei myöskään tulisi syödä auringonlaskun aikaan. Ruokailu tuohon aikaan päivästä sairastuttaa meidät, sillä iltahämärän aikaan ilma on myrkyllinen. Kerrotaan, että demonikuningas Hiranyakasipu tapettiin *sandhyan,* iltahämärän, aikaan. Siihen aikaan ego on voimakkaimmillaan. Vain turvautumalla Jumalaan voimme tuhota egon. Mutta tämän päivän ihmiset katsovat tuohon aikaan televisiota tai kuuntelevat elokuvamusiikkia."

"Kuinka monessa kodissa on huone *pujaa,* jumalanpalvelusta, varten? Menneinä aikoina *puja*-huonetta pidettiin kaikkein tärkeimpänä, kun talon rakentamista suunniteltiin. Tänä päivänä Jumala on pudotettu portaiden alapuolelle. Jumala, joka asustaa sydämessämme, tulee sijoittaa myös kotimme sydämeen. Sillä tavoin ilmaisemme suhdettamme häneen. Jumala ei silti tarvitse mitään.

Jumala ei tarvitse meiltä mitään. Eihän aurinko kaipaa kynttilänvaloa. Sen sijaan me, jotka elämme pimeydessä, olemme valon tarpeessa. Onko meidän tarpeen antaa vettä joelle, jotta se voisi sammuttaa janonsa? Kun turvaudumme Jumalaan, meidän sydämemme puhdistuu, ja saamme iloita jatkuvasti autuuden tilasta. Antautuessamme Jumalalle me koemme rauhan. Tästä huolimatta palvomme Jumalaa asenteella niin kuin hän tarvitsisi jotakin meiltä!

Jumala on ääretön kaiken läpäisevä voima. Kuitenkin vain he, joiden sydän on puhdas, voivat nähdä hänet. Auringon heijastusta on vaikea havaita mutaisen lammikon pinnalta, sen sijaan puhdasvetisen lammen pinnalta se on helppo nähdä.

Kun Jumalasta tulee olennainen osa elämäämme, meidän ja samalla myös toisten elämä pyhittyy. Alamme kokea rauhaa ja täyttymystä. Ajattele jokea, joka on puhdas ja täynnä. Me hyödymme siitä. Voimme puhdistaa joen vedellä likaiset räystäskourumme ja kanaalimme. Seisovan, mädäntyneen lammikon vesi voidaan puhdistaa yhdistämällä se jokeen. Jumala on kuin puhdas joki. Kun kasvatamme suhdettamme Jumalaan, meidän mielestämme tulee lopulta niin avara, että se kattaa koko maailman. Tällä tavoin me tulemme lähemmäksi Itseä ja olemme samalla hyödyksi toisille."

Lisää kysymyksiä oppilailta

Naisoppilas: "Amma, muuttivatko ashramin asukkaat tänne, koska pyysit heitä?"

Amma: "Amma ei ole pyytänyt ketään jäämään tänne. Perheellinen huolehtii vain yhdestä perheestä, mutta sanjaasin tulee kantaa koko maailman taakkaa. Jos sallimme kaikkien, jotka tahtovat ryhtyä sanjaaseiksi jäädä tänne, meidän on otettava huomioon kaikki mahdolliset ongelmat, sillä suurin osa heistä ei kykene pitämään alkuvaiheessa ilmenevää takertumattomuuttaan yllä. Itse asiassa Amma ilmaisi kaikille lapsilleen, ettei hän halunnut heidän jäävän tänne, mutta he eivät tahtoneet lähteä. Lopulta Amma sanoi heille, että hän sallisi heidän jäädä, jos he toisivat suostumuskirjeen kotoaan. Moni heistä palasikin perheensä suostumuksen kanssa takaisin. Sillä tavoin suuri osa opetuslapsista ryhtyi pysyviksi asukkaiksi. Heistä näkee, että heillä on todellista takertumattomuutta.

Jotkut heistä eivät saaneet suostumusta, mutta siitä huolimatta he jäivät, koska heidän kaipauksensa ja takertumattomuutensa olivat niin voimakkaita. Suuria ongelmia syntyi kodeissa. Heidän vanhempansa yrittivät estää heitä viemällä asian oikeuteen. He palasivat poliisi mukanaan ja raahasivat lapsensa pois ja veivät heidät jopa mielisairaalaan. (Nauraen) Tiedätkö minkä tähden? Koska jotkut lapsista, jotka olivat juoneet alkoholia, lopettivat juomisen tavattuaan Amman! Heidän vanhempansa kielsivät lapsiaan ryhtymästä sanjaaseiksi ja palvelemasta maailmaa, vaikka se olisi merkinnyt heidän lähettämistään hautaan."[19]

Nuori mies: "Onko kukaan katunut sitä, että on valinnut elämän ashramissa?"

Amma: "Yksikään heistä, jotka ymmärsi oikein päämääränsä, ei ole katunut tämän elämäntavan valitsemista. He ovat valinneet suuren autuuden polun. He eivät pelkää edes kuolemaa. Jos sähkölamppu palaa, se ei tarkoita sitä, että sähköä ei enää ole. Vaikka ruumis kuolee, *atman* (sielu) ei katoa. He tietävät tämän. He ovat omistaneet elämänsä Jumalalle. He eivät ajattele mennyttä tai tulevaa, eivätkä kanna siitä huolta. He eivät ole niin kuin hän, joka menee työhaastatteluun, vaan niin kuin hän, joka on jo löytänyt sopivan työpaikan. Hän, joka menee työhaastatteluun, on huolissaan sen suhteen, että saako hän työn vai ei. Mutta hän, joka on saanut työpaikan, lähtee rauhassa. Suurin osa lapsista täällä luottaa ehdottomasti siihen, että heidän gurunsa johdattaa heidät päämäärään."

Nuori mies: "Amma, millä tavoin henkisen ihmisten tulisi rukoilla?"

Amma: "Heidän tulisi rukoilla: 'Oi Jumala, lukemattomat ihmiset kärsivät. Anna minulle voimaa rakastaa heitä! Salli minun rakastaa heitä epäitsekkäästi!' Tämän tulisi olla henkisen ihmisen päämäärä. *Tapasia* tulisi harjoittaa jotta saisimme voimaa palvella toisia. Todellinen *tapasvi* on kuin suitsuke, joka sallii itsensä poltettavan lahjoittaessaan tuoksunsa toisille. Henkinen ihminen

---

[19] Amman armosta ja heidän päättäväisyytensä avulla nämä nuorukaiset onnistuivat lopulta tulemaan ashramiin ja asettumaan asumaan sinne.

löytää onnen siitä, että hän on rakkaudellinen ja myötätuntoinen kaikkia kohtaan, jopa heitä kohtaan, jotka vastustavat häntä. Hän on kuin puu, joka suojelee jopa heitä, jotka aikovat kaataa sen.

Todellinen *tapasvi* haluaa palvella toisia uhraamalla itsensä samaan tapaan kuin kynttilä, joka antaa valoa toisille palaessaan ja sulaessaan. Heidän päämääränsä on lahjoittaa onnea unohtaen samalla omat ponnistuksensa. Tätä he rukoilevat. Tällainen asenne herättää rakkauden Jumalaa kohtaan heidän sisimmässään. Amma odottaa tällaisia yksilöitä. Vapautus tulee, etsii ja odottaa heitä kuin palvelustyttö. Vapautus tulee heidän luokseen kuin pyörremyrskyn lennättämät lehdet. Toiset, joiden mieli ei ole näin avara, eivät saavuta oivallusta riippumatta siitä, miten kauan he harjoittavat *tapasia*. Tämä paikka ei ole ainoastaan heitä varten, jotka etsivät vain omaa vapautustaan.

Lapseni, *sadhana* ei koostu vain rukoilemisesta ja *japan* harjoittamisesta. Todellinen rukous pitää sisällään sen, että on myötätuntoinen ja nöyrä toisia kohtaan, hymyilee ja sanoo ystävällisen sanan. Meidän tulisi oppia antamaan anteeksi toisten virheet ja olemaan syvästi myötätuntoisia – aivan niin kuin kätemme, joka automaattisesti hyväilee toista kättä, johon sattuu. Kehittämällä rakkautta, ymmärtämystä ja avarakatseisuutta me voimme helpottaa monien kärsimystä. Meidän epäitsekkyytemme antaa meidän samaan aikaan nauttia rauhasta ja autuudesta, joka on sisällämme.

Kun Amma oli nuori, hän tapasi rukoilla: ʼOi Jumala, anna minulle vain sinun sydämesi! Salli minun rakastaa koko maailmaa samalla epäitsekkäällä tavalla kuin sinä!ʼ Amma kehottaa nyt lapsiaan toimimaan samoin, heidän tulisi kaivata Jumalaa tällä tavoin.ˮ

Amma vaikeni ja istui hetkisen silmät suljettuina. Sitten hän avasi silmänsä ja pyysi erästä brahmacharia laulamaan *kirtanin*, henkisen laulun. Kun hän lauloi ja kaikki toistivat hänen perässään perinteen mukaisesti:

Vannalum Ambike, taye manohari

Tule, oi Äiti, mielen lumoojatar!
Oi Ambika, salli minun nähdä sinut!
Loistakoon kaunis hahmosi
minun sydämeni lootuksessa.
Milloin se siunattu päivä valkenee,
jolloin minun sydämeni täyttyy antaumuksella sinua kohtaan?

Amma kohotti molemmat kätensä haltioituneessa mielentilassa ja jatkoi laulamista:

Namam japichu samtruptanayennu

Milloin saan kylpeä ilon kyynelissä,
jotka jumalallisten nimien toistaminen synnyttää?
Valkeneeko koskaan se päivä,
jolloin mielestäni ja sydämestäni tulee puhtaita?
Koittaako milloinkaan se päivä,
jolloin minä luovun ylpeydestä ja häpeästä,
ponnistelujeni ja rituaalieni tähden?

Milloin saan juoda päihdyttävää antaumusta
ja menettää mieleni rakkaudelle?
Milloin saan vuodattaa kyyneleitä
autuaallisen naurun tähden?

Amma lauloi nämä säkeet yhä uudelleen ja uudelleen. Kun laulu päättyi, hän oleili ylevöityneessä mielentilassa kyynelten valuessa hänen poskiaan pitkin. Jokainen läsnäolija kumarsi hiljaa sydämessään hänelle. Oli *bhajaneitten* aika. Amma meni yhdessä toisten kanssa kalariin, missä laulaminen jatkui.

Kezhunnen manasam amma

Oi Äiti, minun mieleni itkee.
Oi Äitini, minun Äitini, kuuletko minua?
Olen vaeltanut kaikkialla maailmassa sydän särkyneenä
etsien sinua.
Mitä minun tulee nyt tehdä, oi Äiti?

Mihin syntiin tämä avuton on syyllistynyt,
koska olet niin välinpitämätön hänen suhteensa?
Oi Äiti, minä pesen sinun kukkien kaltaiset jalkasi
kuumilla kyyneleilläni.

Oi Äiti, vaellan täällä
menneitten tekojen raskas taakka olkapäilläni.
Oi Äiti, älä viivyttele enää
vaan tarjoa suojaa nöyrälle palvelijallesi,
joka on tyystin uupunut.

Amma, joka oli hetkeä aikaisemmin kuvaillut sitä, miten toisten palveleminen oli samaa kuin antaumus, itki nyt rakkauttaan maailmankaikkeuden Äitiä kohtaan. Katsellessamme tätä mielentilojen vaihtelun leikkiä emme voineet kuin ihmetellä Amman selittämättömiä ja nopeasti vaihtuvia *bhavoja*, mielentiloja.

Keskiviikkona 26. helmikuuta 1986

Äiti joka kurittaa vitsalla

Manju, tyttö, joka asui ashramissa ja joka ei ollut voinut viettää aikaa Amman seurassa useaan päivään, oli jättänyt tänään menemättä kouluun toivoen saavansa viettää aikaa Amman seurassa. Kun Ammalle selvisi syy, miksi Manju oli pinnannut koulusta, hän uhkasi tyttöä vitsalla ja vei hänet lautalle. Kun Amma palasi majalle antaakseen *darshania* pieni poika ja hänen isänsä tervehtivät Ammaa.

Pojan isä: "Poikani vaati saada nähdä sinut, Amma. Niinpä minun täytyi tuoda hänet tänne. Minä jopa sallin hänen jäädä pois koulusta. Hän ei suostunut, kun kehotin häntä odottamaan sunnuntaihin, jolloin ei ole koulua."

Amma (nauraen): "Hetki sitten Amma lähetti tytön vitsan voimalla kouluun! Etkö sinä halua mennä kouluun, poikani!"

Poika: "En, minä haluan olla Amman kanssa!"

Amma (nauraen): "Jos jäät tänne, Amman mieliala muuttuu yhtäkkiä. Tiedätkö tuolla ulkona olevan puun, jossa on monia oksia? Me kasvatamme tuota puuta sitä varten, että voimme antaa selkäsaunan lapsille! Joten älä jätä koulua väliin voidaksesi tulla tänne, poikani. Sinä olet Amman lapsi. Eikö niin? Mene sen tähden kouluun ja läpäise kokeesi, ja sen jälkeen Amma sallii sinun olla täällä."

Poika suli Amman myötätunnon edessä, erityisesti koska Amman suukko hänen poskellaan sinetöi hänen rakkautensa.

Sanjaasa on vain rohkeita varten

Eräs seuraaja astui esiin ja kumarsi Ammalle. Hän kertoi Ammalle, että yksi hänen ystävistään, joka oli naimisissa ja jolla oli kaksi lasta, oli juuri jättänyt perheensä. Hän oli elänyt ylellistä elämää, vaikka hänellä ei ollutkaan säännöllistä toimeentuloa, niinpä hän oli velkaantunut suuresti. Kun lainanantajat olivat ahdistelleet häntä kotona ja kun hän ei ollut löytänyt tilanteestaan ulospääsyä, hän oli lopulta lähtenyt kotoaan ja sanonut ryhtyvänsä sanjaasiksi, munkiksi.

Oppilas kysyi nyt Ammalta: "Eikö elämä ashramissa ole monen kohdalla pakoa todellisesta elämästä? Kun he kohtaavat sietämättömiä vaikeuksia ja vastuksia, niin moni päättää luopua maailmasta ja ryhtyvänsä sanjaasiksi."

Amma: "Sellaiset ihmiset eivät kykene pysyttelemään siinä. He eivät kykene pysymään henkisellä polulla. Henkinen elämä on heitä varten, jotka ovat rohkeita ja voimakkaita. Jotkut ihmiset pukevat oranssin kaavun päälle hetken mielijohteesta ajattelematta asiaa huolellisesti. Heidän elämänsä tulee olemaan täynnä pettymystä.

Perheellinen huolehtii vain vaimostaan ja lapsistaan, hänen tulee kuunnella vain heidän ongelmiaan. Mutta henkisen ihmisen tulee kantaa koko maailman taakkaa. Hän ei saa kompastella missään tilanteessa. Hänen tulee olla vakaa uskossaan ja henkisessä viisaudessaan. Hän ei voi olla heikko. Jos joku lyö häntä tai jos nainen koskettaa häntä, hän ei saa horjua tuumaakaan. Hänen elämäänsä ei tule vaikuttaa kenenkään toisen sanat tai teot."

"Mutta tämän päivän ihmiset eivät ole tällaisia. Jos joku lausuu loukkaavia sanoja vihastuksissaan, he ovat valmiit tappamaan hänet siihen paikkaan. Jos he eivät kykene kostamaan välittömästi, he miettivät jatkuvasti keinoa iskeä takaisin. Heidän elämänsä tasapaino on riippuvainen muutamasta sanasta, jotka joku on lausunut huulillaan. Todellinen henkinen ihminen ei ole lainkaan tällainen. Hän opettelee oleilemaan vakaasti omassa keskuksessaan. Hän oppii mitä elämä todella on. Henkinen elämä on mahdotonta ilman todellista erottelukykyä ja takertumattomuutta.

Olipa kerran vaimo, joka ei ollut koskaan tyytyväinen siihen, mitä hänen miehensä ansaitsi. Hän moitti miestään jatkuvasti. Mies sai kuulla vaimonsa vain itkevän yhä uudelleen ja uudelleen, kunnes lopulta mies väsyi itse elämään. Hän ajatteli tekevänsä itsemurhan, muttei kyennyt siihen. Hän päätti jättää kotinsa ryhtyäkseen sanjaasiksi. Hän matkusti aikansa, kunnes löysi gurun. Ennen kuin guru hyväksyi hänet opetuslapseksi, hän tiedusteli: 'Lähditkö kotoa sen tähden, että perhe-elämässäsi oli ongelmia vai todellisen takertumattomuuden tähden?'

Mies sanoi: 'Minä lähdin kotoa toivoen tulevani sanjaasiksi.'

'Eikö sinulla ole mitään haluja?'

'Ei, minulla ei ole mitään haluja.'

'Et siis halua omaisuutta tai valtaa?'

'En, en halua mitään. En ole kiinnostunut mistään.'

Kysyttyään muutamia lisäkysymyksiä guru hyväksyi hänet opetuslapsekseen ja antoi hänelle *kamandalun* ja sauvan.

Muutamia päiviä myöhemmin guru ja opetuslapsi lähtivät pyhiinvaellusmatkalle. Kun he tunsivat itsensä väsyneiksi, he lepäsivät joenrannalla. Opetuslapsi laittoi *kamandalunsa* ja keppinsä rannalle ja meni kylpemään. Kun hän palasi, hän ei löytänyt enää *kamandaluaan* mistään. Hän etsi kaikkialta ja kun hän ei löytänyt sitä, hän masentui.

Guru sanoi: 'Sinä sanoit, että et ole kiintynyt mihinkään. Minkä tähden siis vouhotat niin kovasti yhden *kamandalun* takia? Anna sen mennä. Jatkakaamme matkaa.'

Opetuslapsi sanoi: 'Mutta ilman sitä en voi juoda mitään! Minulla ei ole astiaa, jossa pitää vettä!'

Guru sanoi: 'Sinun tulisi olla haluista vapaa ja kuitenkin takerrut tuollaiseen pieneen mielitekoon. Näkisit kaiken Jumalan tahdon ilmauksena.'

Opetuslapsi oli kuitenkin suunniltaan. Nähdessään tämän guru antoi hänelle hänen *kamandalunsa* takaisin. Guru oli piilottanut sen koetellakseen häntä.

He jatkoivat matkaansa. Lounasaika lähestyi, opetuslapsi oli todella nälkäinen, mutta guru ei antanut hänelle mitään syötävää. Kun opetuslapsi valitti, guru sanoi:

'Henkisen ihmisen tulee olla kärsivällinen ja sitkeä. Hänen tulee olla horjumaton vaikka hän ei olisi saanut ruokaa koko päivänä. Kuinka voit olla jo nyt noin heikkona nälästä? On vasta puolipäivä! Ruoalla nautiskelemisen tulisi olla ensimmäisiä asioita, joista henkinen etsijä luopuu. Vatsan tulisi kutistua kaikkein ensimmäiseksi henkisessä elämässä.'

Guru antoi opetuslapselle yrttipulveria, joka tuli sekoittaa veteen, sillä se pitäisi näläntunteen poissa. Opetuslapsi ei kestänyt sen kitkerää makua vaan oksensi. Sen jälkeen hän päätti, että hän oli saanut tarpeekseen, niinpä hän päätti kärsiä mieluummin vaimonsa vuodatuksia kotona kun jatkaa elämää sanjaasina. Hän pyysi gurulta lupaa saada palata takaisin kotiinsa.

Guru sanoi: 'Mitä ajattelit, kun lähdit ryhtyäksesi sanjaasiksi?'

Opetuslapsi vastasi: 'En koskaan kuvitellut, että se voisi olla tällaista. Ajattelin, että minun tulisi vain kylpeä päivittäin, laittaa otsaani pyhää tuhkaa ja istua jossakin silmät suljettuina. Luulin, että ihmiset tulisivat luokseni, kumartaisivat ja antaisivat minulle *bhikshaa* (almuja), ja että minulla olisi runsaasti syötävää säännöllisin ruoka-ajoin, eikä minun tarvitsisi tehdä mitään työtä.'

Ja niin hän palasi kotiin vaimonsa luo.

Näin tapahtuu, jos joku ryhtyy sanjaasiksi sen jälkeen kun hän on riidellyt tai joku on kiusannut häntä tai jos hän haluaa yksinkertaisesti vain paeta elämää, ilman että hänessä olisi kehittynyt todellinen *vairagya* (takertumattomuus).

Meidän ei tule pyrkiä elämään maailmasta luopuneen elämää ennen kun olemme oppineet näkemään eron ikuisen ja väliaikaisen välillä ja ennen kun meissä on kehittynyt todellista takertumattomuutta. Päämäärämme henkisellä polulla tulee olla myötätunnon omaksuminen sairaita, köyhiä tai muita kärsiviä kohtaan, sekä epäitsekkään palvelun elämän eläminen omistautuen toisten hyvinvoinnille. Henkisen ihmisen tulisi hengittää myötätuntoa jokaisella henkäyksellään heille, jotka kärsivät tässä maailmassa, ei oman mukavuutensa tähden. Samaan aikaan hänen olisi kasvatettava sisäistä voimaansa rukoillen jatkuvasti: 'Oi Jumala, missä sinä olet? Missä sinä olet?'

Siinä missä tavallinen ihminen on kuin kynttilä, sanjaasi loistaa kuin aurinko lahjoittaen valonsa tuhansille. Häntä ei huoleta edes hänen oma vapautuksensa. Maailmasta luopumisen tarkoitus on siinä, että lahjoitat maailmalle sen voiman, minkä olet saavuttanut *sadhanasi* avulla. Tämä on sanjaasin ainoa tavoite. Hän on henkinen persoona, joka ei halua mitään muuta kuin elää todellisen luopumisen elämää."

Vasta koeteltuaan heitä eri tavoin Amma salli lastensa jäädä tänne. Hän antoi heille vain kerran päivässä mautonta ruokaa, jossa ei ollut suolaa eikä mausteita. Mutta he hyväksyivät sen iloiten. Heillä oli itsekuria. Amma koetteli heitä nähdäkseen, yrittäisivätkö he saada itselleen maukasta ruokaa sen jälkeen, kun he olivat astuneet palvelun elämään. Hän tarkkaili myös sitä, istuisivatko he vain meditoimassa tekemättä työtä. Riippumatta siitä kuinka paljon *tapasia* he tekevät, heidän tulee myös auttaa ashramin töiden tekemisessä. Jos he eivät ole valmiita tekemään työtä, heistä tulee laiskoja ja silloin he ovat vain yhteiskunnalle harmiksi.

Amma sanoi heille, että jos heillä ei ollut mitään muuta tekemistä, he voisivat muokata maata kookospalmujen ympärillä. He tekivät kaikenlaista työtä ja ovat edelleen täällä, vaikka ovatkin joutuneet läpikäymään erilaisia koettelemuksia.

Amma on saanut havaita samanlaisen tarkkaavaisuuden kaikissa lapsissaan, jotka ovat tulleet tänne tähän mennessä. Ne joilla sitä ei ole, eivät kykene jäämään tänne ja niinpä he joutuvat lopulta palaamaan takaisin maalliseen elämään.

Kello oli nyt kolme ja Amma meni huoneeseensa.

Perjantaina, 28. helmikuuta 1986

Ahimsan periaate

Matruvani-lehti olisi postitettava seuraavana päivänä. Paljon työtä oli vielä jäljellä ja oli jo myöhäinen iltapäivä. Amma ja brahmacharit istuivat meditaatiohuoneen ulkopuolella verannalla ja laittoivat lehtiä kirjekuoriin liimaten niihin postimerkkejä. Peter, joka oli kotoisin Hollannista, lähestyi verantaa. Hän kysyi vihaisella äänellä brahmachari Nealulta[20]:

---

[20] Swami Paramatmananda

"Kuka päätti, että hyönteismyrkkyä laitetaan ruusupensaisiin? Noita suojattomia hyönteisiä ei tulisi tappaa tuolla tavoin!"

Nealu käänsi hänen sanansa Ammalle, joka jatkoi työskentelyä huomauttamatta mitään. Hän vain katsahti Peteriä. Surullinen ilme kasvoillaan Peter seisoi yksinään hieman etäällä ryhmästä. Hetken päästä Amma kutsui häntä sanoen:

"Peter, poikani, hae Gayatrilta hieman vettä, jotta Amma voisi juoda."

Peter näytti yhä surulliselta tuodessaan vettä Ammalle. Amma otti lasin vastaan ja sanoi:

"Tämä on keitettyä vettä. Eikö totta? Tuore vesi riittää Ammalle."

Peter: "Minä tuon suodatettua vettä, Amma. Vai haluatko kookosvettä?"

Amma: "Amma tahtoo tavallista keittämätöntä vettä."

Peter: "Parempi on, ettet juo keittämätöntä vettä, Amma. Voit sairastua."

Amma: "Mutta niin moni elävä olento kuolee, kun me keitämme veden. Eikö se ole synti, poikani?"

Peter ei tiennyt mitä vastata.

Amma: "Ajattele kuinka moni elämä tuhoutuu jalkoihimme, kun me kävelemme. Kuinka moni eliö kuolee, kun hengitämme. Kuinka sen voisi estää!"

Peter: "Myönnän, että se on meidän hallintamme ulottumattomissa, mutta me voimme ainakin välttää ruiskuttamasta kasveja."

Amma: "Hyvä on. Sanokaamme, että joko sinun lapsesi tai Amma sairastuu. Etkö vaatisi, että silloin tulee syödä lääkettä?"

Peter: "Kyllä, totta kai. Tärkeintä on, että paranet."

Amma: "Mutta ajattele, kuinka moni bakteeri tuhoutuu kun otamme lääkettä."

Peter ei taaskaan tiennyt mitä hän olisi vastannut.

Amma: "Niinpä ei auta tuntea myötätuntoa sairauden aiheuttaneita bakteereita kohtaan. Kenelle ruusu voi kertoa kärsimyksestään kun madot hyökkäävät sen kimppuun? Eikö meidän tule suojella sitä, sillä olemme sen vartijoita?"

Peterin kasvoilla ollut varjo poistui.

Merkki muistamisesta

Joukko nuoria miehiä tuli tapaamaan Ammaa. Seisoessaan vähän matkan päässä he tarkkailivat häntä hetken ennen kuin liittyivät mukaan työntekoon. Näytti siltä, että he halusivat esittää Ammalle joitakin kysymyksiä, mutta jokin tuntui estävän heitä. Yhdellä heistä oli *bhasmaa*, pyhää tuhkaa, otsallaan, hän oli sen lisäksi laittanut santelipuutahnaa kulmakarvojensa väliin, joiden keskellä oli hieman *kumkumia*. Hän kosketti vieressään olevaa ja sanoi:

"Katsohan, myös Amma pitää *bhasmaa*."

"Mistä te lapset puhutte?" Amma kysyi.

Nuori mies: "Amma, ystäväni ajattelevat, että olen höpsö kun pidän näitä merkkejä kasvoillani. He pilkkaavat minua sanoen, että minä näytän aivan maalatulta tiikeriltä."

Toiset nuoret olivat hämillään. Yksi heistä kysyi:

"Miksi ihmiset laittavat tuhkaa ja santelipuutahnaa otsaansa? Mistä se johtuu?"

Amma: "Lapset, me pidämme santelipuutahnaa ja pyhää tuhkaa, mutta ajattelemmeko mikä merkitys sillä on? Ottaessamme pyhää tuhkaa käsiimme meidän olisi ajateltava tämän elämän katoavaista luonnetta. Tänään tai huomenna me muutumme kouralliseksi tuhkaa. Lisätäksemme tietoisuuttamme tästä me käytämme *bhasmaa*. Kun rakastunut näkee rakastettunsa sarista vilauksen, hän muistaa hänet. Samalla tavoin, pyhän tuhkan, santelipuutahnan ja *rudhraksha*-siemenien tarkoitus on muistuttaa meitä Jumalasta, sytyttää meissä tietoisuus Itsestä. Riippumatta siitä kuinka tärkeitä tai tavallisia olemme, me voimme kuolla millä hetkellä hyvänsä. Sen tähden meidän tulisi elää niin, ettemme takerru kehenkään muuhun kuin Jumalaan. Ihmiset, joihin olemme kiintyneet, eivät seuraa meitä kun lopun hetki koittaa."

Nuorukainen: "Entäpä santelipuutahna sitten?"

"Santelipuutahnassa on erinomaisia lääkinnällisiä ominaisuuksia. Laittaessamme santelipuutahnaa tiettyihin kehomme osiin kehomme hermot viilenevät ja niistä tulee terveempiä. Santelipuutahnan käyttämisellä on myös vertauskuvallinen merkitys. Santelipuu on tuoksuvaa. Tuo tuoksu on vain puussa, ei missään muualla. Samalla tavoin, meidän tulisi oivaltaa, että ääretön autuus löytyy sisältämme ja meidän tulisi elää tämän totuuden mukaisesti.

Jos santelipuun palanen on pudonnut mutaan, sen uloin osa mädäntyy ja alkaa haista pahalle. Mutta kuinka ihastuttavan tuoksun saammekaan kokea, kun puhdistamme tuon puunpalasen ja hieromme sitä kiveä vasten! Samalla tavoin, niin kauan kuin elämme uppoutuneina maallisuuteen, me emme kykene nauttimaan sisäisen Itsen tuoksusta. Me tuhoamme sisällämme olevan tietoisuuden tavoitellessamme vähäpätöisiä aistinautintoja, jotka kestävät vain hetkisen. Tästä santelipuutahna muistuttaa meitä. Jos käytämme tämän elämän oppiaksemme tuntemaan Itsen, me voimme elää autuudessa ikuisesti."

Nuorukainen: "Minkä tähden ihmiset pitävät rudraksha-helmiä?"

Amma: "Rudrakshan siemen on vertauskuva täydellisestä antautumisesta. Helmet on sidottu yhteen langalla, joka muodostaa *malan*, rukousnauhan. Jokainen meistä on helmi, joka on solmittu Itsen langalla. Rudraksha-mala muistuttaa meitä tästä totuudesta ja opettaa meitä antautumaan täydellisesti Jumalalle."

Temppelipalvonta

Nuorukainen: "Amma, jos kerromme ihmisille, että menemme ashramiin, he pilkkaavat meitä. He sanovat, että temppelit ja ashramit on tarkoitettu vanhoille ihmisille."

Amma: "Tänä päivänä ihmiset arvostelevat temppeleitä, mutta temppeleiden tarkoitus on edistää ihmisissä henkistä ajattelua ja kehittää heissä hyviä ominaisuuksia.

Näemme, miten politiikan piirissä työskentelevät marssivat lippujensa kanssa. Jos joku repii yhden noista lipuista, polttaa sen tai sylkee sen päälle, hänet hakataan hengiltä! Mitä erikoista lipussa voi olla? Sehän on vain palanen kangasta. Jos menetät sen, voit ostaa tilalle kuinka monta uutta lippua tahansa. Mutta lippu onkin enemmän kuin vain palanen kangasta. Se ilmentää ihannetta, ja siksi ihmiset eivät hyväksy sen kohtelemista epäkunnioittavasti. Samalla tavoin, temppeli kuvastaa Jumalaa. Me näemme Jumalan sen patsaissa ja kuvissa. Kun astumme temppeliin ja vastaanotamme *darshanin*, siunauksen, hyvät ajatukset alkavat kukoistaa mielessämme ja muistamme todellisen ihanteen. Temppelin ilmapiiri on hyvin erilainen kuin tunnelma lihakaupassa tai baarissa. Lukemattomien palvojien pyhät ajatukset ovat puhdistaneet sen ilmapiiriä. Tällaiset antaumukselliset paikat lahjoittavat kärsiville lohtua samalla tavoin kuin puun varjo suojaa kuumalta auringonpoltteelta tai niin kuin huopa suojaa meitä kylmyydeltä.

Me edistymme henkisesti palvoessamme Jumalaa temppelissä ja saadessamme osaksemme tällaisten paikkojen hyvät *samskarat*, ajatukset.

Jokaisessa kylässä pitäisi olla vähintään yksi temppeli. Tänä päivänä ihmisten mielet ovat täynnä itsekkäitä ajatuksia. Temppelit poistavat tällaisten ajatusten synnyttämät huonot värähtelyt. Ilmapiiri puhdistuu, kun koemme esimerkiksi vain kahden sekunnin syvän keskittymisen temppeli palvontamme aikana.

Ihmiset ihmettelevät, että 'miten Jumala voi asua patsaassa? Eikö meidän tulisi palvoa sen sijaan kuvanveistäjää, joka loi patsaan'? Mutta jos katsot isääsi esittävää maalausta, näetkö silloin isäsi vai maalarin? Jumala on kaikkialla. Et voi nähdä häntä silmilläsi, mutta kun näet patsaan temppelissä, muistat Jumalan. Tuo muistaminen siunaa sinut ja puhdistaa mielesi."

Nuori mies: "Amma, sinä olet poistanut epäilyksemme. Minä pidän yleensä otsassani santelipuutahna täplää, mutta en ole silti ymmärtänyt sen merkitystä. Vanhempani ovat aina pitäneet sellaista, niinpä minä aloin toimia samalla tavalla. Mutta kun ystäväni kysyivät sen merkityksestä, en osannut vastata heille. Moni ihminen, joka on uskonut Jumalaan pienenä lapsena, on menettänyt uskonsa. Heistä on tullut alkoholin ja tupakan orjia. Jos heillä olisi ollut joku, joka olisi selittänyt johdonmukaisesti nämä asiat, he eivät olisi alkaneet tuhota itseään. Minäkin olisin saattanut ajautua tuollaiselle tielle, mutta en voinut pelkoni vuoksi kääntää selkääni kokonaan Jumalalle. Amma, palaan tänne muutamien ystävieni kanssa. Yksin sinä voit johdattaa heidät oikealle tielle."

Amma (nauraen): "Namah Shivaya! Poikani, ihminen joka uskoo Jumalaan ja pitää jumalallisia periaatteita ihanteinaan ja toteuttaa niitä, ei voi ajautua pahojen tapojen orjaksi. Koska hän keskittyy sisäisyyteen ja hän etsii onnea sisältään, ei ulkopuolel- taan. Hänen autuutensa lähde on Jumalassa, joka asuu hänen sisimmässään. Mikään ulkopuolella oleva ei voi sitoa häntä. Amma ei vaadi, että kaikkien tulisi hyväksyä Jumala elämäänsä, mutta miksi tulla pahojen tapojen orjaksi? Miksi muodostua rasitteeksi perheelleen ja yhteiskunnalle? Tänä päivänä on muo- dikasta juoda, polttaa ja tuhlata rahaa. On sääli, että poliitikot ja muut vaikutusvaltaiset ihmiset eivät pyri kääntämään nuoria ihmisiä pois tällaisista asioista. Jos he epäonnistuvat esimerkkei- nä olemisessa, kuinka toiset voisivat oppia ja omaksua henkisiä ihanteita?"

Amma avasi *Matruvanin*. Nähdessään, että yhtä sivua ei oltu painettu kunnolla, koska sivu oli taittunut, hän sanoi:

"Lapseni, ennen kuin laitatte aikakausilehden kirjekuoreen, teidän tulee tarkistaa lehden sivut yksi kerrallaan. Eikö teidän mielestänne ashramin asukkaiden tule olla hereillä ja tehdä kaikki toimensa tarkkaavaisesti?"

Brahmachari toi tarjottimella *bhasmaa*, pyhää tuhkaa ja makeisia. Amma viittasi nuoria vierailijoita tulemaan lähem- mäksi.

"Tulkaa, lapseni!" hän sanoi.

Nuoret miehet, jotka tapasivat hänet ensimmäistä kertaa, saivat nyt *prasadin*, armolahjan, Amman omista pyhistä käsistä. Sen jälkeen nuoret miehet hyvästelivät hänet iloiten siitä, että muutamat heitä vaivanneet epäilykset oli nyt selvitetty.

Maanantaina 10. maaliskuuta 1986

Sadhanan harjoittaminen gurun seurassa

Ashramiin vettä tuova putki oli mennyt rikki. Veisi muutamia päiviä ennen kun se saataisiin korjattua. Viimeisten öiden aikana ashramin asukkaat olivat tuoneet vettä toiselta puolelta takavesiä, missä oli vain yksi yleinen vesipiste. Paikalliset asukkaat tapasivat käyttää tuota vesipistettä päiväsaikaan omiin tarpeisiinsa, niinpä ashramin asukkaat käyttivät sitä yöaikaan. Ylitettyään takavedet veneellä brahmacharit täyttivät astiansa ja palasivat sitten ashramin laiturille, missä Amma ja muut brahmacharit tulivat heidän avukseen kantamaan vettä veneeltä ashramiin. Työ jatkui yleensä neljään asti aamulla.

Kello oli nyt puolenyön tietämillä. Yksi lastillinen oli juuri tuotu ashramiin. Brahmacharit olivat ylittäneet kanaalin hakeakseen seuraavan lastin. Amma makasi hiekalla takaveden rannalla. Joku oli levittänyt alustan, jolla hän saattoi maata, mutta hän oli kierähtänyt hiekalle. Läheisellä nuotiolla poltettiin kuivia lehtiä ja roskia, jotta ne ajaisivat hyttysparvet tiehensä.

Odottaessaan seuraavaa vesilastia brahmacharit istuivat Amman vierellä meditoimassa. Veden virta hanasta, toisella puolella kanaalia, oli niin hidasta, että veisi ainakin kaksi tuntia ennen kuin vene palaisi seuraavan lastin kanssa. Jonkun ajan kuluttua Amma nousi hiekalta ylös ja heitti lisää lehtiä tuleen, joka leimahti hehkuviin liekkeihin.

Amma: "Lapseni, kuvitelkaa rakastettu Jumalanne tähän tuleen ja meditoikaa sitä!"

Yksi brahmachareista huolehti tulesta. Ympäröivä maisema ja tyynet takavedet loistivat kuunvalossa, mikä sai maan ja vedet näyttämään siltä kuin ne olisi peitetty hopealangoista kudotulla peitolla. Syvä rauha läpäisi yön. Hiljaisuuden rikkoi ainoastaan muutaman koiran ulvonta toisella rannalla. Hetken päästä Amman suloinen ääni täytti ilman, kun hän ryhtyi laulamaan:

Ambike Devi Jagannayike Namaskaram

Oi Äiti, maailmankaikkeuden jumalatar,
minä kumarran sinua,
ilon antajaa,
sinua minä kumarran.

Oi Äiti, jonka olemus on rauhaa
ja joka olet kaikkivoipa,
Harhan synnyttäjä,
ilman alkua ja loppua —
Oi Äiti, sinä joka olet sisäinen Itsemme,
sinua minä kumarran.

Tieto, puhe ja äly —
yksin sinä olet kaikki nämä.
Oi Devi, sinä hallitset minun mieltäni.
Koska näin on, sinä hyväntahtoinen,
kuinka voisin koskaan kuvata sinun suuruuttasi?
En tunne juurimantroja, joita tarvitsisin
voidakseni palvoa sinua —
niinpä voin vain kumartua edessäsi.

Oi Äiti, sinä ilmennät suurta myötätuntoa
palvojalle, joka muistaa alati sinua —
sinun loistokkuutesi on kaiken kuvittelun
tuolla puolen.

Kun *kirtan* päättyi, Amma lausui kolme kertaa *om* mantran. Läsnäolijat toistivat soinnun perässä.

Amma: "Lapseni, eläytykää siihen, että tällainen vakaa, loistava valo on sydämessänne tai kulmakarvojenne välissä. Yö on ihanteellinen ajankohta meditoida."

Vene palasi vesilastin kanssa ja työ alkoi jälleen. Kun vene lähti taas tyhjien astioiden kanssa hakemaan lisää vettä, Amma kehotti kaikkia jatkamaan jälleen meditoimista. Näin yö kului työn ja meditaation vuorotellessa aina viiteen asti aamulla. Koska oli *darshan*-päivä, oppilaiden virta alkaisi pian. Milloin Amma saisi levätä hetkisen? Hänen elämässään ei näyttänyt olevan lepoa lainkaan.

Keskiviikkona 12. maaliskuuta 1986

Tarkkaavaisesti tehty työ on meditaatiota

Asukkaat tekivät kaikki ashramin työt ja heidän työtehtävänsä muuttuivat jatkuvasti. Niin kuin Amma usein sanoi: "Brahmachareilta ei pitäisi puuttua mitään taitoa. Heidän on kyettävä tekemään kaikenlaista työtä."

Amma ryhtyi kiertämään ashramia seitsemän aikaan aamulla keräten roskia ja karamellien käärepapereita, joita lojui siellä täällä maassa. Kun hän saapui navettaan ashramin pohjoispuolella, lehmät kohottivat päätään ja katsoivat häntä. Hän hyväili heidän päätään sellaisella äidinrakkaudella, jolla äiti koskettaa lapsiaan. Yhden lehmän edessä lattialla oli veteen sekoitettua *pinnakia*. Lehmä oli puskenut ämpärin nurin juodessaan siitä. Amma pesi ämpärin, haki sitten vettä ja pesi sen jälkeen lattian. Brahmachari, joka oli hänen seurassaan, halusi auttaa, mutta Amma ei sallinut.

119

Amman kasvoilla oleva ilme kertoi siitä, että hän tunsi kipua, koska lehmä ei ollut saanut juomaansa oikealla tavalla. Kun Amma oli lopettanut lattian puhdistamisen, hän meni suoraan majaan, missä asui se brahmachari, joka oli vastuussa lehmistä.

"Poikani", Amma sanoi hänelle, "etkö sinä ole vastuussa siitä, että lehmät saavat juomansa joka aamu?"

Amman kysymyksestä brahmachari tiesi, että hän oli tehnyt jonkin virheen, mutta hän ei ymmärtänyt, mistä oli kyse. Niinpä hän seisoi hiljaa.

Amma jatkoi sanoen:

"Poikani, *sadhakan* ensimmäisen ominaisuuden tulee olla *sraddha* (tarkkaavaisuus). Tällä tavallako sinä annat lehmille juotavaa? Yksi lehmistä kaatoi kaiken lattialle. Eikö se johtunut sinun tarkkaavaisuuden puutteestasi? Sinulle on kerrottu, että sinun tulee olla lehmien luona siihen asti kunnes ne ovat juoneet juomansa. Lehmä kaatoi *pinnak*-sekoituksen sen tähden, koska sinä et noudattanut saamiasi ohjeita. Eikö totta? Jos et voi olla työsi ääressä niin pitkään, että se on tullut tehdyksi, Amma tekee sen itse. Sinun olisi suhtauduttava lehmään kuin omaan äitiisi. Lehmistä huolehtiminen on sekin Jumalan palvomista. Poikani, tuo lehmä joutui olemaan nyt syömättä sinun huolimattomuutesi tähden. Ja koska jätit sen vaille huomiota, paljon *pinnakia* meni sen takia hukkaan."

Brahmachari ymmärsi virheensä. Hän yritti selittää miksi hän oli lähtenyt navetasta.

"Lähdin aikaisemmin, koska meditaatioaika oli käsillä."

Hänen vastauksensa ei tyydyttänyt Ammaa.

"Jos olisit todella antautunut meditoimiselle, olisit syöttänyt lehmät aiemmin, jotta olisit ollut valmis meditaatioaikaan. On synti antaa lehmien jäädä nälkäisiksi meditaation vuoksi. Mitä meditaatio on? Tarkoittaako se vain sitä, että istut silmät kiinni eikä mitään muuta? Mikä tahansa työ, jonka teet harjoittaen *japaa* ja muistaen kaiken aikaa Jumalaa, on meditaatiota."

Brahmachari: "Amma, muutama päivä sitten sinä paastosit etkä juonut edes vettä, koska kaksi brahmacharia oli myöhässä meditaatiosta. En tahtonut, että niin tapahtuisi jälleen minun takiani."

Hänen silmänsä täyttyivät kyyneleistä kun hän puhui. Amma pyyhki hänen kyyneleensä ja sanoi lohduttavasti:

"Sanoiko Amma jotakin sellaista mikä masensi sinua tällä tavoin, poikani? Amma haluaa vain, että olet tarkkaavaisempi tästä lähtien. Amma oli vakavissaan muutama päivä sitten, koska nuo poikani välttivät tarkoituksella meditoimista. He olisivat voineet lukea ja kirjoittaa myöhemmin. Sinun tilanteesi on toisenlainen. Olit suorittamassa tehtävää, jonka Amma on sinulle antanut. Se ei eroa meditaatiosta, koska työlle omistautuminen on meditaatiota. Se kuinka omistautunut olet työlle, joka on uskottu sinulle, osoittaa kuinka antautunut olet ja kuinka voimallisesti pyrit päämäärään. Työn tekeminen sen tähden, että voisit vältellä meditaatiota ja meditoiminen sen tähden, että voisit vältellä työntekoa – kumpaankaan ei tule syyllistyä."

Amma ei sallinut mitään poikkeuksia ashramin sääntöihin. Kaikki tuli tehdä oikeaan aikaan. Ei tullut jättää väliin tai myöhästyä meditaatiosta, vedantan tai sanskritin oppitunnilta. Hän nuhteli brahmachareja muutaman kerran. Jos se ei auttanut, hän otti kärsiäkseen itse rangaistuksen – paastoten tai kieltäytyen jopa juomavedestä. Ankarin rangaistus brahmachareille oli se kun he tiesivät, että Amma paastosi heidän takiaan.

Amma ja brahmachari kävelivät *kalarin mandapadamille* (kuistille), missä kaikki meditoivat. Amma istuutui lootusasentoon, lähelle seinää, kasvot idän suuntaan. Brahmachari, joka

oli tullut hänen kanssaan, istuutui hänen lähelleen. Meditaation
jälkeen kaikki tulivat Amman luokse, kumarsivat ja kokoontuivat
hänen ympärilleen.

Keskittyneisyys

Yksi brahmachareista käytti tilaisuutta hyväkseen kertoakseen
Ammalle ongelmasta, joka parhaillaan vaivasi häntä.

"Amma, en kykene keskittymään harjoittaessani meditaatiota. Se tuntuu minusta hyvin pahalta", hän sanoi.

Amma hymyili ja sanoi:

"Lapseni, et saavuta *ekagrataa* hetkessä. Se vaatii jatkuvaa
ponnistelua. Älä luovu *sadhanan* säännöllisyydestä vain sen takia,
että et saavuta keskittyneisyyttä. Harjoita *sadhanaa* tiukan säännöllisesti. Sinulla pitää olla horjumaton innostuneisuus. Muista
joka hetki, että olet henkinen oppilas.

Kerran eräs mies meni takavesille kalastamaan. Hän näki
lähellä rantaa parven suuria kaloja. Hän päätti rakentaa mutapadon tuon paikan ympärille ja tyhjentää sen sitten vedestä saadakseen sillä tavalla kalat. Niinpä hän rakensi padon, koska hänellä
ei ollut astiaa, hän ryhtyi tyhjentämään vettä paljain käsin. Pato
murtui aika ajoin, mutta hän ei suostunut antamaan periksi.
Hän jatkoi työskentelyä suurella kärsivällisyydellä uskoen syvästi
siihen, mitä oli tekemässä – ajattelematta mitään muuta. Iltaan
mennessä hän oli tyhjentänyt padon ja saanut paljon kalaa. Hän
meni kotiin onnellisena, runsaskätisesti palkittuna siitä kovasta
työstä minkä hän oli tehnyt vakuuttuneena, kärsivällisesti ja rikkoutumattomalla antaumuksella.

Lapseni, älä menetä uskoasi, vaikka et näekään minkäänlaisia tuloksia kaikista yrityksistäsi huolimatta. Jokaisella mantran toistolla on vaikutuksensa, et vain ole siitä tietoinen. Ja vaikka et saavuttaisikaan yksihuippuista keskittyneisyyttä, niin hyödyt silti siitä, että harjoitat meditaatiota säännöllisesti. Jatkuvan *japan* avulla mielesi epäpuhtaudet poistuvat, vaikka et olisikaan tietoinen siitä, sinun keskittyneisyytesi meditaation aikana lisääntyy.

Sinun ei ole vaikeaa ajatella vanhempiasi, sukulaisiasi, ystäviäsi tai lempiruokaasi. Näet ne sielusi silmin samalla hetkellä kun ne tulevat mieleesi ja voit pitää ne mielessäsi niin kauan kuin haluat. Sinun ei tarvitse opettaa tai kouluttaa mieltäsi ajattelemaan maallisia asioita, koska mielesi on tottunut siihen. Sinun pitää rakentaa samanlainen riippuvuus Jumalaan. Se on *japan*, meditaation ja *satsangin* tarkoitus. Jatkuva ponnistelu on tarpeen. Tuo ponnistelu tuo rakkaan Jumalasi hahmon sekä mantran, joka liittyy tuohon hahmoon, mieleesi yhtä luonnollisella tavalla kuin maalliset ajatukset tulevat nyt mieleesi. Riippumatta siitä, mitä ajattelet tai näet, tulet säilyttämään silloin tietoisuutesi jatkuvasti Jumalassa. Silloin sinulle ei ole enää olemassa maailmaa erossa Jumalasta.

Lapseni, älä lannistu vaikka et saavuttaisikaan todellista keskittymistä alkuvaiheessa. Jos yrität jatkuvasti, onnistut varmasti. Sinulla on oltava jatkuvasti asenne: 'Vain Jumala on todellinen. Jos en saa tuntea häntä, elämäni on hedelmätön. Minun tulee nähdä hänet mahdollisimman pian!' Silloin tulet automaattisesti saavuttamaan keskittyneisyyden. Lapseni, sellaisen ihmisen tiellä ei ole esteitä, joka on jatkuvasti tietoinen päämäärästä. Hän kokee kaikki tilanteet suosiollisina."

Brahmachari: "En kykene meditoimaan aamuisin, koska koen itseni niin uniseksi."

Amma: "Poikani, jos tunnet itsesi väsyneeksi meditaation aikana, toista mantraasi liikuttaen samaan aikaan huuliasi. Jos sinulla on *mala* (rukousnauha), pidä sitä lähellä sydäntäsi ja toista mantraasi. Tämä tekee sinusta tarkkaavaisemman. Laiskuus saa sinut uuvahtamaan. Jos tunnet väsymystä kaikesta tästä huolimatta, nouse seisomaan ja toista mantraasi. Äläkä nojaa mihinkään seisoessasi. Kun nojaat johonkin, mielesi kiintyy tuohon mukavuuden tunteeseen. Jos et vieläkään pääse eroon väsymyksen tunteesta, juokse hetken aikaa ja jatka sen jälkeen meditoimista. Aja *tamas* pois *rajaksella*. Hathajoogan harjoittaminen on myös hyödyllistä.

Vain jos sinulla on todellista *lakshya bodhaa* (päämäärätietoisuutta), väsymyksesi kaikkoaa. Jotkut ihmiset, jotka työskentelevät tehtaassa yövuoron aikaan eivät toisinaan nuku kahteen tai kolmeen yöhön peräjälkeen. Silti he eivät nukahda tehtaassa koneen ääreen, sillä jos heidän keskittyneisyytensä raukeaa hetkeksikään, kone saattaa nielaista heidän kätensä – näin he voivat menettää sekä kätensä että työpaikkansa. Tietäen tämän he onnistuvat ajamaan uneliaisuutensa pois, olipa se kuinka syvää hyvänsä. Meidän pitäisi olla samanlainen valppaus ja tarkkaavaisuus istuessamme meditaatiossa. Meidän olisi ymmärretävä, että hukkaamme elämämme, jos antaudumme unelle ja menetämme meditaatiolle varatun ajan. Silloin emme antaudu unen valtaan."

Itsekkyys maallisissa ihmissuhteissa

Amma tuli meditaatiohallista ja huomasi, että muutamat oppilaat odottivat mahdollisuutta tavata häntä. He kumarsivat hänelle. Amma ohjasi heidät *kalarin mandapadamille* (vanhan temppelin kuistille) ja istuutui heidän seuraansa. Yksi oppilaista ojensi Ammalle hedelmälautasen.

Amma: "Kuinka voit, poikani?"

124

Mies laski päänsä sanaakaan sanomatta. Hänen vaimonsa oli jättänyt hänet toisen miehen takia, ja hän oli ryhtynyt epätoivoissaan juomaan. Neljä kuukautta sitten ystävä oli tuonut hänet Amman luo. Kun hän oli mennyt Amman *darshaniin*, hän oli ollut niin juovuksissa, ettei ollut ymmärtänyt mistään mitään. Amma ei ollut antanut hänen lähteä heti vaan oli pitänyt miehen ashramissa kolme päivää, minkä jälkeen mies ei ollut koskenutkaan alkoholiin. Siitä lähtien hän oli tullut tapaamaan Ammaa aina kun hänellä oli ollut hiemankin vapaa-aikaa. Hän kärsi kuitenkin selvästi yhä siitä, että vaimo oli jättänyt hänet.

Amma: "Poikani, kukaan ei rakasta toista enempää kuin hän rakastaa itseään. Kaikkien rakkauden taustalla on heidän oma itsekäs pyrkimyksensä löytää itselleen onnea. Kun me emme saa toivomaamme onnea ystävältämme, hänestä tulee vihollisemme. Tämä on nähtävissä maailmassa. Vain Jumala rakastaa meitä pyyteettömästi. Ja vain rakastamalla häntä me voimme rakastaa ja palvella toisia pyyteettömästi. Vain Jumalan maailmassa ei ole itsekkyyttä. Meidän olisi keskitettävä kaikki rakkautemme ja kiintymyksemme yksin häneen. Silloin emme vajoa epätoivoon, kun joku hylkää meidät tai tekee jotakin väärää. Kiinnittäydy Jumalaan. Hän on kaikki mitä tarvitset. Miksi ajatella mennyttä ja surra?"

Oppilas: "En ole enää niin suurissa vaikeuksissa kun aiemmin, koska nyt minulla on Amma suojelemassa minua kaikin tavoin. Amma, sinun mantrasi on minun tukeni ja turvani aina kun tunnen olevani vaikeuksissa."

Amma antoi hänelle hieman *bhasmaa* (pyhää tuhkaa) ja niin hän nousi ylös lähteäkseen. Kun hän oli mennyt, Amma sanoi toisille:

"Katsokaa, minkälaisia kokemuksia ihmiset joutuvat kohtaamaan! Ne ovat oppitunteja meille. Rakastaako mies todella vaimoaan? Ja onko vaimon rakkaus miestä kohtaan todellista? Entä miksi vanhemmat rakastavat lapsiaan? He rakastavat heitä vain siksi, että he ovat syntyneet heidän omasta verestään ja siemenestään! Eivätkö he muuten rakastaisi kaikkia lapsia samalla tavoin?

Kuinka moni ihminen on valmis kuolemaan lastensa tai puolisonsa tähden? Vaikka tuo poikani oli valmis kuolemaan, koska vaimonsa oli jättänyt hänet, se ei johtunut rakkaudesta vaimoa kohtaan vaan hänestä itsestään. Se johtui pettymyksestä, mitä hän tunsi menetettyään oman onnensa. Jos hän olisi todella rakastanut vaimoaan, hän olisi hyväksynyt sen, että vaimo oli onnellisempi jonkun toisen kanssa. Hänen onnensa olisi ollut miehelle tärkeämpi kuin mikään muu. Sellaista on epäitsekäs rakkaus. Ja jos hänen vaimonsa olisi todella rakastanut häntä, hän ei olisi edes vilkaissut toisen miehen kasvoja.

Me sanomme, että rakastamme lapsiamme, mutta kuinka moni on valmis antamaan oman elämänsä pelastaakseen lapsensa hukkumasta? Eräs tyttäreni tuli luokseni kertoen tarinansa. Hänen lapsensa oli pudonnut syvään kaivoon. Hän näki lapsensa putoavan mutta ei kyennyt tekemään mitään. Siinä vaiheessa kun sukeltajat saapuivat, lapsi oli kuollut. Minkä tähden äiti ei ajatellut, että olisi voinut hypätä kaivoon pelastaakseen lapsensa? Yhdeksänkymmentäyhdeksän prosenttia ihmisistä on tällaisia. Hyvin harvoin kukaan vaarantaa oman elämänsä pelastaakseen toisen. Sen tähden Amma sanookin, että kukaan muu ei rakasta meitä pyyteettömästi kuin Jumala. Kiinnity häneen lujasti. Tämä ei tarkoita sitä, että sinun ei tulisi rakastaa toisia. Näe Jumala kaikissa ja rakasta tuota Jumalaa. Silloin et vaivu kärsimykseen, jos toisen rakkaus katoaa."

Nuori mies, joka vieraili ashramissa ensimmäistä kertaa, istui toisten takana kuunnellen Ammaa. Mutta hän kuunteli ilman että vähäisinkään kunnioitus olisi heijastunut hänen kasvoiltaan. Kun Amma lopetti puhumisen, hän osoitti Amman valokuvaa, joka oli otettu *Krishna-bhavan* aikana, ja kysyi:

"Eikös tuo esitä sinua, kruunu, riikinkukon sulka ja muuta, ylläsi? Miksi olet pukeutunut tuolla tavalla? Onko kysymys jonkinlaisesta näytelmästä?"

Kuultuaan tällaisen odottamattoman kysymyksen kaikki oppilaat kääntyivät ympäri ja tuijottivat häntä.

Roolin näytteleminen yhteiskunnalle

Amma: "Poikani, mistä tiedät, ettei tämä koko maailma ole näytelmää? Jokainen näyttelee näytelmässä oivaltamatta sitä. Tässä on kyse näytelmästä, jonka tarkoituksena on herättää ihmiset toisesta näytelmästä, näytelmästä, jonka tarkoituksena on poistaa heidän tietämättömyytensä.

Poikani, sinä synnyit alastomana. Minkä tähden pidät vaatteita vaikka tiedätkin, että todellinen olemuksesi on alaston?"

Nuori mies: "Olen sosiaalinen olento. Minun tulee noudattaa yhteiskunnan arvoja, muuten yhteiskunta arvostelisi minua."

Amma: "Pidät siis vaatteita yhteiskunnan takia. Amman vaatetus on myös samaa yhteiskuntaa varten. Heidät, jotka voivat saavuttaa päämäärän *jnanan* (tiedon) polkua kulkien, voidaan laskea kätesi sormin. Amma ei voi jättää huomioimatta kaikkia muita, jotka kykenevät edistymään polulla vain antaumuksen tietä kulkien. Sri Shankaracharya, joka julisti *advaitaa* (ykseysfilosofiaa), perusti temppeleitä. Hän sanoi, että Jumala on tietoisuus, mutta eikö hän osoittanut, että pelkkä kivikin on Jumala? Ja eikö hän kirjoittanut *Saundarya Laharin* kuvaten Jumalallisen Äidin hahmoa? Sama Vyasa, joka kirjoitti *Brahma Sutrat,* kirjoitti myös *Srimad Bhagavatamin.* Oivaltaen, että tavallisen mielenlaadun omaavat ihmiset eivät kykene sulattamaan ei-kaksinaisuuden filosofiaa ja *vedantaa*, he pyrkivät voimistamaan ihmisissä antaumusta.

Poikani, Amma tuntee oman todellisen olemuksensa ja oman todellisen hahmonsa oikein hyvin, mutta tämän päivän ihmiset tarvitsevat joitakin apuvälineitä oivaltaakseen tuon korkeimman tekijän. Jumalan kuvia tarvitaan voimistamaan ihmisissä uskoa ja antaumusta. On helpompi saada kana kiinni tarjoamalla sille ruokaa kuin ajamalla sitä takaa. Kun se näkee ruoan, se tulee lähelle, jolloin voit ottaa sen kiinni. Voidaksemme kohottaa tavallisia ihmisiä henkisyyden tasolle meidän on ensin laskeuduttava heidän tasolleen. Heidän mielensä kykenee ymmärtämään vain nimiä ja muotoja, niinpä me voimme auttaa heitä ylevöitymään vain nimien ja muotojen avulla. Ajattele tuomarin tai poliisin virka-asua. Kun poliisi ilmestyy univormussa, kuri ja järjestys vallitsevat. Ihmiset asennoituvat kovin eri tavoin, jos hän pitää päällään vapaa-ajan vaatteita. Tämä osoittaa, minkälainen merkitys vaatteilla ja koristeilla on.

He, jotka kykenevät näkemään kiven patsaassa, kullan korvakoruissa, korren tuolissa – perustan kaikessa, kaiken todellisen olemuksen – eivät tarvitse mitään tuollaista. He ovat jo saavuttaneet oivalluksen *advaitasta* (ykseydestä). Mutta suurin osa ihmisistä ei ole saavuttanut tuota tasoa. Siksi he tarvitsevat kaikkea tällaista."

Nuori mies ei esittänyt uusia kysymyksiä. Amma sulki silmänsä ja meditoi hetkisen.

Karmajoogan salaisuus

Kun Amma avasi jälleen silmänsä, yksi oppilaista kysyi:

"Päättyykö maailmaa palvelevan *karmajoogin* toiminta, kun hän kehittyy henkisesti?"

Amma: "Ei välttämättä. Toiminta voi jatkua loppuun asti."

Oppilas: "Amma, kumpi on korkeampi, *bhakti-* vai *karmajooga*?"

Amma: "Emme voi todella sanoa, että *bhakti-* ja *karmajooga* eroaisivat toisistaan, sillä todellinen karmajoogi on todellinen palvoja ja todellinen palvoja on todellinen karmajoogi.

Kaikki toiminta ei välttämättä ole karmajoogaa. Vain niitä tekoja, jotka tehdään pyyteettömästi, uhrauksena Jumalalle, voidaan kutsua karmajoogaksi. Toisaalta neljää pyhää kierrosta, käsien kohottamista ja tervehdysten tekemistä voi aina kutsua *bhaktiksi*. Meidän mielemme pitäisi olla keskittynyt Jumalaan ja meidän kaikkien tekojemme pitäisi olla uhrausta. Meidän tulee nähdä rakkaan Jumalamme hahmo kaikissa ja lahjoittaa heille rakkautta ja apua. Meidän tulee antautua Jumalalle koko sydämellämme. Vain silloin voimme sanoa, että meillä on *bhaktia*.

Todellisen karmajoogin tulee keskittää mielensä Jumalaan tehdessään kaikki toimensa. Meidän tulee omaksua asenne, että kaikki on Jumalaa. Silloin kyse on *bhaktista*. Toisaalta, jos ajattelemme muita asioita tehdessämme *pujaa* (ritualistista jumalanpalvelusta), silloin *pujaa* ei voi pitää *bhaktijoogana*, sillä silloin kyse on vain ulkokohtaisesta toiminnasta, ei todellisesta jumalanpalveluksesta. Mutta jos tehtävämme on puhdistaa käymälöitä, toistamme mantraa työskennellessämme ja asennoidumme niin, että kyse on Jumalan antamasta työstä, niin silloin on kyse samaan aikaan sekä *bhaktijoogasta* että *karmajoogasta*.

Eräs köyhä nainen tapasi aina toistaa sanat *Krishnarpanam astu* (Olkoon tämä uhraus Krishnalle) ennen kuin hän teki mitään. Lakaisi hän sitten etupihaansa tai kylvetti lastaan hän sanoi aina: *Krishnarpanam astu*. Hänen kotinsa lähettyvillä oli temppeli. Temppelin pappi ei pitänyt naisen rukouksesta. Hän ei sietänyt ajatusta siitä, että nainen sanoi *Krishnarpanam astu*, kun hän heitti roskia pois. Hän nuhteli naista tästä, mutta nainen ei vastannut tähän mitään.

Kerran nainen poimi lehmänlantaa, jota oli hänen etupihallaan ja heitti sen pois. Kuten tavallista, hän ei unohtanut sanoa *Krishnarpanam astu*. Lehmänlanta lensi temppelin eteen. Pappi näki tämän ja tärisi raivosta. Hän raahasi naisen temppelille ja pakotti hänet poistamaan lehmänlannan. Sitten hän pieksi naisen ja ajoi hänet tiehensä.

Seuraavana päivänä pappi ei kyennyt liikuttamaan käsivarttaan, se oli halvaantunut. Hän itki Jumalalle. Seuraavana yönä Jumala ilmestyi hänelle unessa sanoen:

'Minä iloitsin palvojani uhraamasta lehmänlannasta paljon enemmän kuin makeasta *payasamista*, jota sinä annoit minulle. Se mitä sinä teet, sitä ei voi kutsua jumalanpalvelukseksi, sen sijaan kaikki hänen toimensa ovat jumalanpalvelusta. En salli sinun vahingoittavan tällaista palvojaani. Vain jos kosketat hänen jalkojaan ja pyydät anteeksi, sinä paranet.'

Pappi oivalsi virheensä. Hän pyysi naista antamaan hänelle anteeksi ja niin hän parani pian."

Käänny jumalan puoleen juuri nyt

Oppilas: "Olen hyvin kiireinen työni kanssa eikä minulla ole aikaa meditoida. Ja kun yritän harjoittaa *japaa*, en kykene keskittymään. Amma, olisiko parempi, että odottaisin *japan* ja meditaation hetkeen, jossa en ole enää niin kiireinen ja minulla on hieman mielenrauhaa?"

Amma: "Poikani, saatat ajatella että käännyt Jumalan puoleen, kun työmääräsi on pienempi tai kun olet saanut tarpeeksi nauttia maallisista nautinnoista – mutta niin ei tapahdu. Sinun pitäisi kääntyä hänen puoleensa juuri nyt, kaikkien vaikeuksiesi keskellä. Hän tulee varmuudella osoittamaan sinulle tien.

Amma kertoo sinulle esimerkin. Sanokaamme, että nuorella naisella on mielenterveysongelmia. Nuori mies tulee hänen luokseen ehdottaen hänelle naimisiinmenoa, mutta saatuaan kuulla hänen sairaudestaan mies sanoo, että menisi naisen kanssa naimisiin vasta, kun hän on tervehtynyt. Lääkärin näkemys on kuitenkin se, että hän toipuu sairaudestaan vain menemällä naimisiin. Niinpä naiselle ehdotus toipumisesta ennen naimisiin menoa on hyödytön!

Tai kuvittele, että vesi sanoo sinulle: 'Voit tulla luokseni vasta sitten kun olet oppinut uimaan.' Kuinka se olisi mahdollista? Sinun tulee mennä veteen voidaksesi oppia uimaan! Samalla tavoin, vain Jumalan avulla voit puhdistaa mielesi. Jos muistat Jumalaa työtä tehdessäsi, kykenet tekemään työsi hyvin. Kaikki esteet katoavat ja ennen kaikkea sinun mielesi puhdistuu.

Jos ajattelet, että ryhdyt keskittämään mielesi Jumalaan vasta kun vaikeutesi ovat päättyneet ja mielesi rauhoittunut, erehdyt, koska näin ei tapahdu koskaan. Et tule koskaan löytämään Jumalaa tuolla tavalla. On hyödytöntä odottaa, että mielesi kehittyisi. Sinnikäs yrittäminen on ainoa tie kehittää itseäsi. Saatat menettää terveytesi tai henkisen kyvykkyytesi milloin tahansa, ja niin elämäsi on valunut hukkaan. Seuratkaamme siksi juuri nyt polkua, joka vie Jumalan luo. Tätä me tarvitsemme."

Vierailija: "Amma, joukko nuoria ihmisiä on jättänyt kotinsa ja tullut tänne etsimään Jumalaa. Mutta eivätkö he ole siinä iässä, jolloin heidän on tarkoitus nauttia elämästä? Eivätkö he voi ajatella Jumalaa ja ryhtyä *sanjaaseiksi* myöhemmin?"

Amma: "Poikani, meille on annettu tämä ihmiskeho, jotta oivaltaisimme Jumalan. Olemme joka päivä lähempänä kuolemaa. Menetämme voimamme maallisiin nautintoihin, mutta muistamalla jatkuvasti Jumalaa meidän mielestämme tulee voimakkaampi. Tämä vahvistaa myönteisiä *samskaroitamme* (ominaisuuksiamme) ja kykenemme jopa ylittämään kuoleman. Sen tähden meidän on yritettävä voittaa heikkoutemme, kun olemme vielä terveitä ja täynnä elinvoimaa. Silloin meidän ei tarvitse huolehtia huomisesta.

Amma muistaa tarinan. Eräässä maassa kenestä tahansa saattoi tulla kuningas, mutta jokainen kuningas sai hallita vain viisi vuotta. Sen jälkeen hänet vietiin autiolle saarelle, minne hänet jätettiin kuolemaan. Saarella ei ollut lainkaan ihmisiä, vain petoeläimiä, jotka tappoivat ja söivät saman tien kuninkaan. Vaikka ihmiset tiesivätkin tästä, moni ilmoittautui silti kuninkaan tehtävään, sillä he halusivat nauttia kuninkaan asemasta ja nautinnoista. Kun heidät nimitettiin tehtävään, he olivat riemuissaan. Mutta sen jälkeen he kokivat vain surua, sillä he pelkäsivät päivää, jolloin pedot repisivät heidät ja söisivät heidät saarella. Tästä syystä jokainen kuninkaista eli kaoottisessa mielentilassa eivätkä he koskaan hymyilleet. Vaikka kaikki mahdollinen kuviteltavissa oleva mukavuus oli heidän ulottuvillaan – maukas ruoka, palvelijat, tanssi ja musiikki – ne eivät kiinnostaneet heitä. He eivät kyenneet nauttimaan niistä. Siitä hetkestä lähtien, jona he nousivat valtaan, he näkivät vain kuoleman häämöttävän edessään. He olivat etsineet onnea, mutta yksikään hetki ei ollut suruton.

Kymmenes kuningas vietiin saarelle, kun hänen aikansa oli päättynyt. Ja kuten aiemmatkin kuninkaat, villieläimet söivät hänet. Seuraava henkilö, joka astui esiin tullakseen kruunatuksi kuninkaaksi, oli nuori mies. Mutta hän ei ollut samanlainen kuin aikaisemmat kuninkaat. Hän ei ollut hetkeäkään onneton noustuaan valtaan. Hän nauroi kaikkien kanssa, tanssi ja lähti metsästysmatkoille ja kiersi usein ratsain tiedustelemassa ihmisten hyvinvointia. Kaikki huomasivat, että hän oli aina iloinen.

Lopulta hänen päivänsä valtaistuimella olivat lopussa, mutta hänen käytöksessään ei tapahtunut muutosta. Kaikki olivat ihmeissään. He sanoivat hänelle:

'Teidän majesteettinne, teidän aikanne lähteä saarelle lähenee, mutta ette näytä olevan lainkaan surullinen. Yleensä ahdistus alkaa kun joku nousee valtaistuimelle, mutta te olette iloinen jopa nyt!'

Kuningas vastasi:

'Miksi olisin surullinen? Olen valmis menemään saarelle. Siellä ei ole enää vaarallisia eläimiä. Kun tulin kuninkaaksi, opettelin metsästämään. Menin sitten joukkoineni saarelle ja me metsästimme ja tapoimme kaikki petoeläimet. Kaadoin saaren metsän ja muutin sen viljelysalueeksi. Rakennutin kaivoja ja rakensin muutamia taloja. Nyt menen sinne ja elän siellä. Kun luovun tästä valtaistuimesta, jatkan elämääni niin kuin kuningas, koska kaikki mitä tarvitsen, on tuolla saarella.'

Meidän tulisi olla tuon kuninkaan kaltaisia. Meidän olisi löydettävä autuuden maailma, kun vielä elämme tässä aineellisessa maailmassa. Sen sijaan lähes kaikkia voi verrata noihin edeltäviin kuninkaisiin. He eivät ole hetkeäkään vapaita levottomuudesta ja huomista koskevista huolista. Tästä johtuen he eivät kykene tekemään edes tämän päivän töitä kunnolla. Tällä päivällä on omat murheensa ja huomisella omansa. Emme voi välttyä kyyneliltä viimeiseen hetkeemme asti. Mutta jos harjoitamme jokaisena hetkenä *shraddhaa* (tarkkaavaisuutta), emme joudu kärsimään huomenna – kaikki huomiset tulevat olemaan autuuden päiviä.

Lapseni, älkää ajatelko että voitte nauttia aistimaailmasta nyt ja ajatella Jumalaa myöhemmin. Aistimaailma ei voi koskaan lahjoittaa meille todellista tyytyväisyyttä. Syötyämme *payasamia* voimme tuntea tyytyväisyyttä hetken ajan, mutta jo seuraavassa hetkessä haluamme kaksi kertaa enemmän! Joten älkää ajatelko koskaan nauttivanne aineellisesta maailmasta ensin ja etsivänne Jumalaa myöhemmin! Emme voi koskaan tyydyttää aistejamme. Halut eivät kuole niin helposti. Vain hän, joka on hylännyt kaikki halut, on täydellinen. Lapseni, suorita toimesi luovuttaen mielesi Jumalalle. Silloin kykenet ylittämään jopa kuoleman ja autuus on oleva ikuisesti sinun."

Keskiviikkona, 16. huhtikuuta 1986

"Silti minä toimin"[21]

Aamulla alkoi työ, jonka aikana kannettiin sementtiä uuden talon rakentamista varten. Koska kyse oli raskaasta työstä, kaikki pyysivät, että Amma ei osallistuisi siihen.

Brahmachari Balu:[22] "Amma, me valmistamme betonia. Sementtiä ja soraa roiskuu päällesi ja sementti aiheuttaa palovammoja."

Amma: "Polttaako se ainoastaan Amman kehoa, mutta ei teidän lasten?"

---

[21]   Jae Bhagavad-Gitasta III:22.
[22]   Swami Amritaswarupananda.

Balu: "Mutta sinun ei tarvitse auttaa. Me olemme täällä tehdäksemme työn."

Amma: "Poikani, Ammaa ei haittaa työnteko. Ei hän kasvanut huoneessaan istuen. Hän on tottunut kovaan työhön."

Kun Amma sanoi tämän, kaikki tiesivät, että heidät oli voitettu. Amma liittyi jonoon, ihmisten joukkoon, jotka kantoivat sementtiastioita.

Astia, joka oli täynnä sementtisekoitusta, lipesi brahmacharin käsistä ja putosi maahan. Hän astahti taaksepäin, ettei astia olisi pudonnut hänen jalalleen, mutta siitä roiskahti hieman Amman kasvoille. Amma puhdisti kasvonsa pyyhkeellä, jonka brahmachari ojensi hänelle, ja sitoi sitten huivin päänsä ympärille ottaen huvittavan asennon, joka sai aikaan naurunremahduksia keskellä kovaa työtä.

Kun auringon paahde tuli kuumemmaksi, hikipisaroita ilmestyi Amman kasvoille. Nähdessään hänen työskentelevän kuuman auringon alla eräs oppilas tuli hänen luokseen pitääkseen sateenvarjoa hänen päänsä yläpuolella. Mutta Amma ei sallinut sitä avattavan:

"Kun niin moni Amman lapsi ponnistelee auringon kuumuudessa, tulisiko Amman itse hakea mukavuutta sateenvarjon alta?"

Kun työ jatkui, Amma muistutti lapsiaan:

"Kuvittele, että vieressäsi oleva henkilö on rakastettu Jumalasi ja eläydy siihen, että ojennat astian hänelle. Silloin aikasi ei mene hukkaan."

Eläytyen Amman sanoihin ja hänen nauruunsa kukaan ei kokenut työtä vaikeaksi, eivätkä he olleet tietoisia ajan kulumisesta. Huomatessaan, että mantra oli unohtumassa hänen lastensa mielestä, Amma ryhtyi laulamaan jumalallisia nimiä:

Om Namah Shivaya, Om Namah Shivaya.

Työ jatkui iltaan asti. Monet brahmachareista olivat tottumattomia näin kovaan fyysiseen työhön, niinpä he saivat rakkuloita käsiinsä. Mutta kun työ oli ohi, ei ollut aikaa levätä. He kävivät pesulla ja valmistautuivat lähtemään Thiruvananthapuramiin, missä pidettäisiin *bhajanien*, henkisten laulujen, tilaisuus.

Yksi brahmachareista ei ollut osallistunut työhön. Hän oli käyttänyt koko päivän sanskritin kielen opiskeluun. Nähdessään hänet lautalla Amma meni hänen luokseen ja sanoi:

"Poikani, henkilö, joka ei tunne myötätuntoa toisten kärsimystä kohtaan, ei ole lainkaan henkinen. Sellainen ihminen näe koskaan Jumalaa. Amma ei voi seistä sivussa katselemassa, miten hänen lapsensa työskentelevät. Hänen kehonsa heikkenee, jos hän vain ajatteleekin, että hänen lapsensa työskentelevät yksin. Mutta heti kun hän liittyy heidän seuraansa, hän unohtaa kaiken. Jos Amma on liian heikko työskennelläkseen, hän menee ja pitää heille seuraa ajatellen, että hän voi ainakin ottaa heidän uupumuksensa itselleen. Kuinka saatoit olla niin tyystin vailla myötätuntoa, poikani? Kun niin moni työskenteli, mistä sait mielen voimaa pysytellä poissa?"

Brahmachari ei kyennyt vastaamaan. Nähdessään hänen seisovan pää kumarassa katumuksesta Amma sanoi:

"Amma ei sanonut tätä saadakseen sinut tuntemaan katumusta, poikani. Sen tarkoituksena oli huolehtia siitä, että olisit ensi kerralla tarkkaavaisempi. Ei ole mitään hyötyä ruokkia älyä vain tiedolla– sinun on tultava rakastavaksi ja myötätuntoiseksi. Sydämesi on laajennuttava samaan aikaan älysi kanssa. Sitä varten *sadhana* on olemassa. Kukaan ei voi kokea Itseä ennen kuin hänen sydämensä on täynnä myötätuntoa."

Lautta saapui perille. Siinä vaiheessa kun Amma ja brahmacharit saapuivat toiselle rannalle, Brahmachari Ramakrishnan[23] oli odottamassa heitä minibussin kanssa. Hän oli mennyt aamulla Kollamiin korjauttamaan autoa ja oli saapunut juuri ajoissa ajaakseen Amman ja toiset ohjelmaan. Tästä johtuen hän ei ollut ehtinyt syömään mitään koko päivänä. Amma nousi autoon ja kutsui hänet istumaan viereensä.

Ramakrishnan: "Minun vaatteeni ovat likaiset ja minä haisen hielle. Jos istun viereesi, myös sinun vaatteesi likaantuvat ja sinäkin alat haista, Amma."

Amma: "Se ei ole mikään ongelma Ammalle. Tule tänne, poikani! Amma kutsuu sinua. Kyse on yhden lapseni hiestä, jonka kova työskentely on tuottanut. Se on kuin ruusuvettä!"

Amman vaatimuksesta Ramakrishnan lopulta tuli ja istuutui hänen viereensä samalla kun Brahmachari Pai ajoi autoa. Matkalla Amma kehotti heitä pysähtymään, jotta he hakisivat Ramakrishnanille ruokaa erään oppilaan talosta.

Satsang matkan aikana

Amman mukana matkustavassa ryhmässä oli nuori mies, joka oli suurin piirtein samanikäinen kuin brahmacharit. Hän oli saapunut tuona päivänä ensimmäistä kertaa ashramiin. Hänen silmänsä olivat täynnä ihmetystä, kun hän istui katsellen miten Amma ja hänen opetuslapsensa matkustivat yhdessä nauraen ja saaden aikaan paljon iloista melua.

---

[23] Swami Ramakrishnananda.

"Tule tänne, poikani", Amma kutsui tehden tilaa hänelle vierellään. "Onko sinun vaikea matkustaa, kun joudut ahtautumaan tällä tavoin?"

Nuori mies: "Ei, Amma. Kun olin yliopistossa, matkustin usein seisoen bussin rappusilla, sillä bussit olivat niin täynnä. Joten tämä ei ole mikään ongelma minulle."

Amma: "Aluksi Amma tapasi matkustaa bussilla pitämään *bhajaneita* ja vierailemaan oppilaiden kotona. Sitten opetuslasten määrä lisääntyi, eikä meidän ollut aina mahdollista nousta samaan bussiin.[24] Oli myös vaikea kantaa tablaa ja harmoniumia bussissa eivätkä kaikki kyenneet tällä tavalla saapumaan samaan aikaan määränpäähän. Niinpä kaikki kehottivat Ammaa hankkimaan minibussin ja lopulta hän suostui. Mutta tähän mennessä korjauskustannukset ovat vieneet enemmän rahaa kuin mitä auto on maksanut! Eikö totta, Ramakrishnan?"

Kaikki nauroivat. Äänekäs keskustelu oli käynnissä auton takaosassa. Amma kääntyi ympäri ja sanoi:

"Balu, poikani!"

"Niin, Amma!"

"Laula *bhajan*!"

Brahmachari Srikumar nosti harmoniumin syliinsä.

Manasa bhajare guru charanam

Amma ja muut lauloivat useita lauluja. Sen jälkeen kaikki olivat hiljaa useita minuutteja maistellen pyhien nimien suloisuutta, jota oli juuri lauluissa juhlistettu. Amma nojasi Gayatrin olkapäähän pitäen silmiään puoleksi kiinni.

---

[24] Intian bussit ovat usein hyvin täysiä.

Kun uusi tulokas näki, että Amma hymyili hänelle, hän päätti esittää kysymyksen.

"Amma, eikö sanota, että *sadhakoiden* ei tulisi olla tekemisissä naisten kanssa? Kuinka nainen näin ollen voi ohjata heitä heidän gurunaan?"

Amma: "Poikani, onko totuuden tasolla olemassa miestä tai naista? Miehelle on paljon parempi, että hänellä on nainen gurunaan kuin mies. Lapseni ovat hyvin onnekkaita tässä mielessä. Heidän, joilla on mies gurunaan, tulee ylittää kaikki naiset, mutta he, joiden guru on nainen, voivat ylittää kaikki maailman naiset ylittämällä vain yhden naisen gurussaan."

Nuori mies: "Eikö Ramakrishna Deva määrännyt tiukat säännöt koskien naisia ja kultaa?"

Amma: "Kyllä, se mitä hän sanoi on varmuudella totta, *sadhakan* ei tule edes katsoa naisen kuvaa. Mutta he, joilla on guru, on joku joka osoittaa heille oikean polun ja ohjaa heitä sitä pitkin. Heidän on vain seurattava guruaan.

Käärmeen myrkky voi tappaa sinut ja silti vastalääke tehdään samasta myrkystä. Todellinen guru laittaa kaikenlaisia esteitä opetuslapsen polun varrelle, sillä vain sillä tavoin opetuslapsessa kehittyy voima ylittää kaikki esteet. Mutta heidän, jotka eivät ole gurun suorassa ohjauksessa, tulee olla hyvin varovaisia.

"Pai, poikani, katso suoraan eteenpäin, kun ajat!" Amma sanoi nauraen. "Hän katsoo Ammaa peilin kautta samalla kun hän ajaa!"

Nuori mies: "Amma, sinä et vaikuta väsyneeltä vaikka olet tehnyt töitä koko päivän ilman hetkenkään lepoa. Meistä muista tuntuu siltä, että tämä keho on varsinainen kärsimyskeho!"

Amma: "Kyllä, kehosta sanotaan, että se on kärsimyskeho. Ja silti pyhimykset, jotka ovat kokeneet totuuden, sanovat että

139

tämä on autuuden maailma. Heille, jotka elävät tietämättömyydessä, tämä keho on todellakin kärsimyskeho. Mutta jatkuvan ponnistelun avulla ratkaisu on löydettävissä. Kärsimys voidaan poistaa tuntemalla se, mikä on ikuista ja se mikä on väliaikaista.

Katso mustaa varista, joka istuu valkoisten kurkien keskellä. Sen musta väri korostaa valkoisen kauneutta. Mustuuden vuoksi voimme arvostaa valkoisen kauneutta enemmän. Samalla tavoin kärsimys opettaa meille ilon arvon. Koettuamme kärsimystä olemme varovaisempia.

Mies käveli ulkona, kun hän sai jalkaansa piikin. Sen jälkeen hän asteli hyvin varovasti ja vältti siten syvään kuoppaan putoamista. Jos hän ei olisi saanut piikkiä jalkaansa, hän ei olisi ollut niin tarkkaavainen vaan pudonnut kuoppaan. Niinpä pieni määrä kärsimystä voi pelastaa meidät suurelta vaaralta. He, jotka etenevät täydellisen tarkkaavaisina ylittävät kaiken kärsimyksen ja saavuttavat ikuisen autuuden. He, jotka tuntevat äärettömyyden, jotka ovat oivaltaneet totuuden, eivät kärsi – he kokevat vain autuutta. Kärsimys johtuu siitä, että ajattelet olevasi keho, mutta jos näet saman kehon kulkuvälineenä, jonka avulla saavutat ikuisen autuuden, silloin ongelmaa ei ole.”

Nuori mies: ”Väitetäänpä tätä elämää kuinka iloiseksi hyvänsä, niin se näyttää olevan täynnä surua kokemisen tasolla.”

Amma: ”Poikani, miksi putoaisit kuoppaan tietoisesti? Miksi jatkaisit kärsimistä, kun on olemassa tie, jonka avulla se voidaan ylittää? Aivan niin kuin auringon lämpö ja veden viileys, ilo ja suru ovat elämän luonne. Miksi siis menettäisit kaiken voimasi suremalla? Miksi työskentelisit ilman palkkaa? Mutta jos uskot hyötyväsi siitä, että olet surullinen, niin ole siinä tapauksessa surullinen kaikin mokomin!

Jos kehossasi on haava, et vain istu kärsimässä – laitat lääkettä ja siteen haavaasi, muussa tapauksessa se saattaa tulehtua ja viedä voimasi. Ymmärrettyäsi henkisen elämän ytimen toisarvoiset asiat eivät enää heikennä sinua. Jos tiedät, että ilotulitusraketti tulee räjähtämään milloin tahansa, et säikähdä, kun se räjähtää. Mutta jos olet valmistautumaton, räjähdyksen ääni saattaa pelästyttää sinut jopa siinä määrin, että se vaikuttaa terveydentilaasi. Suru voidaan välttää pitämällä mieli Itsessä. On totta, että mieltä ei ole helppo oppia hallitsemaan. Valtamerta on vaikea ylittää, mutta se joka yrittää ja oppii tarvittavan taidon, kykenee ylittämään sen.

Mahatmat ovat kertoneet kuinka *samsaran* valtameri voidaan ylittää. He ovat antaneet ohjeensa pyhissä kirjoituksissa. Meidän on vain seurattava niitä. Meidän on omaksuttava keskeiset periaatteet opiskelemalla pyhiä kirjoituksia ja kuuntelemalla *satsangia*. Meidän ei koskaan pitäisi hukata mahdollisuutta olla lähellä *mahatmaa*. Meidän tulee soveltaa heidän ohjeitaan omaan elämäämme ja harjoittaa *sadhanaa* säännöllisesti. Me tarvitsemme suurten sielujen seuraa. Meidän tulee omaksua gurulle antautumisen asenne. Jos etenemme *shraddhaa* harjoittaen, vapaudumme surusta."

Auto heilahti rajusti. Pai oli nipin napin välttänyt törmäämästä kuorma-autoon, joka oli ollut tulossa suoraan kohti.

"Poikani, aja varovaisesti!"

"Amma, tuo kuorma-auto oli väärällä puolella tietä!"

Amma huomasi, että yhden brahmacharin kädet olivat siteillä sidotut. Hän otti suurella hellyydellä hänen kätensä omiinsa.

"Oi, sinun kätesi ovat haavoilla! Sattuuko niihin, poikani?"

Brahmachari: "Ei, Amma. Iho vain lähti irti. Laitoin siteen, jotta lika ei pääsisi siihen, siinä kaikki."

Amma suukotti rakkaudella hänen käsiään, joita kova työ oli vahingoittanut.

Ohjelma päättyi myöhään ja he ajoivat takaisin keskellä yötä. Minibussin sisällä väsyneet päät kolahtelivat toisiinsa. Amma makasi pitäen päätään Gayatrin sylissä. Avoimesta ikkunasta puhaltava tuuli hyväili Amman hiuksia, jotka kerääntyivät hänen otsalleen, joka oli kuin puolikuu. Ohi vilahtelevat katulamput saivat hänen nenäkorunsa säkenöimään säihkyvän tähden lailla.

Lauantaina 19. huhtikuuta 1986

Ratkaisua etsivät lakimiehet

Kello oli neljä iltapäivällä, eikä Amma ollut vielä lopettanut *darshanin* antamista oppilailleen. Lakimies, joka oli ashramin vakituisia kävijöitä, meni *darshan*-majaan ystävänsä kanssa, joka ei ollut koskaan aikaisemmin tavannut Ammaa. Kumarrettuaan Ammalle nämä nuoret miehet istuutuivat kaislamatolle.

Lakimies: "Amma, tässä on ystäväni, joka työskentelee kanssani. Hänellä on perheongelmia, niinpä hän on päättänyt erota vaimostaan. Mutta vaimo ei halua heidän eroavan. Hän on päättänyt haastaa miehensä oikeuteen, jotta tämä tulisi tukemaan taloudellisesti häntä ja heidän lastaan."

Amma: "Poikani, miksi harkitset eroa hänestä?"

Ystävä: "Hänen käytöksensä ei ole hyvää. Olen nähnyt hänen tekevän useita kertoja todella pahoja asioita."

Amma: "Näitkö sen itse, poikani?"

Ystävä: "Kyllä."

Amma: "Sinun ei tulisi tehdä mitään ilman, että olet itse nähnyt sen, poikani. Sillä se olisi suuri synti. Se, että aiheuttaa viattomalle ihmiselle kyyneleitä, on suurempi synti kuin mikään muu paha teko. Jos hylkäät hänet, lapsesi joutuu kasvamaan ilman isää ja jos vaimosi menee uusiin naimisiin, niin lapsella ei tule olemaan myöskään todellista äitiä.[25] Saatuasi lapsen tähän maailmaan eikö olisi suuri häpeä tehdä tuon viattoman lapsen elämästä päättymätön surun aihe? Jos vaimosi huono käytös on sellaista mitä voit sietää, eikö olisi parempi elää hänen kanssaan tasapainoisesti?"

Ystävä: "Ei Amma, se ei ole mahdollista – ei tässä elämässä ainakaan. Hänen pelkkä ajattelemisensa saa minut tuntemaan vihaa. Luottamukseni on täysin kadonnut."

Amma: "Vakaus tulee luottamuksesta. Jos se on mennyt, kaikki on mennyt. Amma toteaa näin, koska itse sanot, että sinä olet todistanut hänen huonoa käytöstään, ja ettet siksi enää kykene olemaan hänen kanssaan. Olisi parempi, jos kykenisit jotenkin sovittelemaan. Mutta Amma ei yritä pakottaa sinua olemaan vaimosi kanssa. Ajattele asiaa vielä, ja tee sitten päätöksesi poikani. Vaikka päättäisit lopettaa suhteen vaimoosi, sinun on joka tapauksessa annettava vaimollesi rahaa elinkustannuksia varten. Moni on tullut tänne samanlaisten ongelmien kanssa ja suurimmassa osassa tapauksista vaimo on ollut viaton. Kyse on ollut aviomiehen epäluuloista, jotka ovat synnyttäneet kaikki ongelmat."

Ystävä: "Minä olen antanut hänelle anteeksi monta kertaa, Amma. Se ei ole enää mahdollista. Olen ajatellut jopa tehdä itsemurhan."

Amma: "Sinun ei pitäisi ajatella sillä tavoin. Onko sinun elämäsi jonkun toisen sanojen ja toimien varassa? Kaikki sinun

---

ongelmasi lähtevät siitä, ettet ole vakaasti omassa itsessäsi. Poikani, älä hukkaa aikaasi murehtimalla tätä. Milloin hyvänsä voit lukea sen sijaan henkisiä kirjoja. Voit välttää ongelmasi, jos sinulla on hieman henkistä ymmärryskykyä."

Ystävä: "Kysyimme astrologilta neuvoa. Hän sanoi, että voisin harjoittaa *japaa*, mutta minun ei kannattaisi meditoida, sillä se aiheuttaisi minulle paljon harmia."

Amma (nauraen): "Sepä mielenkiintoista! Ei meditoimista? On tietenkin olemassa eräs seikka: Kun ostat uuden auton, sinun ei pidä ajaa sillä aluksi liian lujaa. Ajettuasi jonkin aikaa sinun tulee antaa sen levätä hetken verran, muutoin moottori voi ylikuumentua. Samalla tavalla sinun ei pitäisi meditoida aluksi liian pitkään tai muussa tapauksessa kehosi voi kuumentua liikaa. Jotkut ihmiset meditoivat alussa liikaa *vairagyan* (takertumattomuuden) puuskassaan, eikä se ole hyvä.

Kun harjoitat *japaa*, pyri tekemään se keskittyneesti. Kun toistat mantraa, visualisoi rakkaan jumaluutesi hahmo eteesi tai keskity mantrasi kirjaimiin. Meditaatio ei aiheuta minkäänlaista vahinkoa, poikani. Kun näet rakkaan Jumalasi hahmon, keskity siihen. Ilman keskittymistä ei hyötyä synny."

Ystävä: "Astrologi suositti, että pitäisin sormuksia, joissa olisi tiettyjä kiviä, sillä ne poistavat joidenkin planeettojen haitalliset vaikutukset."

Amma: "On totta, että tietynlaisia kiviä määrätään tietyille planeetoille, mutta mikään ei voi tuoda sinulle niin paljon hyvää kuin meditaatio. Poikani, mantran toistaminen suojelee sinua kaikenlaisilta vaaroilta, aivan niin kuin haarniska."

Nuo kaksi nuorta miestä kumarsivat ja nousivat ylös. Lakimies pyysi ystäväänsä odottamaan ulkopuolella hetkisen. Sitten hän sanoi Ammalle kahden kesken:

"Hän tuli vain, koska vaatimalla vaadin sitä. Kun ajattelen heidän pientä tytärtään, rukoilen että heidän perheensä ei hajoaisi. Amma, ole hyvä ja auta heitä tulemaan järkiinsä."

Amma: "Tuon pojan sydämessä on vain vihaa vaimoaan kohtaan. Sanommepa mitä hyvänsä se ei tässä vaiheessa läpäise hänen sydäntään. Mutta Amma tekee joka tapauksessa *sankalpan*."

Lakimies tiesi kokemuksesta hänen sanojensa merkityksen: 'Amma tekee *sankalpan*.' Hänen kasvonsa kirkastuivat helpotuksesta. Hän tunsi, että suuri taakka oli otettu häneltä pois. Amman myötätuntoinen katse seurasi ystävyksiä, kun he kävelivät pois.

Lauantaina, 10. toukokuuta 1986

Odottamattomia koettelemuksia

Kello oli kaksi aamuyöstä. Hiekkaa kannettiin maan täytteeksi ashramin päärakennuksen perustusta varten. Brahmacharien lisäksi muutamat muut oppilaat olivat liittyneet Amman seuraan suorittamaan tätä myöhäisen yön tehtävää. Kaikki halusivat hyötyä tästä harvinaisesta mahdollisuudesta työskennellä Amman vierellä ja saada myöhemmin hänen *prasadinsa*.[26]

Moni oli turhaan yrittänyt estää Ammaa liittymästä työhön *bhajanien* jälkeen, kun hän oli ryhtynyt kuljettamaan hiekkaa. Hän oli vastannut:

"Voiko Amma vain istua katselemassa, kun hänen lapsensa työskentelevät? Se olisi kaksinkertainen taakka Ammalle! Amman rukous menneinä aikoina oli se, että hän saisi mahdollisuuden

---

[26] Yleensä kun Amma lopettaa työskentelyn opetuslastensa ja oppilaittensa kanssa, hän tapaa jakaa pientä purtavaa ja kuumaa juomaa jokaiselle *prasadina*, uhrilahjana.

palvella Jumalan palvojia. Jumala on heidän palvelijansa, jotka työskentelevät epäitsekkäästi.”

Lopulta hän sanoi:

”Mutta lopettakaamme nyt, lapseni. Olette työskennelleet aamusta asti.”

Amma kutsui Gayatria ja kysyi:

”Tyttäreni, onko meillä *vadaa,* jota voisimme jakaa opetus-lapsille?”

Gayatri katsoi ylös tähtiin. Ne tuntuivat hymyilevän ja sanovan: 'On silkkaa hyvää onnea, jos voit löytää *vadaa* tähän aikaan yöstä.'

Amma sanoi:

”Mene ja jauha herneitä. Teemme *vadaa* hetkessä.”

Gayatri meni tekemään taikinaa ja samaan aikaan tuli syty-tettiin. Kun Gayatri palasi hetkeä myöhemmin, Amma ryhtyi paistamaan *vadoja.* Hän laittoi paistetut väliapalat astiaan ja antoi ne brahmacharille sanoen:

”Mene, poikani ja jaa ne tasan kaikkien kesken.”

Hän jakoi kaikille, jotka istuivat lähettyvillä ja käveli sitten kauemmas antaakseen niitä heillekin, jotka olivat toisessa osassa ashramia. Amma jakoi vielä yhden *vadan* jokaiselle, joka oli hänen ympärillään. Pian brahmahari palasi. Otettuaan yhden *vadan* itselleen jäljelle jäi vielä yksi.

Amma: ”Eikö Amma pyytänyt sinua jakamaan ne tasan kaikille?”

Brahmachari: ”Minä annoin yhden jokaiselle. Yksi jäi jäljelle. Voimme murtaa sen ja antaa palasen jokaiselle.”

Amma: ”Ei, ota sinä se. Amma antoi jokaiselle toisen ja sinä sait vain yhden. Amma tarkkaili vain, söisitkö sinä viimeisen tuomatta sitä takaisin.

Sadhakan hyvyys on nähtävissä hänen halukkuudestaan antaa epäitsekkäästi toisille se mitä hänellä on. Se osoittaa myös hänen kypsyytensä, kun hän läpäisee kokeen, joka tulee odottamatta hänen eteensä. Koulussa järjestetään kokeita ilman, että niistä kerrotaan etukäteen. Saat kuulla siitä vasta, kun saavut aamulla kouluun. Tällaisen kokeen läpäiseminen osoittaa oppilaan todellisen kyvykkyyden. Jokainen tietää muiden kokeiden ajankohdan ja voi opiskella niitä varten. Mitä hyötyä siitä olisi, jos Amma kertoisi etukäteen, että hän aikoo koetella sinun luonnettasi? Jos hän varoittaa sinua etukäteen, että hän aikoo koetella sinua, niin sitä voisi verrata siihen, että ensin harjoittelet roolia varten ja sitten esität roolin. Ei, sinun tulee sen sijaan läpäistä yllätystesti. Se osoittaa kuinka tarkkaavainen sinä olet.

Todellisen etsijän jokainen sana ja teko tulee suorittaa suurella tarkkaavaisuudella ja erottelukyvyllä. Etsijä ei sano yhtäkään sanaa tarpeettomasti. Hän suorittaa iloiten gurun jokaisen käskyn, koska hän tietää, että hänen gurunsa jokainen sana koituu hänen hyödykseen. Sinun tulee olla valmis tekemään kaikenlaista työtä tiedostaen, että se vie sinut päämäärään."

Jokainen päätti silloin mielessään noudattaa Amman sanoja omassa elämässään.

Brahmacharini Liila[27] esitti nyt kysymyksen:

"Amma, oliko Ravana todellinen henkilö vai edustaako hän vain tiettyä toimintaperiaatetta?"

Brahmachari: "Jos Ravana ei ollut todellinen henkilö, silloin meidän tulisi sanoa myös, että Rama oli hänkin vain vertauskuva."

Amma: "Rama ja Ravana olivat molemmat todellisia henkilöitä, jotka todella elivät. Mutta kuvaus siitä, että Ravanalla

---

[27] Swamini Atmaprana.

olisi ollut kymmenen päätä, kuvaa ihmistä, joka on kaikkien kymmenen aistinsa orja."[28]

Brahmachari Shakti Prasad: "Jos hanhet ja ihmislapset voivat syntyä niin, että heillä on kaksi päätä, eikö Ravanallakin voisi olla kymmenen päätä?"

Amma: "Jos Jumala tahtoo niin, mikään ei ole mahdotonta. Lapseni, menkää nyt nukkumaan. Teidän pitää nousta aamulla."

Sunnuntaina, 18. toukokuuta 1986

Sunnuntaisin ashramissa on yleensä suuri joukko vierailijoita, varsinkin jos viikonloppuun sattuu pyhäpäivä. Tämä oli juuri sellainen sunnuntai, niinpä *darshan*-maja oli täynnä ihmisiä. Sähkö ei toiminut, joten maja oli todella kuuma. Siitä huolimatta suuri ihmisjoukko näytti tekevän Ammasta vain entistä iloisemman. Hän vaati, että käsissä pidettäviä viuhkoja käytettäisiin oppilaiden olon helpottamiseen, ei häneen ja hän neuvoi brahmachareja tuomaan tuoleja sairaille ja vanhuksille ja vettä janoisille. Hän oli erityisen huolissaan heistä, jotka odottivat ulkopuolella auringon paahteessa. Koska väkeä oli niin paljon, Amman oli vaikeaa kuulla kaikkea yksityiskohtaisesti tai vastata oppilaiden valituksiin ja surunaiheisiin. Joten ennen kuin moni heistä ryhtyi puhumaan, Amma, joka kykeni lukemaan heidän ajatuksensa, ehdotti jo ratkaisuja ja lohdutti heitä vakuuttaen heille siunaustaan.

"Lapseni, tulkaa pian! Älkää kantako huolta kumartamisesta tai muusta!" hän sanoi. Sillä vain kun ihmiset lähtivät majasta, saattoivat ulkopuolella odottavat tulla sisälle ja istuutua alas.

---

[28] Tämä viittaa viiteen aistielimeen: silmät, nenä, korvat, iho ja kieli, ja viiteen toimintaelimeen: käsiin, jalkoihin, suuhun, sukupuolielimiin ja ulostuselimiin.

Myötätunto köyhiä kohtaan

Naispuolinen oppilas, jonka kasvoilla valuivat kyyneleet, kertoi Ammalle ongelmistaan:

"Amma, kaikki kanat meidän alueellamme ovat sairaita. Meidän kanamme on myös sairastumassa. Amma, voitko pelastaa sen?"

Brahmachari, joka seisoi lähettyvillä, tunsi ylenkatsetta tätä naista kohtaan, joka ei lähtenyt nopeasti saatuaan Amman *darshanin*, vaan häiritsi Ammaa tällaisella mitättömällä asialla näin ruuhkaisena päivänä. Mutta seuraavassa hetkessä Amma katsahti häntä niin ankarasti, että se sai hänet kiemurtelemaan. Amma lohdutti rakkaudella naista ja antoi hänelle *bhasmaa*, pyhää tuhkaa, jotta hän voisi laittaa sitä kanaansa. Nainen lähti onnellisena.

Kun nainen lähti, Amma kutsui brahmacharin luokseen.

"Poikani, et ymmärrä hänen kärsimystään. Tiedätkö kuinka paljon kärsimystä on tässä maailmassa? Jos tietäisit, et ylenkatsoisi häntä. Jumalan armosta sinulla on kaikki mitä tarvitset. Voit elää vailla huolia. Ainoa tulonlähde mitä tuolla naisella on, on hänen kanansa tuottamat munat. Hänen perheensä näkee nälkää, jos kana kuolee. Kun Amma ajattelee tuon naisen elämää, hän ei näe hänen kärsimystään turhanpäiväisenä. Tuo nainen käyttää osan niukoista säästöistään, joita hän on saanut myymällä kananmunia, tullakseen tänne. Tietäen hänen vaikeutensa, Amma antaa aina silloin tällöin hänelle rahaa bussimatkaa varten. Katso hänen antaumuksellista asennettaan jopa näin suuren surun keskellä! Amman silmiin tulee kyyneleet, kun hän ajatteleekin vain tätä! Hän, joka saa syödäkseen sydämensä kyllyydestä, ei tunne nälästä kärsivän tuskaa. Sinun pitää itse kokea nälkiintyminen tunteaksesi siihen liittyvän tuskan.

Kuuntele hyvin tarkkaan mitä jokaisella on sanottavanaan. Älä vertaa yhtä ihmistä toiseen. Meidän tulisi ajatella asioita heidän tasoltaan käsin, vain siten voimme ymmärtää heidän murheensa, vastata oikealla tavalla ja lohduttaa heitä."

Nuori mies oli katsellut Ammaa tarkkaavaisesti siitä lähtien, kun hän oli astunut majaan. Hän oli yliopisto-opettaja Nagpurista ja oli saapunut jo useita päiviä aiemmin. Päivänä, jolloin hän oli saapunut, hän oli sanonut, että hänen pitäisi lähteä heti Amman tavattuaan, sillä hänen pitäisi palata kiireesti kotikaupunkiinsa. Mutta siitä oli jo useita päiviä eikä hän ollut vieläkään lähtenyt. Amma sanoi nyt ympärillään oleville:

"Tämä poikani on ollut täällä muutamia päiviä. Amma on kehottanut häntä useita kertoja lähtemään kotiinsa ja palaamaan myöhemmin, mutta hän ei halua kuunnella. Hän ei ole toistaiseksi lähtenyt."

Nuori mies ei tiennyt, mitä Amma sanoi, sillä hän ei ymmärtänyt malayalamia. Mutta kun kaikki kääntyivät ympäri ja katsoivat häntä, hän tiesi, että Amma puhui hänestä. Mies, joka istui hänen vierellään, käänsi hänelle Amman sanat. Nuori mies vastasi:

"Minä en aio lähteä, joten miksi puhua palaamisesta?"

Amma (nauraen): "Amma tietää millä keinolla sinut saadaan lähtemään juosten!"

Kaikki nauroivat.

Kerjäten opetuslastensa tähden

Oi Annapurna, joka olet aina täynnä
elämää ylläpitäviä aineksia,

Oi rakas Shankara,
anna minulle viisauden ja luopumisen almuja!

—Sri Shankaracharya

Kello oli soinut jo jonkin aikaa sitten merkiksi lounaasta, mutta monet eivät olleet vielä syöneet, koska he eivät kyenneet irrottautumaan Amman seurasta. Alkoi olla myöhä ja ashramin asukas tuli kertomaan Ammalle, että he, jotka jakoivat lounasta, odottivat. Hieman lisää ihmisiä meni syömään Amman kehotuksesta. Mutta useat oppilaat eivät halunneet nousta ylös ennen kuin Amma oli valmis lähtemään *darshan*-majasta. He eivät olleet huolissaan ruoasta. Heidän täyttymyksensä oli siinä, että he eivät menettäisi hetkeäkään Amman seurasta. Ashramin asukkaat joutuivat kokemaan tämän takia epämukavuutta, sillä heidän oli odotettava kolmeen tai neljään asti iltapäivällä, jotta he voisivat lopulta tarjoilla heille lounaan.

Kello oli hieman yli kolme, kun Amma lopulta nousi ylös. Oppilaat tungeksivat hänen ympärillään kumartuen hänen jalkojensa juureen ja estäen siten tahattomasti hänen kulkunsa. Hän otti heistä kiinni, nosti heidät pystyyn, taputteli ja helli heitä kulkiessaan kohti keittiötä.

Keittiössä Amma huomasi, että ruoan jakajat olivat vaikeuksissa. Niin kuin useimpina *bhava-darshan*-päivinä oli tapana, ruokaa oli keitetty enemmän kuin mikä oli näyttänyt olevan tarpeen, silti ruoka oli loppunut nopeasti. Niinpä riisiä oli keitetty lisää, mutta sekin oli syöty nopeasti. Koko iltapäivän ajan ihmisiä oli odottamatta saapunut lisää. Jo kolmannen kerran oli keitetty lisää riisiä ja sekin oli melkein lopussa, silti moni nälkäinen odotti vielä saavansa ruokaa. Riisiä keitettiin parhaillaan kattilassa, jonka alla paloi tuli, mutta vihanneksia ei enää ollut. Keittiön työntekijät ihmettelivät parhaillaan mitä tehdä, kun Amma käveli paikalle.

Tyynesti Amma ryhtyi avaamaan purnukoita, joissa oli tamarindia, sinapinsiemeniä ja curryn lehtiä. Muutamassa minuutissa valmistui *rasamia*. Naisoppilas oli tuonut aamulla astian, joka oli täynnä jogurttia. Hieman sipulia, tomaatteja ja chiliä lisättiin jogurttiin. Pian kaikki, mukaan lukien riisi, oli valmiina. Amma jakoi itse lapsilleen tämän lounaaksi. Oppilaat, jotka saivat tämän *prasadin* Amman pyhistä käsistä, söivät sitä suuremmalla ilolla kuin jos kyseessä olisi ollut ylellinen juhla-ateria.

Viimeinen ryhmä oppilaita tuli nyt lounaalle ja Amma jakoi ruokaa myös heille. Ashramin asukkaat varmistivat, että kaikki perheelliset oppilaat olivat istuutuneet nyt syömään. Vain riisiä ja *rasamia* oli enää jäljellä. Kolme *brahmacharia* jakoi ruokaa toisille ja siinä vaiheessa, kun he olivat saaneet annettua kaikille lounasta, ruoka oli loppunut. Amma ei voinut sietää ajatusta siitä, että hänen lapsensa joutuisivat jäämään nälkäisiksi työskenneltyään keskeytyksettä useita tunteja. Keittiössä ei ollut enää mitään muuta kuin keittämätöntä riisiä ja sen keittäminen veisi aikaa.

Nähdessään, että Amma oli huolissaan heistä, kolme brahmacharia sanoi vakaasti, etteivät he olleet nälkäisiä eivätkä tahtoneet mitään. Mutta Amma ei ollut samaa mieltä.

"Lapseni, odottakaa kymmenen minuuttia", Amma sanoi. "Amma palaa pian!"

Ja sitten hän lähti astiaa kantaen. Oliko hän menossa Sugunanda-isänsä taloon? Tai ehkä hän meni omaan huoneeseensa katsomaan, oliko siellä ruokaa, jota oppilaat olivat tuoneet edellisenä iltana. Odottaessaan brahmacharit tiskasivat astiat ja siivosivat keittiön.

Pian Amma palasi kasvoillaan säteilevä hymy, joka oli kirkas kuin täysikuu. Hänen oli täytynyt löytää ruokaa opetuslapsilleen. Brahmacharit eivät voineet kätkeä uteliaisuuttaan. Katsoessaan astiaan he näkivät, että se oli täynnä erilaisia riisejä, jotka oli sekoitettu keskenään. *Brahmacharien* silmät täyttyivät kyyneleistä. "Amma!" yksi heistä itki.

Amma oli rientänyt ympäri naapurien majoja kerjäten ruokaa lapsilleen. Hän oli nyt palannut *bhikshan* kanssa. Tämän johdosta hänen kasvonsa säteilivät ilosta. Naapurit olivat köyhää kalastajakansaa, joilla oli hädin tuskin tarpeeksi syötävää itsellään. Tämän vuoksi Amma oli ottanut jokaiselta vain kourallisen riisiä.

Brahmacharit katsoivat seinällä olevaa kerjäläisenä esiintyvän Shivan kuvaa. Tämä pyysi ruokaa valtaistuimella istuvalta Devi Annapurneshwarilta. Nyt Devi itse oli kolkuttanut kalastajien ovia saadakseen *bhikshaa*, almuja, lapsilleen. Amma istuutui lattialle ja nojasi oveen samaan aikaan kun brahmacharit istuutuivat hänen ympärilleen. Hän teki riisistä ja astiassa olevasta sambarista palloja, joita hän sitten syötti omin käsin lapsilleen.

"Vielä yksi pallo!" Amma sanoi.

"Ei, Amma, muuten sinulle ei jää mitään."

"Lapseni, kun te olette saaneet tarpeeksi ruokaa, Amman nälkä on kadonnut!"

Hän syötti yhdelle heistä vielä yhden riisipallon. Jäljellä oli hädin tuskin kaksi kourallista riisiä ja yksi tomaatinpalanen sambarista. Amma söi sen ja nousi ylös täysin tyytyväisenä.

Torstaina, 25. toukokuuta 1986

Ramakrishnan makasi vuoteellaan kuumeen kourissa. Amma istui hänen vierellään. Brahmachari astui Ramakrishnan majaan tuoden mukanaan kahvia, johon oli sekoitettu basilikan lehtiä, mustapippuria ja inkivääriä. Seinällä oli vanha kuva, joka esitti Ammaa värikäs sari ja paita päällään. Havaitessaan kuvan Amma sanoi:

"Tuohon aikaan Damayantin piti pakottaa Ammaa pitämään saria. Kerran kun Amma valmistautui menemään jonnekin, hän sai kuulla kunnon läksytyksen, koska hänellä ei ollut saria päällään. Niinpä Amma puki sarin ylleen, mutta heti kun hän oli veneessä, hän otti sen pois päältään pitäen sitä kerällä kainalossaan."

Amma nauroi.

Ensimmäinen ruokinta

Nainen oli tuonut vauvansa Amman *darshaniin*. Vuosien ajan hän oli toivonut lasta, muttei ollut tullut raskaaksi. Tavattuaan Amman hän oli lopulta saanut hänen *sankalpansa* ja synnyttänyt pojan. Nyt hän oli saapunut sukulaistensa kanssa lapsen *anna prasanaan*, ensimmäisen kiinteän ravinnon syöttämisseremoniaan. He kiirehtivät seremoniaan, jotta voisivat palata pian takaisin kotiin. Nainen sanoi:

"Ammachi, ole hyvä ja anna lapselleni ruoka heti. Emme voi jäädä tänne yöksi lapsen kanssa, sillä hän ei nuku ilman omaa kehtoaan. En ole myöskään tuonut mukanani maitoa häntä varten. Jos lähdemme nyt, ehdimme kotiin ennen iltaa."

Amma: "Tyttäreni, älä puhu tuolla tavoin! Sinä olet saanut tämän lapsen Jumalan siunauksen avulla. Olet saapunut nyt Jumalan paikkaan. Kun ihmiset tulevat tällaiseen paikkaan, he kokevat yhtäkkiä olevansa kovassa kiireessä! He haluavat rynnätä takaisin heti, kun he ovat saapuneet temppeliin tai *gurukulaan*.

154

Kun viet sairaan lapsesi sairaalaan, sanotko lääkärille: 'Minulla on kova kiire! Päästätkö meidät lähtemään pian?' Sanotko: 'Hyvä lääkäri, en ottanut mukaani lapsen kehtoa tai hänen maitoaan, ja hän on unelias, joten sinun on tutkittava hänet saman tien?' Kun tulemme temppeliin tai ashramiin, meidän tulisi omaksua antautumisen asenne. Tyttäreni, tehdessämme hyviä tekoja, mennessämme temppeliin tai ashramiin ja ajatellessamme Jumalaa meidän *prarabdhamme* (*karmamme*) kevenee. Etkö ymmärrä tätä?

Jos ryntäät täältä pois saman tien ja jos bussi hajoaa matkan aikana, kenelle silloin voit valittaa asiasta? Amma tuntee surua, kun sinä, joka olet käynyt täällä vuosia, puhut tällä tavoin. Sinun ei tulisi koskaan puhua noin, tyttäreni. Jätä se Jumalan tahdon varaan. Miksi et sen sijaan ajatellut: 'Amma syöttää vauvani silloin kun hän haluaa?' Se on antautumista. Jos menet nyt, sinulla on paljon vaikeuksia matkan aikana, joten Amma ei anna sinun lähteä vielä."

Nainen kuuli ensimmäisen kerran Amman puhuvan näin vakavasti ja hänen kasvonsa kalpenivat. Nähdessään tämän Amma viittoi häntä tulemaan lähemmäksi ja sanoi:

"Amma puhui siitä vapauden tunteesta käsin, mitä hän tuntee seurassasi, tyttäreni. Älä koe tätä pahalla!"

Naisen kasvot kirkastuivat kun hän kuuli tämän.

Vaikka Amma oli ensin vastustellut, niin hän antoi nyt vauvalle ensimmäisen kiinteän ravinnon, joka oli tehty riisistä ja lähetti heidät sitten pois, jotta he ehtisivät kotiin ennen illan tuloa.

Perjantaina, 30. toukokuuta 1986

Oli lähes puolipäivä. Amma puhui oppilailleen *darshan*-majassa. Heidän joukossaan oli brahmachari, joka oli vierailulla Kidagoorissa sijaitsevasta ashramista. Amma sanoi hänelle:

"Poikani, on eri asia, meneekö ostamaan lääkettä omassa kädessään olevaa haavaa varten vai lievittääkseen toisten kärsimystä. Jälkimmäinen on osoitus rakastavasta sydämestä. Sellainen henkisen oppilaan tulee olla. Sitä varten henkiset harjoitukset ovat olemassa. *Sadhanaa* ei pitäisi harjoittaa oman vapautuksensa tähden, vaan jotta voisi tulla rakastavaksi ja myötätuntoiseksi sekä saadakseen tarpeeksi ymmärrystä voidakseen poistaa maailman kärsimystä. Siitä ei ole hyötyä, jos istuu jossakin silmät suljettuina muttei tee mitään muuta. Meidän on kasvettava avarasydämisiksi, jotta voimme kokea toisten kärsimyksen omanamme ja työskennellä helpottaaksemme heidän kärsimystään."

Lääkärin apu ammalle

Amma oli yskinyt voimakkaasti aamusta lähtien. Brahmachari meni soittamaan tohtori Liilalle.

Edellisellä viikolla ashramiin oli tullut oppilas, joka oli kärsinyt pahasta yskästä. Hänen yskimisensä ääni oli kaikunut koko ashramissa. Hän oli rykinyt ja yskinyt, kun hän oli astunut *kalariin* ja kumartanut Ammalle. Mutta kun hän oli tullut ulos pienestä temppelistä saatuaan Amman halauksen, hänen yskänsä oli kadonnut. Se oli kaikonnut hetkenä, jolloin hän oli juonut pyhää vettä, jota Amma oli hänelle antanut. Hän oli ollut sen jälkeen ashramissa kokonaisen viikon ja palannut sitten kotiinsa tänä aamuna.

Kerran kun Amma oli ollut Tiruvannamalaissa, hän oli ollut kipeänä. Nealu oli tullut siihen tulokseen, että Amman pitäisi tavata viipymättä lääkäri. Vaikka Tiruvannamalaissa olikin ollut muutamia lääkäreitä, jotka olivat Amman oppilaita, hänet oli viety tapaamaan uutta lääkäriä. Odottamatta kenenkään lupaa Amma oli kävellyt viattomasti suoraan lääkärin vastaanottohuoneeseen. Lääkäri oli ollut raivoissaan ja käskenyt häntä poistumaan välittömästi. Amma tapasi muistella tätä tapahtumaa nauraen ja sanoa:

"Ei ole mitään syytä moittia lääkäriä. Hän oli juuri tutkimassa jotakuta, kun Amma yhtäkkiä rynnisti sisään! Hän menetti varmasti keskittymisensä!"

Kun Amma käveli ulos lääkärin toimistosta, sekä lääkäri että sairaanhoitaja kutsuivat hänet takaisin. Heillä ei ollut mitään käsitystä siitä, kuka hän oli ja mitä varten hän oli tullut. Amma sanoi myöhemmin:

"Amma ei mene enää koskaan tapaamaan lääkäriä. Jos hänen pitää tavata lääkäri, jonkun hänen lääkärioppilaistaan täytyy tulla ashramiin."

Amman sanat osoittautuivat tosiksi. Ensimmäinen lääkäri, joka muutti pysyvästi ashramiin, oli brahmacharini Liila. Kun hän tapasi Amman, hän työskenteli Sri Ramakrishna Mathin sairaalassa Thiruvananthapuramissa. Liila koki Ammassa elämänsä lopullisen päämäärän. Pian tämän jälkeen hän luopui työpaikastaan ja muutti ashramiin asumaan. Nyt hän oli vastuussa siitä, jos Amma tarvitsi jonkinlaista lääketieteellistä hoitoa. Koska Liila tiesi, että Amman sairastumisia ei voinut parantaa pelkästään lääkkeillä, hän ei ollut lainkaan huolissaan, kun Amma sairastui – ei edes silloin, kun hän näytti olevan hyvin heikkona. Hän koki Amman sairastumiset *liilana*, Shiva-jumalan puolison leikkinä,

157

joka kerran sai aikaan itse kuoleman jumalan tuhoutumisen. Liila toisin sanoen näki Amman sairastumiset pelkkänä Jumalallisen Äidin leikkinä.

"Pitäisikö minun tuoda sinulle jotakin lääkettä, Amma?" Liila kysyi. Hän laittoi kätensä Amman otsalle ja sanoi: "Ei sinulla ole kuumetta. Ei se ole mitään vakavaa. Tulet olemaan hetken päästä terve jälleen."

Amma nauroi ja sanoi: "Vaikka Amma olisi kuollut, niin tyttäreni Liila tutkisi ruumiini ja sanoisi: 'Ei se ole mitään vakavaa. Tulet olemaan hetken päästä kunnossa!'"

Kaikki yhtyivät nauruun.

Lauantaina, 31. toukokuuta 1986

Sadhanan pitää tulla sydämestä

Brahmachari tuli Amman luo ja kysyi *sadhanaa* koskevia ohjeita. Amma antoi hänelle meditaatiota koskevia neuvoja:

"Poikani, keskity kulmakarvojen väliin. Eläydy siihen, että rakkaan Jumalasi hahmo on siellä, aivan kuin katsoisit omaa kuvaasi pelistä." Amma laittoi sormensa hänen kulmakarvojensa väliin ja lisäsi: "Kuvittele, että täällä on pyhättö, ja että rakas Jumalasi istuu siellä. He, jotka mietiskelevät vain aikataulun mukaan, niin kuin se olisi jokin velvollisuus, eivät koskaan näe Jumalaa. Sinun tulee itkeä Jumalaa päivät ja yöt ajattelematta ruokaa tai unta. Vain he, jotka ovat tehneet näin, ovat oivaltaneet Jumalan. Tällaisen takertumattomuuden tulee kehittyä sinussa. Ajattele, jos joku levittäisi chilitahnaa joka puolelle kehoasi, miten yrittäisit vapautua siitä! Sinun on kaivattava Jumalaa samanlaisella voimalla. Sinun tulee itkeä tämän näyn vuoksi hukkaamatta hetkeäkään. Vain silloin kaikki muut ajatukset katoavat, niin kuin syvässä unessa tapahtuu, ja näin saavutat jumalallisen kokemuksen tason.

Kun kalastajat lähtevät veneellä merelle, he sulkevat silmänsä ja huutavat kovaan ääneen työntäen samalla kaikin voimin venettään ylittääkseen rantaan vyöryvän aallon. He melovat minkä ehtivät pitäen samaan aikaan kovaa melua kunnes pääsevät maininkien tuolle puolen. Sen jälkeen he voivat antaa airojen levätä. Kyse on samasta valtamerestä, joka on yhtäällä täynnä aaltoja ja toisaalla tyyni. Aloitettuamme meidän ei tulisi levätä hetkeäkään. Meidän tulee olla tarkkaavaisia. Vain siten voimme saavuttaa sen hiljaisuuden, mikä on tuolla puolen."

"Totapuri vakiintui *advaitaan* (ykseyteen). Siitä huolimatta hän seisoi keskellä tulirengasta ja harjoitti *tapasia*. Ramakrishna Deva saavutti oivalluksen ajattelemalla jatkuvasti Jumalaa. Saavuttaaksesi oivalluksen sinun tulee ajatella jatkuvasti Jumalaa. Todellinen *sadhaka* ei harjoita *japaa* ja meditaatiota vain tietyn aikataulun mukaan. Hänen rakkautensa Jumalaa kohtaan on kaikkien sääntöjen tuolla puolen. Alkuvaiheessa *sadhakan* tulee noudattaa tiettyjä sääntöjä, mutta henkisiä harjoituksia ei tulisi kokea pelkkänä velvollisuutena. Meidän tulisi itkeä ja rukoilla Jumalaa. Jumalan itkeminen ei ole heikkoutta. Meidän tulisi itkeä vain Jumalaa, eikä mitään muuta. Eikö Ramakrishna tehnyt juuri niin? Entä mitä Mira teki?"

Sama totuus eri nimien taustalla

Brahmachari: "Onko väärin, että joku, joka mietiskelee Krishnaa, toistaa Devin mantraa tai Devin tuhatta nimeä?"

Amma: "Ei siinä ole mitään ongelmaa. Mitä hyvänsä mantraa tai pyhää nimeä toistatkin, niin ajatuksesi tulee suuntautua kohti rakkainta Jumalaasi."

Brahmachari: "Miten tämä on mahdollista? Eikö jokaiselle jumaluudelle ole olemassa omat *bijaksharansa* (juurisointunsa)? Kuinka voisi näin ollen olla sopivaa toistaa aivan eri sointua?"

Amma: "Kutsuitpa sitä millä nimellä tahansa, jumalallinen voima on aina sama. Kutsutpa kookosta 'tengaksi' tai 'kookokseksi', sen olemus ei siitä muutu. Samalla tavalla ihmiset vaalivat sydämessään erilaisia mielikuvia Jumalasta oman *samskaransa* (taipumuksensa) mukaisesti. He kutsuvat Jumalaa eri nimin, mutta kaiken läpäisevä tietoisuus on nimien tuolla puolen. Jumala ei vastaa ainoastaan silloin, kun hän kuulee itseään kutsuttavan vain jollakin tietyllä tavalla tai äänteellä. Hän asuu sydämessämme ja tuntee sydämemme. Jumalalla on ääretön määrä nimiä. Jokainen nimi on hänen."

Kun suoritat *pujaa* (ritualistista jumalanpalvelusta), se on kohdistettava jumalalle, jolle *puja* on omistettu, ja toistaa asianomaisia mantroja. Mutta kun päämääräsi on oivaltaa Itse, ei ole väliä, jos se hahmo, jota mietiskelet, on eri kuin mantrat, joita toistat, sillä meidän tulee nähdä kaikki korkeimman Itsen muotoina. Meidän tulee ymmärtää, että kaikki sisältyy siihen, että yksi ja sama tekijä on olemassa meidän kaikkien sisällä. Sama tietoisuus läpäisee kaiken, kaikki muodot, mukaan lukien meidät. Vaikka alkuvaiheessa onkin parempi keskittää mieli tiettyyn nimeen ja muotoon, kun etenet polullasi, sinun on nähtävä sama korkein tekijä kaikissa nimissä ja muodoissa.

Mantra-japan tarkoituksena on ohjata meidät Itsen lopulliseen hiljaisuuteen, josta kaikki äänet ja muodot nousevat. Kun harjoitamme *mantra-japaa* ymmärtäen tämän periaatteen, se johdattaa meidät lopulta alkulähteelle, jossa etsijä oivaltaa, että se hahmo, jota hän on mietiskellyt, on olemassa hänen sisällään. Samoin ovat kaikki muutkin muodot yhden ja saman Itsen eri ilmenemismuotoja.

Kun Krishna eli *gopien* kanssa Vrindavanissa, lehmitytöt halusivat nähdä hänet ja olla hänen seurassaan kaiken aikaa. He jumaloivat häntä niin paljon, että kutsuivat häntä *Hridayeshaksi*, sydämensä herraksi. Eräänä päivänä Krishna lähti kuitenkin Mathuraan eikä tullut enää koskaan takaisin. Jotkut ihmiset menivät *gopien* luokse kiusoitellen heitä ja sanoivat:

'Missä Hridayeshanne on nyt? Näyttää siltä, että Krishna ei ole Hridayesha vaan *hridayasunya* (sydämetön).'

Gopit vastasivat:

'Ei, hän on yhä Hridayeshamme. Aiemmin näimme Krishnan vain hänen aineellisessa hahmossaan ja kuulimme hänen äänensä vain korvillamme. Mutta nyt näemme hänet kaikissa muodoissa: meidän silmistämme on tullut Krishna. Itse asiassa meistä on tullut Krishna!'

Samalla tavoin, vaikka näemmekin ensin Jumalan vain tietyssä jumaluuden hahmossa ja kutsumme häntä tietyllä nimellä, kun antaumuksemme kypsyy ja puhkeaa kukkaan, näemme Jumalan kaikissa hahmoissa ja nimissä sekä sisällämme."

Illan *bhajanit* olivat päättyneet. Illalliseksi jaettiin *doshia*. Suuri joukko ihmisiä oli saapunut odottamatta ja niinpä *doshien* valmistaminen jatkui puoli yhteentoista asti illalla. Jokainen tuore pannukakku tarjoiltiin heti kun se oli valmistunut. Amma meni keittiöön ja lähetti brahmacharin hakemaan toista pannua vanhempiensa luota. Heti kun se oli tuotu, Amma asetti sen toiselle liedelle ja ryhtyi valmistamaan *doshia*. Eikö sanota, että Jumala ilmestyy leivän muodossa heidän eteensä, jotka ovat nälkäisiä, oli tuo nälkä sitten aineellista tai henkistä laatua?

Kaikki toiminta jumalanpalveluksena

Kun illallinen oli syöty, Amma liittyi brahmacharien seuraan kantamaan soraa, jota tarvittiin sementin valmistamiseen. He muodostivat ketjun ja siirsivät soraa pyöreissä metallivadeissa ihmiseltä toiselle. He, jotka olivat olleet vastahakoisia jopa pesemään omia vaatteitaan ennen kuin olivat muuttaneet ashramiin, osallistuivat nyt kovan työn juhlaan Amman kanssa. Näin he saivat vastaanottaa henkisyyden käytännöllisiä oppitunteja.

Kesken työn Amma sanoi:

”Lapseni, myös tämä on *sadhanaa*. Jopa silloin kun työskentelette, teidän ajatustenne tulee keskittyä Jumalaan. Mikä tahansa työ, jonka teette keskittäen mielenne Jumalaan, on karmajoogaa. Kun ojennatte soraa toiselle, eläytykää siihen, että ojennatte sen rakkaalle Jumalallenne ja kun otatte vastaan astian, eläytykää siihen, että saatte sen Jumalaltanne.”

Amma lauloi *kirtanin*, ja kaikki yhtyivät lauluun jatkaessaan samalla työntekoa.

Tirukathakal patam

Oi Durga-jumalatar, oi Kali,
poista onneton kohtaloni.
Jokaisena päivänä minä rukoilen
saadakseni nähdä sinut näyssä.

Anna minulle armolahja.
Salli minun laulaen ylistää sinun pyhiä tekojasi

ja kun laulan sinun ylistystäsi,
asetu minun sydämeeni.

Oi Vedojen ydinolemus,
en tiedä millä tavoin minun tulisi mietiskellä,
eikä minun musiikissani ole oikeanlaista melodiaa.
Anna armosi virrata,
salli minun sulautua autuuteen.

Sinä olet Gayatri,
sinä olet kunnia ja vapautus,
Kartyayani, Haimavati ja Dakshayani,
sinä olet oivalluksen sielu,
ainut turvani.

Oi Devi,
Anna minulle voimaa puhua
ydinasioista,
ymmärrän että ilman sinua,
joka olet maailmankaikkeuden ydinolemus,
Shiva, kaiken alkusyykään
ei olisi olemassa.

Kello oli jo yli puolenyön. Kuu kutoi kookospalmujen ylle hopeisen verkon. Noina yön hiljaisina tunteina Äiti ja hänen lapsensa olivat uppoutuneet rakentamaan rauhan linnaketta, joka tulisi myöhemmin palvelemaan tuhansia heidän henkisenä turvapaikkanaan. Näkymä toi mieleen *Bhagavad-Gitan* nektarin kaltaisen viisauden: "Se mikä on yö kaikille olennoille, on se viisaalle päivä."[29] Tämä toteutui täällä. Kun koko maailma nukkui,

---

[29] *Bhagavad-Gita*, jae II:69.

maailmankaikkeuden Äiti työskenteli lepäämättä rakentaakseen ikuisen valon maailmaa. Nämä hetket uuden ajan suuren arkkitehdin kanssa olivat arvokkaita jalokiviä, jotka hänen lapsensa kätkivät sydämensä aarrearkkuun, jotta voisivat muistella niitä myöhemmin rikastaen elämäänsä mittaamattomalla tavalla.

Maanantaina, 9. kesäkuuta 1986

Perinteiset menot, joiden myötä Anish oli tarkoitus vihkiä brahmacharyaan, olivat alkaneet aamulla. Pappi oli saapunut Alleppysta suorittamaan *homaa* ja muita vihkimykseen kuuluvia menoja. Pyhä tuli leiskui *kalarissa* ja vedisten mantrojen resitaatio kaikui ilmassa samaan aikaan kun Amman jumalallinen läsnäolo täytti heidät autuudella.

Amma oli lapsenkaltaisessa tilassa. Hänen sanansa ja tekonsa levittivät iloa kaikille. Häntä huvitti katsellessaan Anishia, joka oli ajanut hiuksensa lukuun ottamatta perinteistä pään takaosaan jätettävää tupsua, samalla kun hän valmistautui ottamaan vastaan keltaisen kaavun. Amma otti kiinanruusun kukan ja sitoi sen hänen hiustupsuunsa. Katselijat eivät voineet pidättää nauruaan.

Samassa hetkessä Amman mielentila muuttui ja hänen kasvoilleen ilmestyi vakava ilme. Ilmapiiri muuttui hetkessä hiljaiseksi. Hiljaisuuden rikkoi vain vedisten mantrojen lausunta ja *homan* tulesta kantautuva rätinä. Tuleen lisättiin aika ajoin intianleipäpuun palasia. Kaikkien kasvojen ilmeistä näkyi, että he siirtyivät mielentilaan, joka oli tämän maailman tuolla puolen.

Amma antoi pojalleen uuden nimen: Brahmachari Satyatma Chaitanya.[30] Otettuaan vastaan vihkimyksensä Satyatma kumarsi ja meni ulos noutaakseen perinteisen *bhikshan*.[31]

Muslimiperhe, jonka jäsenet olivat Amman oppilaita, oli saapunut ashramiin voidakseen vastaanottaa häneltä *darshanin*. Tänään oli islamilaisten pyhä päivä, niinpä he olivat tulleet voidakseen viettää päivän Amman seurassa. Vihkimysseremonioiden jälkeen Amma meni perheen kanssa majaan, missä hän keskusteli heidän kanssaan pitkään ennen kuin vetäytyi omaan huoneeseensa.

Myöhemmin iltapäivällä Amma istui huoneensa yläpuolella olevalla kattotasanteella muutamien brahmacharien seurassa. Brahmacharit olivat yrittäneet jo usean päivän ajan saada Ammalta luvan ottaa ryhmävalokuva, joka liitettäisiin hänen elämäkertaansa. Amma oli torjunut toistuvasti pyynnön. Yksi brahmachareista otti asian jälleen puheeksi:

"Amma, olemme kuulleet monista *mahatmoista*, mutta useimmista heistä ei ole olemassa valokuvaa. Olemme olleet kovin pahoillamme siitä, ettemme ole tienneet, miltä he ovat näyttäneet. Jos emme saa ottaa sinusta valokuvaa, petämme myöhemmät sukupolvet. Amma, ainakin sen tähden sinun tulisi sallia valokuvaus."

Amma: "Jos Amma suostuu siihen, teidän huomionne keskittyy tästä lähtien vain tällaisiin seikkoihin ja se vahingoittaa teidän

---

[30] Myöhemmin hän vastaanotti sanjaasivihkimyksen, jolloin hänen nimekseen tuli Swami Amritagitananda. Tällä nimellä hänet tunnetaan yhä.

[31] Brahmacharien ja swamien tulee perinteisesti syödä vain ruokaa, jonka he ovat saaneet kerjäämällä. Nykyisin vain tuona päivänä, jolloin heidät vihitään.

sadhanaanne. Sitä paitsi minä en voi pukeutua sillä tavoin kuin te toivotte, se ei ole minun tapani. En voi istua valokuvaa varten."

Hänen vakava äänensävynsä hiljensi brahmacharit ja teki heistä surullisia. Mutta kuinka pitkään Äiti voi katsella lastensa surua?

"Mene ja kutsu kaikki paikalle!" hän sanoi lopulta.

Kaikkien kasvot kirkastuivat ja he juoksivat alakertaan. Kaikki ashramin asukkaat kokoontuivat kattoterassille valokuvaa varten. Kunnioitettu Ottoor Unni Namboodiripad, Amman vanhin brahmacharioppilas, oli myös paikalla. Kun valokuva oli otettu, Amma pyysi Ottooria pitämään *satsangin.* Pian katkeamaton kuvaus Krishnan *liiloista,* leikeistä, virtasi tämän lempeän oppilaan huulilta, hänen, jonka sisin oli antautunut jo kauan sitten Ambadin lapselle.[32] Amma kuunteli lumoutuneena toisten kanssa ikuisesti tuoreita kuvauksia Krishnan, pienen voivarkaan, kepposista. Kun hänen puheensa oli päättynyt, Ottoori sanoi:

"Nyt me haluamme kuulla Amman *satsangin!*"

Amma: "Amma ei tiedä, millä tavoin *satsangia* pidetään. Kun ihmiset esittävät hänelle kysymyksiä, se hulluus tulvii ulos, mikä sattuu tulemaan hänen mieleensä. Siinä kaikki."

Ottoor: "Se voi olla hulluutta, mutta juuri sitä me haluamme kuulla. Amma, meillä ei ole sellaista antaumuksen voimaa, josta sinä puhut. Mitä meidän pitäisi tehdä?"

Amma katsoi Ottooria ja laittoi hänen päänsä syliinsä, syleili häntä suurella rakkaudella ja sanoi:

"Unni Kanna!" (Lapsi-Krishna.)

---

[32] Ambadi on sen kylän nimi, missä Krishna kasvoi.

Sadhana omaksi hyödyksemme ei riitä

Amma katsahti brahmacharia, joka istui hänen takanaan. Brahmachari laski katseensa vältellen hänen katsettaan. Tietäen hänen ajatuksensa Amma sanoi:

"Lapset, tiedättekö mitä Amma odottaa teiltä? Teidän tulisi olla niin kuin aurinko, ei niin kuin tulikärpänen. Tulikärpänen loistaa vain omaksi ilokseen. Älkää olko sellaisia. Epäitsekkyys on ainoa asia, mitä teidän tulisi toivoa. Teidän tulisi olla aina valmiita kohottamaan auttava kätenne voidaksenne auttaa toisia, jopa kuoleman hetkellä."

Tämä lause osui erityisesti tämän brahmacharin sydämeen, joka istui Amman takana. Päivää aikaisemmin oli ollut *bhava-darshan*, johon oli osallistunut suuri joukko oppilaita. Brahmachari, joka oli ollut vastuussa lounaan jakamisesta, oli etsinyt epätoivoisesti apua ja pyytänyt kyseisen brahmacharin apua, jonka kanssa hän jakoi yhteisen majan. Mutta tämä oli vain jatkanut meditoimista kohottamatta sormeakaan auttaakseen. Amma oli saanut kuulla tästä, minkä jälkeen brahmachari oli vältellyt Ammaa koko aamun.

Amma jatkoi: "Lapset, meidän tulee varmistaa, että kaikki meidän toimemme ovat avuksi muille ja edistävät heidän onneaan. Jos se ei ole mahdollista, meidän on pidettävä huoli siitä, etteivät tekomme ainakaan aiheuta heille surua tai hankaluuksia. Jumalan rukoileminen, jotta ajatuksemme, sanamme ja tekomme eivät vahingoittaisi ketään vaan hyödyttäisivät muita, on todellista rukoilemista. Meidän tulee rukoilla toisten puolesta, sen sijaan että rukoilisimme vain oman kehityksemme puolesta. Lapseni, tällaisen epäitsekkään rakkauden kehittyminen merkitsee suurinta mahdollista kehitystä. Todellinen jumalanpalvelus tarkoittaa sitä, että näemme toisten kärsimyksen omana kärsi-myksenämme ja heidän onnensa omana onnenamme. Todelliset oppilaat näkevät itsensä toisissa. Heidän maailmansa täyttyy rauhalla ja täyttymyksen tunteella."

Amma lakkasi puhumasta. Hänen katseensa lepäsi kaukai-suudessa.

Pian oli *bhajaneitten*, henkisten laulujen aika. Amma johdatti kaikki *kalariin*. Kun hän istuutui, yksi brahmachareista asetti *tamburan* hänen eteensä. Amma ryhtyi lyömään rumpua rytmit-täen siten ensimmäisen laulun. Hän lauloi *kirtanin*, jonka yksi hänen perheellisistä oppilaistaan, Krishnan Nair, oli omistanut hänelle. Kaikki lauloivat yhdessä hänen kanssaan unohtaen hänen läheisyydessään kaiken muun.

Katinnu katayi, kanninnu kannayi

Oi Äiti, sinä, joka loistat korvan korvana,
silmän silmänä,
joka olet elämän elämä,
ja elävien elämä.

Se mitä valtameri on aalloille,
sitä sinä olet sielulle.
Sinä olet sielujen sielu,
viisauden nektarin nektari.

Oi Äiti, sinä olet kuolemattoman Itsen helmi,
autuuden ydinolemus,
sinä olet suuri maya, harha.
Sinä olet absoluutti.

Silmä ei voi sinua nähdä
eikä mieli voi sinua ymmärtää.
Sanat menettävät merkityksensä läheisyydessäsi, oi Äiti.
Kun joku sanoo nähneensä sinut,
hän ei ole nähnyt sinua –
sillä sinä, oi suuri Jumalatar,
olet älyn tuolla puolen.

Aurinko, kuu ja tähdet
eivät itsessään loista,
sinun loistosi valaisee ne.
Vain erottelukyvyn avulla
rohkea voi kulkea ikuiseen rauhaan,
korkeimpaan totuuteen.

Bhajaneitten jälkeen jokainen meditoi hetkisen ennen illallista. Amman sormien synnyttämä tamburan suloinen rummutuksen ääni ja hänen laulunsa kaikuivat yhä autuaallisesti heidän mielessään.

Vain erottelukyvyn avulla,
rohkea voi kulkea ikuiseen rauhaan,
korkeimpaan totuuteen.

Keskiviikkona 11. kesäkuuta 1986

Suojellen aina heitä, jotka turvautuvat häneen

Kello oli vähän yli kaksi yöllä. Yksi brahmachareista palasi rannalta, missä hän oli ollut meditoimassa. Hän käveli tyhjään *kalariin*, sammutti valon ja laittoi *asanansa* ja hartiahuivinsa verannalle.

169

Sitten hän herätti Pain, joka nukkui *kalarin* verannalla, sillä hän oli pyytänyt, että hänet herätettäisiin kahden aikaan meditaatiota varten. Pain tehtävänä oli myös soittaa kelloa neljän aikaan aamulla, jotta kaikki heräisivät *archanaan*. Kun brahmachari käveli majaansa kohden mennäkseen nukkumaan, hän näki miehen ja naisen istuvan Vedanta-koulun edessä.

"Me olemme tulleet tänne nähdäksemme Amman", he sanoivat nöyrästi nousten samalla ylös.

Brahmachari: "Amma meni huoneeseensa keskiyön aikaan. Hän asteli portaita huoneeseensa, kun menin rannalle."

Vierailijat: "Me saavuimme heti puolenyön aikaan."

Yhtäkkiä he kuulivat lähestyvien askelten äänen. Amma tuli hymyillen heidän luokseen. Vierailijat kumartuivat hänen jalkojensa juureen kunnioituksesta ja ilahtuneen yllättyneinä.

Amma: "Lapseni, milloin te tulitte?"

Oppilas: "Me tulimme heti kun sinä olit mennyt huoneeseesi, Amma. Istuimme täällä pettyneinä, ettemme voisi tavata sinua tänä yönä."

Amma: "Amma oli juuri sulkenut silmänsä, kun hänestä tuntui yhtäkkiä siltä, että te seisoitte hänen edessään. Poikani, miten tyttäresi voi?"

Oppilas: "Hänet leikataan ylihuomenna. Lääkäri sanoo, että hänen tilanteensa on monimutkainen. Meidän ainoa toivomme on sinun siunauksesi, Amma! Siksi olemme tulleet."

Amma: "Miksi tulitte niin myöhään, lapseni? Menikö autonne rikki?"

Oppilas: "Kyllä, Amma. Lähdimme puolenpäivän aikaan matkaan, mutta autossamme oli ongelmia matkan aikana. Vei tuntikausia ennen kuin se saatiin korjattua. Siksi tulimme niin myöhään. Muussa tapauksessa olisimme saapuneet tänne kahdeksan aikaan."

Amma: "Älä ole huolissasi, poikani. Tulkaa, istutaan alas."

Amma otti heitä kädestä kiinni ja johdatti heidät *kalarin* verannalle, minne he istuutuivat. Hän keskusteli heidän kanssaan pitkään. Sitten hän otti *bhasmaa kalarista* ja antoi sitä heille *prasadina.*

"Kertokaa tyttärelleni, että hänen ei tule olla huolissaan. Amma on hänen kanssaan."

He kumarsivat hänelle jälleen samalla kun kello löi neljä. Amma antoi brahmacharille ohjeen viedä heidät veneellä takavesien yli, minkä jälkeen hän meni huoneeseensa. Kun vierailijat olivat lähdössä, he kääntyivät ympäri ja katsoivat taakseen. Samalla hetkellä Amma, joka oli nousemassa portaita huoneeseensa, kääntyi ympäri ja katsoi heitä hymyillen – ilmiselvänä merkkinä suojeluksestaan.

Viileä tuuli puhalsi. Nauttien miellyttävästä ulkoisesta viileydestä ja Amman armon sisäisestä viileydestä vierailijat nousivat veneeseen ja lähtivät. Aamun tähti loisti kirkkaana heijastuen takavesien pinnasta.

Perjantaina 13. kesäkuuta 1986

Amma istui toimiston portailla muutamien ihmisten ympäröimänä. Eräs brahmachari yritti selittää hänelle, että olisi tärkeää erottaa tehtävistään joitakin henkilöitä, jotka olivat vastuussa sivuashrameista ja antaa tehtävät uusille ihmisille. Amma kuunteli kaiken, mitä hänellä oli sanottavanaan. Lopulta hän sanoi:

"Amman päämääränä on muuttaa rauta ja ruoste kullaksi. Ei ole tarpeen muuttaa kultaa uudelleen kullaksi!"

Brahmachari yritti tuoda uudelleen näkökantansa esiin. Amma: "Poikani, kuuntele kärsivällisesti. Amma nimesi heidät toimikuntaan. Eikö totta? Ymmärrä, että Ammalla on ollut jotakin mielessään. Ensin Amma oppi itsestään, sitten hän oppi koko maailmasta, vasta sen jälkeen Amma omaksui tämän roolin. Amma tietää millä tavoin ohjata noita ihmisiä. Amma on nähnyt satojen tuhansien ihmisten kärsimyksen ja taistelun. Kenellä toisella on ollut vastaavanlainen mahdollisuus? Amma on myös nähnyt, miten lukemattomat ihmiset muuttuvat. Jos siirrämme komitean jäsenet syrjään, he tulevat elämään elämänsä olematta hyödyksi kenellekään. Mutta jos annamme heidän jatkaa, silloin he huolehtivat ainakin joistakin ashramin asioista voiden palvella pienessä mittakaavassa ja näin he tulevat saamaan hyviä ansioita siitä. Eikö se ole parempi kuin se, että antaisimme heidän istua toimettomina? Amma tietää kuinka saada heidät noudattamaan ohjeita.

Kun he tekevät työnsä, heidän mielensä puhdistuu ja se johdattaa heidät vapautukseen. Emme voi noin vain hylätä heitä. Meidän velvollisuutemme on pelastaa heidät. Meidän tarkoituksemme on auttaa toisia kehittämään antaumusta Jumalaa kohtaan, jotta he voisivat nauttia sisäisestä rauhasta. Jos tällainen toiveemme on vilpitön, annamme anteeksi virheet, joita he ovat tehneet ja yritämme ohjata heidät oikealle polulle.

Emme voi odottaa kaikkien olevan hyviä. Jotkut eivät ole. Mutta jos heitämme heidät ulos ja hylkäämme heidät, he tulevat tekemään enemmän virheitä maailmassa. Joten meidän, jotka tiedämme enemmän kuin he, tulee laskeutua heidän tasolleen. Silloin he voivat kehittyä henkisesti. Älä ajattele, että jotkut ovat pahoja ja tulisi poistaa sen takia, että ovat tehneet yhden tai kaksi virhettä.

Amma ei tarkoita, että se mitä sinä sanot, olisi täysin väärin. Monet ihmiset keräävät rahaa ashramin nimissä, ja jotkut heistä antavat vain neljäsosan siitä ashramille. Amma tietää tämän, mutta käyttäytyy kuin ei olisi tietääkseenkään. Hän antaa heille toisen mahdollisuuden korjata virheensä. Jos he eivät opi tai eivät halua muuttaa käytöstään, he yleensä lähtevät omasta tahdostaan. Amman ei tarvitse pakottaa ketään lähtemään. He lähtevät itse.

He, jotka erehtyvät, ovat myös meidän veljiämme ja siskojamme. Eikö totta? He eivät ole ehkä saavuttaneet vielä riittävästi viisautta, mutta me voimme rukoilla Jumalaa, että niin tapahtuisi. Se hyödyttää myös meitä, sillä se laajentaa mieltämme."

Brahmachari kumarsi ja poistui.

Oppitunti sraddhasta

Amma huomasi brahmacharin istuvan ajatuksiinsa vaipuneena, viiksiään hypistellen.

Amma: "Laske kätesi alas. Tuollaiset tavat eivät sovi brahmacharille. Kun istuudut jonnekin, sinun ei tule liikuttaa kehoasi tai raajojasi tarpeettomasti. Sellaiset tottumukset, kuten jalan tai käden heiluttaminen tai viiksien hypisteleminen, eivät sovi *sadhakalle*. Sinun pitäisi pyrkiä olemaan hiljaa aloillasi."

Brahmachari tuli Amman luo ja kertoi hänelle, että monia lautasia ja mukeja oli kadonnut ashramista. Amma sanoi:

"Tuokaa kaikki lautaset ja mukit tänne. Älkää jättäkö yhtäkään lojumaan minnekään. Tuokaa kaikki tänne."

Jokaiselle ashramin asukkaalle oli annettu lautanen ja muki, joita he pitivät omissa majoissaan. Amma sanoi nyt heille, jotka olivat paikalla:

"Lapseni, teidän pitää olla tarkkaavaisempia tällaisten asioiden suhteen. Monia lautasia ja mukeja katosi, koska ihmiset jättivät ne lojumaan sinne tänne. Sen jälkeen jokaiselle annettiin lautanen ja muki, joihin kirjoitettiin kunkin nimi. Ja nyt on moni näistäkin kadonnut. Kun joku huomaa lautasensa kadonneeksi, hän ottaa lautasen seuraavasta huoneesta ottamatta huomioon sitä tosiasiaa, että tuon huoneen asukas tarvitsee sitä. Kuinka tuo toinen tulee toimeen ilman lautasta? Lopulta Amma joutuu selvittämään heidän välistään kiistaa." Amma nauroi. "Nämä lapseni ovat pahempia kuin pienet vauvat!"

Brahmacharit tulivat lautastensa ja mukiensa kanssa ja Amma omaksui vakavan ilmeen.

Amma: "Tästä lähtien kukaan ei saa enää käyttää toisen lautasta. Jos olet hukannut lautasesi, sinun täytyy tunnustaa se. Älkää koskaan valehdelko omaksi hyödyksenne, vaikka menettäisitte henkenne. Jos hukkaatte vielä lautasenne tai muita tarvikkeitanne huolimattomuutenne takia, Amma ei syö mitään. Muistakaa se, lapset!"

Muutamassa minuutissa kaikki lautaset ja mukit asetettiin Amman eteen ja hän laski ne. Useita niistä puuttui.

Amma: "Lapseni, eikö se johdu teidän huolimattomuudestanne, että niin monia lautasia ja mukeja puuttuu? Tänne tulee kaikenlaisia ihmisiä. Jos jätätte astianne lojumaan sinne tänne sen jälkeen, kun olette käyttäneet niitä, niin he, jotka tarvitsevat niitä, yksinkertaisesti vain ottavat ne. Miksi syyttää toisia, kun olette itse antaneet heille mahdollisuuden varastaa? Teitä tässä tulee syyttää. Jos olisitte olleet varovaisempia, noita lautasia ei olisi hukattu. Kukaan teistä ei ymmärrä rahan arvoa, joten mitä väliä sillä on teille, jos tavaroita katoaa?

Amma kasvoi oppien tuntemaan niukkuuden. Hän tietää jokaisen *paisan*[33] arvon. Hän joutui ponnistelemaan saadakseen tarpeeksi polttopuuta voidakseen keittää teetä. Koska hän tietää kuinka kovaa köyhän elämä on, hän ei anna edes yhden ruoan murusen mennä hukkaan. Kun hän näkee palasen puuta, hän ajattelee sen arvoa ja sitä miten sen voisi käyttää hyödyllisesti. Mutta jos te lapset näette puunpalasen makaavan polullanne, te vain potkaisette sen syrjään. Tai jos te näette sen makaavan sateessa, niin te ette ajattele koskaan, että poimisitte sen, kuivaisitte ja säästäisitte sen. Mutta Amma ei hylkää sitä hyödyttömänä. Lapset, heittäisimmekö viiden paisan kolikon pois? Emme, koska kyse on viidestä paisasta. Kuinka voisimme keittää mitään ilman polttopuuta? Vaikka meillä olisi sadan rupian seteli käsissämme, tarvitsisimme silti polttopuuta voidaksemme sytyttää tulen. Meidän pitäisi olla tietoisia kaiken arvosta ja hyödystä. Silloin emme heitä mitään hukkaan.

Katsokaa, mitä sairaaloissa tapahtuu. Heillä ei ole puhdasta vettä ruiskeita varten. Puhdistetun veden ostaminen ulkopuolelta maksaa yhden tai kaksi rupiaa. Moni potilas joutuu kärsimään tuntikausia, koska heillä ei ole niin paljon rahaa. Ruiske lievittäisi heidän tuskaansa, mutta heillä ei ole varaa siihen, ja niin tuska raastaa heitä. Heille kaksi rupiaa merkitsee paljon. Lapseni, Amma on nähnyt monien ihmisten kierivän tuskasta sen tähden, että heillä ei ole ollut rahaa ostaa yhtä tablettia särkylääkettä. Teidän tulisi muistaa noita ihmisiä toimissanne.

Jumala on meissä kaikissa. He, jotka kärsivät sietämätöntä kipua ovat myös Jumalan lapsia. He ovat veljiämme ja siskojamme. Ajatellessanne heitä teissä kehittyy todellinen *sraddha* (tarkkaavaisuus). Kun tuhlaatte tarpeettomasti yhden rupian,

---

[33] Yhdessä Intian rupiassa on sata paisaa.

muistakaa, että joku kärsii sen tähden tarpeettomasti kymmenen tuntia. Te aiheutatte tuon ihmisparan kärsimyksen. Teidän huolimattomuuttanne voi verrata siihen, että heitätte mutaa yhteiseen juomaveteen. Teidän käyttäytymisenne saa Amman ajattelemaan noita sairaita ihmisiä. Sillä rahalla jonka te heitätte hukkaan, voisitte ostaa heille lääkkeitä. Ja ennen kaikkea te tuhlaatte sen mahdollisuuden, että arvokas jalokivi voisi syntyä sisimmässänne."

Amma kutsui sen brahmacharin luokseen, joka oli kertonut hänelle puuttuvista astioista.

Amma: "Tästä päivästä lähtien sinä olet vastuussa keittiötarvikkeista. Aamuisin sinun tulee antaa tarvittava määrä lautasia ja mukeja heille, jotka jakavat ruoan ja iltaisin sinun tulee kerätä sama määrä astioita takaisin, mitä jaoit aamulla. Se mitä on hukattu tähän mennessä, on mennyttä. Mutta jos hukkaamme vielä lisää, sinä saat vastata niistä.

Tarkkaavaisuus, minkä suuntaamme yksityiskohtiin voi viedä meidät lähemmäksi Jumalaa. Se *sraddha* mitä osoitamme ulkoisesti paljastaa sisällemme kätketyn aarteen. Niinpä rakkaat lapseni, kiinnittäkää huomiota kaikkeen edetessänne polullanne. Tarkkailtuaan pieniä asioita Amma on tullut tietämään suuria asioita."

Amma käveli nyt keittiöstä ashramin pohjoisosaan. Jossakin vaiheessa hän sylkäisi sivulleen, jolloin sylki sattui osumaan pinaatin taimen päälle. Hänen tarkoituksenaan oli sylkäistä sinne, missä ei ollut kasveja, mutta tuuli sai aikaan sen, että hänen sylkensä osui pinaatin lehtiin. Amma täytti mukin vedellä ja pesi huolellisesti lehdet. Sen jälkeen hän pesi kätensä kasvien yläpuolella niin, että vettä ei mennyt yhtään hukkaan.

Amma oli aina huolellinen siinä että ei tuhlannut vettä. Vaikka lähettyvillä olisi ollut vesihana, hän pesi siitä huolimatta aina kätensä ja kasvonsa astiassa olevalla vedellä. Hän sanoi, että kun avaamme hanan, käytämme yleensä enemmän vettä kuin on tarpeen. Kaikki tarpeeton toiminta on *adharmaa*, väärää. Myös se, jos jättää tarpeellisen teon tekemättä, on *adharmaa*. Jos Ammalta kysytään, mitä *dharma* on, hän sanoo:

"Se on sitä, että tekee oikean teon oikeaan aikaan, oikealla tavalla."

Brahmachari, joka käveli Amman vierellä, ajatteli tähän tapaan arvostaen hänen antamaansa esimerkkiä. Siitä huolimatta epäilys nousi hänen mieleensä ja hän ajatteli: 'Oliko Amman tarpeellista pestä kasvin lehdet sen takia, että hieman sylkeä putosi niiden päälle?'

Kun Amma käveli eteenpäin, hän sanoi vastauksena brahmacharin kysymykseen, jota ei oltu sanottu ääneen:

"Nuo kasvit ovat myös eläviä. Eikö totta?"

Amma katsoi hetken ympärilleen ja meni sitten ruokasaliin. Muutamat brahmacharit kuorivat ja paloittelivat maniokkien juuria illallista varten. Hän istuutui heidän keskelleen ja liittyi työhön.

Brahmacharit ja perhesiteet

Brahmachari aloitti keskustelun:

"Kotoani on tullut useita kirjeitä. En ole vastannut niihin. Pitäisikö minun kirjoittaa heille, Amma?"

Amma: "Poikani, alkuvaiheessa sinun ei tule kirjoittaa perheellesi kirjeitä. Jos kirjoitat, he vastaavat ja sitten sinä kirjoitat jälleen heille. Jos todella haluat kirjoittaa heille – jos vanhempasi ovat esimerkiksi sairaina – kirjoita siinä tapauksessa muutamia rivejä lohduttaaksesi heitä. Luovuta vanhempasi *Paramatmanille* ja kirjoita heille tällaisella antautumisen asenteella. Silloin se ei sido sinua. Kun saat kirjeitä kotoa, älä lue niitä uudelleen ja uudelleen. Laita ne sivuun luettuasi niiden sisältö. Kirjeet sisältävät uutisia perheestäsi ja ystävistäsi, ja kun luet niitä, ne vaikuttavat sinun mieleesi aina hieman, halusitpa sitä tai et. Lapseni, teidän tulee aina pitää mielessänne se, miksi olette tulleet tänne.

Sanokaamme, että vierailet sairaan luona, joka makaa teho-osastolla ja kerrot hänelle yksityiskohtaisesti hänen perheenjäsentensä kärsimyksistä. Mitä siitä seuraa? Hänen terveytensä heikkenee ja hän saattaa jopa kuolla. Samalla tavoin sinä olet hoidossa tällä hetkellä, minkä tähden suuri varovaisuus on tarpeen. Kun mielesi on kehittynyt niin, että et tule heikoksi tai anna periksi missään olosuhteissa, ongelmaa ei enää ole. Siihen asti tällaiset rajoitukset ovat kuitenkin tarpeen. Nyt te olette kuin versoja, jotka kasvavat puun varjossa. Sen tähden on tarpeellista, että seuraatte tiettyjä sääntöjä ja rajoituksia.

Jos perheessänne ei ole ketään, joka huolehtisi heistä ja jos heidän kuntonsa on todella huono, silloin on oikein, että menette, huolehditte ja autatte heitä. Nähkää heidät Jumalana ja palvelkaa heitä. Mutta jos ylläpidätte riippuvuutta heihin mielessänne, ette hyödy siitä, että elätte ashramissa – ette te eikä teidän perheenne hyödy siitä. Jos ette kykene katkaisemaan riippuvuuttanne perheeseenne, on parasta, että elätte kotona ja huolehditte vanhemmistanne.

Vaikka ette vierailisikaan kotona, mutta saatte tietää kaikesta, mitä heille on tapahtunut ja heidän ongelmistaan, teidän ajatuksenne keskittyvät noihin asioihin. Kotonanne olevat vaikeudet pesiytyvät itsestään alitajuntaanne. Teidän myötätunnostanne ei kuitenkaan ole apua heille. Kun saavutatte tietyn tason henkisten harjoitustenne ansiosta, voitte tehdä *sankalpan*, joka hyödyttää heitä. Mutta se ei ole mahdollista nykyisessä kehitysvaiheessanne. Kun olette huolissanne heistä, menetätte vain kaiken sen voiman, minkä olette keränneet.

Jos perheenne kirjoittaa teille, älkää rohkaisko sitä. Kookoksen siemen ei voi itää ennen kuin se on pudonnut puusta, joka on sen äiti. Takertumisenne saa vain aikaan sen, että etäännytte Jumalasta. Ette edisty, jos teette *sadhanaa* samalla kun ylläpidätte riippuvuutta perheeseenne ja ystäviinne. Jos harjoitatte *sadhanaa* yksinäisyydessä tässä vaiheessa, voitte kasvattaa itsessänne voiman, jonka avulla voitte pelastaa, ette vain perheenne, vaan koko maailman."

Brahmachari: "Mutta emme me voi olla tuntematta huolestuneisuutta, kun kuulemme heidän ongelmistaan kotona vai voimmeko?"

Amma: "Poikani, kun olet valinnut henkisen polun, sinun tulee antaa kaikki korkeimmalle edistyäksesi. Kun täytämme vesivaraston, vesi virtaa kaikkiin putkiin, jotka siihen on liitetty. Samalla tavalla rakastamalla Jumalaa rakastamme kaikkia, sillä hän on jokaisessa.

Jos perheesi jäsenet tulevat vierailulle luoksesi, voit tervehtiä heitä hymyillen, kumartaa kunnioittavasti[34] ja sanoa heille muutamia ystävällisiä sanoja. Se sopii. Tosiasiassa sen verran voit tehdä, mutta et enempää. Usko siihen, että Jumala huolehtii heidän tarpeistaan. Sinun tulee omaksua antautumisen asenne. Kaiken kaikkiaan suojeletko sinä heitä? Kykenetkö sinä siihen?"

---

[34] Intiassa on tapana, että nuoremmat kumartavat perheen vanhempien edessä ja koskettavat heidän jalkojaan.

Brahmachari: "Miksi perhesiteistä luopumista pidetään niin tärkeänä?"

Amma: "Poikani, aivan kuten maa vetää puoleensa kaiken, perhe vetää meidän mielemme nopeasti puoleensa. Sellainen on verisukulaisuuden olemus. *Sadhakan* pitää voida suhtautua kaikkiin tasa-arvoisesti. Vain luopumalla riippuvuudesta kaikkeen me voimme tulla tuntemaan todellisen olemuksemme. Meidän riippuvuutemme 'minun' isääni, 'minun' äitiini, 'minun' veljeeni tai sisareeni on juurtunut syvälle meissä. Irrottautumatta siitä me emme voi laajentua emmekä saada osaksemme *sadhanasta* odottamaamme hyötyä. Jos soudat venettä, joka on sidottu rantaan kiinni, et pääse toiselle rannalle."

Brahmachari: "Amma, en minä kirjoita kenellekään. Halusin vain tietää, mikä on sopivaa."

Amma: "Jos olosuhteet ovat sellaiset, että sinun pitää kirjoittaa jollekulle, kirjoita pari kolme riviä. Pidä huoli siitä, että se mitä kirjoitat koskettaa henkisiä asioita. Silloin heidän mielensä saa vastaanottaa hieman puhtautta, kun he lukevat nuo sanat. Kun joku kääntyy henkiselle polulle, sillä on suuri vaikutus perheeseen, siihen, millä tavoin he ajattelevat. Kirjoita heille aina vain myönteisiä asioita kirjeissäsi. Jotkut Ramakrishnan[35] perheenjäsenistä ovat alkaneet pitää siitä, että hän on täällä. Heidän yhteytensä häneen on saanut heidät arvostamaan henkisyyden merkitystä elämässä."

Brahmachari: "Sanoit, että meidän ei tule asennoitua siten, että kyse on 'minun' perheestäni, mutta kuinka voimme palvella heitä ilman tuollaista asennetta? Eikö ole niin, että voimme

---

[35] Swami Ramakrishna on yksi Amman varhaisista opetuslapsista. Hän tapasi Amman ensi kerran jo vuonna 1978.

tehdä jotakin todella hyvää vain silloin kun teemme sen 'minun' -asenteella?"

Amma: "Henkisen ihmisen palvelutyö on myös hänen *sadhanaansa*. Hänen päämääränsä on olla vapaa kaikista riippuvuuksista. Hän kaipaa täydellistä vapautta. Hän palvelee toisia puhdistaakseen mielensä ja tullakseen riippumattomaksi, jotta hän voisi oivaltaa korkeimman päämäärän. Jos rakastat Jumalaa ja antaudut hänelle, kykenet tekemään minkä tahansa toimen hyvin, vapaana 'minä'- ja 'minun'-ajatuksesta. Tehkäämme parhaamme ja olkoon tulos Hänen tahtonsa mukainen – tällä tavoin meidän on asennoiduttava. Jos olemme riippuvaisia, toisten palveleminen sitoo meitä.

Meidän tulee palvella toisia ilman odotuksia. Jos toiset heittelevät meille okaan piikkejä, meidän tulee kyetä heittämään heille kukkasia. Kun he antavat meille myrkkyä, meidän pitäisi antaa heille *payasamia*. Tällainen mielenlaatu meillä tulisi olla. Maailman palvelemisen tarkoitus on kehittää mielestämme tällainen. Kun palvelemme toisia, nähkäämme heidät Jumalana. Kaikkien toimiemme tulisi olla jumalanpalvelusta. Silloin jokainen tekomme muuttuu jumalalliseksi mantraksi."

Brahmachari: "Mitä vikaa siis on siinä, että palvelemme perhettämme tällä tavoin?"

Amma: "Kun olet kehittänyt itsellesi tällaisen mielenlaadun, se ei olekaan ongelma. Mutta tässä vaiheessa olet edelleen kiintynyt perheeseesi. Joten sinun on vaikea kokea heidän hyväkseen tekemäsi teot Jumalan palvelemisena. Alkuvaiheessa sinun on vaikeaa olla tekemisissä perheesi kanssa ilman jonkinasteista kiintymystä, samalla tavoin kuin muiden kanssa. On luonnollista tuntea kiintymystä omaa kotiaan ja perhettään kohtaan. Voimme ylittää tämän vain ahkerasti harjoittelemalla. Sen tähden suositellaan, että etsijän tulisi vapauttaa itsensä perheestään. Kun hänessä on kehittynyt todellista rakkautta ja kiintymystä Jumalaa kohtaan, hän ei kykene enää pitämään yllä sidosta mihinkään muuhun.

Siemen tulee istuttaa maan sisään ja sen kuoren tulee murtua ennen kuin se voi itää. *Sadhakan* tulee murtaa samaistumisensa kehoon ja hänen pitää antaa sellaisten asenteiden kuten 'minun isäni' ja 'minun äitini' väistyä. Hänen pitää nähdä jokainen Jumalana."

Kun Amma nousi ylös, hän poimi kassavan kuoria käteensä ja pyysi kaikkia laittamaan ne lehmien juoma-altaaseen. Hänen sanojensa nektarin siunaamat brahmacharit nousivat myös ja lähtivät omiin askareisiinsa.

Sunnuntaina 15. kesäkuuta 1986

Amma istui muutamien oppilaiden kanssa *darshan*-majassa. Koska oli satanut koko aamun, väkijoukko oli pieni.

Amma (nauraen): "Ashramin opetuslapset sanovat, että meidän pitää muuttaa se mitä *Bhagavad-Gitaan* on kirjoitettu. Krishna sanoi: 'Minä olen aina olemassa heitä varten, jotka turvautuvat minuun ja hylkäävät kaikki muut. He sanovat, että täällä tilanne on päinvastainen, että Amma rakastaa perheellisiä enemmän kuin maailmasta luopuneita. Mutta tarvitseeko loistava lamppu valoa? He jotka elävät pimeydessä tarvitsevat valoa. Hän, joka astuu kuumuudesta sisälle, tarvitsee kylmää vettä."

"Amma sanoo täällä asuville lapsilleen: 'Perheelliset korventuvat maallisen elämän kuumuudessa, kun taas te saatte aina nauttia täällä viileydestä. Koska Amma on lähellänne, voitte aina juosta hänen luokseen ongelmienne kanssa. Toisten kohdalla tilanne ei ole tällainen. Kaikkien toimiensa keskellä he onnistu-vat jotenkin järjestämään yhden päivän voidakseen tulla tänne. Jos Amma ei anna heille tarpeeksi huomiota, kun he tulevat, niin he kompastelevat tiellään. Siinä missä te olette luopuneet maallisesta elämästä oivaltaaksenne Itsen, siinä heidän täytyy edelleen huolehtia kodeistaan, lapsistaan ja työstään. He ovat sidotut erilaisiin velvollisuuksiin ja silti he etsivät henkisyyttä kaiken sen keskellä. Eivät he voi noin vain katkaista kaikkia noita siteitä. Vain jatkuvan *sadhanan* avulla he kykenevät kehittämään itsessään tarvittavaa takertumattomuutta. He joutuvat seisomaan tulen keskellä koettaen olla saamatta palovammoja – sellaista on perheellisen elämä. Ilman kenkiä heidän täytyy kävellä okaiden yli yrittäen olla saamatta haavoja – kenkien edustaessa vapautta maallisista siteistä. Perheellisillä ei ole samanlaista vapautta. Sen tähden meidän tehtävämme on lohduttaa heitä. Kun opetuslap-seni kuulevat tästä, he ovat hiljaa", Amma sanoi nauraen.

Nuori mies nimeltä Sudhir istui lähellä Ammaa. Hän oli suorittanut maisterin tutkinnon viisi vuotta aiemmin, mutta koska ei ollut ketään muuta, joka olisi huolehtinut hänen ikään-tyneestä äidistään, hän oli huolehtinut hänestä vakituisen työn hankkimisen sen sijaan. Ansaitakseen elantonsa hän antoi opin-to-ohjausta alueensa lapsille. Äitinsä kuoltua hän oli ryhtynyt elämään henkistä elämää käyttäen aikansa toisten auttamiseen ja *sadhanaan*. Ennen pitkää hän kuitenkin huomasi, ettei kyennyt etenemään ilman gurua, joka opastaisi häntä tarpeen mukaan. Itse asiassa hän alkoi tuntea vastenmielisyyttä henkisiä toimia kohtaan. Samaan aikaan hänen kiinnostuksensa myös maallisia asioita kohtaan väheni.

Tuntien itsensä levottomaksi Sudhir oli tullut ashramiin kolme päivää aiemmin voidakseen tavata Amman ensimmäistä kertaa. Hän oli kysynyt Ammalta, voisiko hän oleskella ashramissa jonkin aikaa ja Amma oli suostunut tähän. Toisena päivänä hänen surunsa oli kadonnut. Hän osallistui ashramin töihin suurella innostuksella ja *sraddhalla*. Sudhir lauloi myös hyvin ja oli jo oppinut laulamaan useita *kirtaneita*.

Sudhir: "Amma, onko epäitsekäs palvelutyö mahdollista vain, jos uskoo Jumalaan?"

Amma: "Poikani, vain hän, joka uskoo Jumalaan, voi todella palvella toisia epäitsekkäästi. Mutta jos joku, jolla ei ole uskonnollista vakaumusta, kykenee palvelemaan toisia epäitsekkäästi ja antamaan heille anteeksi heidän virheensä ja rajoituksensa, silloin ei ole väliä vaikka hänellä ei olisikaan uskoa. He jotka kykenevät todelliseen epäitsekkääseen palvelutyöhön vaikka eivät usko Jumalaan ansaitsevat mitä syvimmän kunnioituksen."

Sudhir: "Mikä on meditaation tarkoitus?"

Amma: "Mielestämme tulee epäpuhdas johtuen niistä erilaisista ajatuksista, jotka täyttävät meidät jatkuvasti. Meditaatio suuntaa nuo ajatukset kohti yhtä keskittymisen kohdetta.

Me olemme kuin puhdasta sadevettä, josta on tullut epäpuhdasta, kun se on kerääntynyt sadevesikouruun. Sadevesikourun vesi tulee puhdistaa yhdistämällä se jokeen ja tämän *sadhana* saa aikaan. Vaikka me olemmekin tosiasiassa puhdasta *atmania*, olemme kuitenkin sidotut karkeaan aineelliseen maailmaan ja sisällämme on epäpuhtaita *vasanoita*. Meidän tulee puhdistaa mielemme harjoittamalla erottelukykyä sen suhteen, mikä on ikuista ja väliaikaista, samoin kuin harjoittamalla meditaatiota. Sitten kun puhdistumme meditaation avulla, meistä tulee vahvoja."

Amma pyysi Sudhiria laulamaan laulun. Hän lauloi:

Karunya murte, kayampu varna.

Oi myötätunnon asuinsija,
oi tummaihoinen,
avaa silmäsi,
oi kaiken surun tuhoaja,
pyydän, poista minun kärsimykseni.

Oi loistelias,
jonka silmät ovat punaisen lootuksen kaltaisia,
joka olet minun turvani tässä maailmassa.
Oi Krishna, minä palvon sinua ikuisesti
kukkien kaltaisilla kyynelilläni.

Oi Gopala, mielen lumoaja,
minä kompuroin pimeydessä.
Oi Shridhara, joka läpäiset kaikki neljätoista maailmaa,
avaa silmäsi ja vapauta minut surustani.

Nuori nainen meditoi Amman lähellä. Amma osoitti häntä ja sanoi:

"Tämä tytär haluaa myös asettua ashramiin asumaan. Hän kieltäytyy menemästä kotiinsa, vaikka onkin naimisissa. Hän on palannut takaisin vanhempiensa luokse ja hänen aviomiehensä vanhemmat eivät salli hänen tavata omaa lastaan. Nyt hän ei halua enää miestään eikä lastaan takaisin. Amma on pyytänyt häntä odottamaan aikansa. Tämänhetkinen takertumattomuus johtuu hänen pettymyksestään, ei todellisesta ymmärryskyvystä. Hän tarvitsee takertumattomuutta, joka syntyy henkisten periaatteiden ymmärtämisestä, muussa tapauksessa hän ei kykene pysyttelemään ashram-elämässä.

185

Oppilas koettelee deviä

Lounaskello soi. Annettuaan *darshanin* muutamalle jäljelle jää-
neelle Amma käveli ruokasaliin oppilaiden seuraamana. Hän
jakoi itse lounaan kaikille ja oleskeli ruokasalissa niin pitkään,
että kaikki olivat saaneet syödyksi. Kun hän lähti hallista, hän
otti muutaman askeleen ja kääntyi sitten yhtäkkiä palaten takai-
sin sisälle. Hän meni miehen luo, joka istui edelleen lautasensa
ääressä, otti riisipallon, jota hän oli pitänyt lautasellaan ja laittoi
sen suuhunsa. Tämä sai miehen tunteet vuotamaan yli äyräitten-
sä. Kyyneleet valuivat hänen kasvoillaan ja hän toisteli ääneen:
"Kali, Kali, Kali!"

Amma istuutui hänen viereensä ja silitteli rakastavasti hänen
päätään ja selkäänsä. Lopulta hän nousi ylös ja meni huonee-
seensa.

Amman epätavallinen käytös merkitsi tälle miehelle paljon.
Hän oli lähtenyt Kalkutasta liikematkalle Kochiniin ja hän oli
kuullut ystävältään Ammasta. Koska hän palvoi monien ben-
galilaisten tavoin Jumalallista Äitiä, hänen ystävänsä kuvaus
Amman *Devi-bhavasta* (Jumalallisen Äidin ilmentämisestä) oli
herättänyt hänen uteliaisuutensa, ja niin hän oli päättänyt tulla
tapaamaan Ammaa ennen kuin palaisi Kalkuttaan. Hän oli tul-
lut tuona aamuna ystävänsä kanssa ashramiin ja vastaanottanut
Amman *darshanin* majassa. Kun Amma sitten tarjoili lounasta
hetkeä myöhemmin, mies oli tehnyt riisipallon ja laittanut sen
lautaselleen ajatellen: 'Jos Amma todella on Kali (Jumalallisen
Äidin hurja olemuspuoli), hän tulee ja ottaa tämän riisipallon ja
syö sen. Jos hän tekee niin, minä jään tänne illaksi nähdäkseni
Devi-bhavan. Muussa tapauksessa lähden heti lounaan jälkeen.'
Kun Amma sitten käveli ulos ruokahallista, mies koki sydämensä

vajoavan ja epätoivon ottavan hänet valtaansa. Mutta kun Amma palasi takaisin hetkeä myöhemmin ja söi riisipallon, jonka hän oli laittanut syrjään Kalia varten, mies menetti tyystin itsehillintänsä. Hänen sisimpäänsä kerääntyneet pilvet purkautuivat kyyneleinä ulos. Hän jäi *bhava-darshaniin*, vaikka hänen ystävänsä lähtikin paluumatkalle jo iltapäivällä.

Ohjeita opetuslapsille

Iltapäivällä satoi. Amma meni neljän aikaan varastohuoneeseen ja ryhtyi siivoamaan sitä muutamien brahmacharien kanssa. Neelakantan ja Kunjumon rakensivat ulkona sateessa aitaa ashramin pohjoisreunalle.

"Älkää olko sateessa, lapseni!" Amma huusi heille.

"Ei hätää, Amma. Meidän työmme on melkein tehty!" he vastasivat ja ryhtyivät työskentelemään entistä nopeammin.

Nähtyään tämän Amma sanoi:

"Koska te teette työnne uhrauksena Ammalle ja koska te teette sitä ilolla, vilpittömästi ja omistautuneena, ette saa kuumetta. Mutta tilanne on erilainen heidän kohdallaan, jotka tekevät työnsä puolinaisesti."

Muutamat brahmacharit, jotka olivat olleet sateessa, vaihtoivat häpeissään katseen keskenään.

Brahmacharini, jonka tehtävänä oli kerätä polttopuuta keittiötä varten, oli laiminlyönyt tehtävänsä. Yksi asukkaista oli valittanut Ammalle, että keittäminen oli ollut vaikeaa, koska polttopuuta ei ollut tarpeeksi.

Amma: "Äiti muistutti tuota tytärtä muutama päivä sitten polttopuun tarpeesta, mutta hän ei siitä huolimatta tuonut yhtään lisää. Missä on hänen kunnioituksensa ja antaumuksensa? Amma ei sano, että kaikkien tulisi kunnioittaa ja arvostaa Ammaa. Mutta kun kanoottia valmistetaan, puuta kuumennetaan, jotta se taipuisi. Vain jos puu taipuu, kanootti voidaan valmistaa. Samalla tavoin me muutumme paremmiksi, kun 'taivumme' gurua kohtaan tuntemamme antaumuksen ja kunnioituksen takia. Muussa tapauksessa ego vain kasvaa emmekä kehity lainkaan henkisesti. Nöyryys ja tottelevaisuus ovat tarpeen, jotta *sadhaka* kehittyisi."

Kun Amma lopetti brahmacharinin nuhtelemisen, toinen asukas ryhtyi valittamaan hänestä.

Amma: "Tytär, tuo opetuslapsi oli tottelematon, mutta meidän ei tule olla vihaisia hänelle. Meidän ei tule koskaan sättiä tai arvostella jotakuta vihaisena vaan niin, että tuo ihminen voisi kasvaa. Jos moitimme tai arvostelemme jotakuta koska olemme vihaisia tai kateellisia, niin syyllistymme heitä suurempaan virheeseen, ja se taas tekee mielestämme epäpuhtaamman. *Sadhakan* ei tule koskaan toimia tällä tavoin. Tärkeä osa *sadhanaa* on nähdä pelkkää hyvää toisissa, sillä vain silloin meissä oleva kielteisyys kuolee."

"Jos arvostelemme toisia rakkaudella ja heidän parastaan ajatellen, se ohjaa heitä väärästä oikeaan. Mutta jos etsimme heistä virheitä virheiden itsensä takia, se saastuttaa oman mielemme ja lisää vihamielisyyttä toisissa rohkaisten heitä tekemään lisää virheitä. Lapseni, älkää etsikö virheitä toisista! Jos joku puhuu teille toisen ihmisen virheistä, älkää jääkö rypemään hänen virheisiinsä vaan osoittakaa hänelle tuon ihmisen hyvät ominaisuudet. Sanokaa hänelle, joka arvostelee: 'Sanot, että hänellä on tällaisia huonoja ominaisuuksia, mutta eikö hänessä ole myös tällaisia hyviä ominaisuuksia?' Silloin hän välittömästi lopettaa arvostelunsa eikä enää lähesty sinua puhuakseen toisista pahaa. Sillä tavoin parannamme itseämme ja autamme myös toisia poistamaan itsestään taipumuksen nähdä toisissa virheitä. Eikö asia ole niin, että teurastaja ja viinakauppias voivat jatkaa liiketoimintaansa vain sen takia, koska ihmiset menevät ostamaan heidän tuotteitaan? Virheiden etsijät muuttavat tapansa, jos ei ole ketään, joka kuuntelisi heitä."

Oli *bhajaneitten* aika. Amma meni *kalariin* ja laulaminen alkoi. *Bhajaneitten* aikana puhkesi ukkosmyrsky ja rupesi satamaan rankasti. Ukkosen jyrinä kuulosti rummutukselta, joka tahditti Shivan *tandava*-tanssia.

Keskiviikkona 18. kesäkuuta 1986

Äiti joka haluaa nähdä lastensa itkevän

Kello oli yksitoista aamupäivällä. Amma oli meditaatiohallissa brahmacharien kanssa. Hän nuhteli heitä siitä, ettei heillä ollut riittävästi tarkkaavaisuutta *sadhanansa* suhteen. Lopuksi hän sanoi:

"Rakkaat lapseni, itkekää Jumalaa! Amma ei ole vihainen nuhdellessaan teitä. Hänen sydämensä on täynnä rakkautta teitä kohtaan, mutta jos hän osoittaa teille vain rakkautta, te ette kasva. Ja kun Amma nuhtelee teitä, teidän syntinne siirtyvät hänelle.

Lapseni, älkää takertuko ulkoiseen rakkauteen. He, jotka elävät maallista elämää, osoittavat rakkautensa ulkoisesti, sillä vain siten muut tulevat tietämään siitä. Maallisessa elämässä kaikkien mielenrauha riippuu ulkoisesta rakkaudesta. Ilman sitä ei ole rauhaa vaan epäsopua. Henkisessä elämässä löydämme sen sijaan autuuden sisältämme.

Jos olette riippuvaisia vain ulkoisen rakkauden etsimisestä, ette löydä jumalallista ydinolemusta sisimmästänne. Vain

189

oivaltamalla sen voitte kokea todellisen täyttymyksen. Jos omistatte talon, voitte elää siinä vapaasti, muussa tapauksessa jos ette maksa vuokraa ajoissa, vuokranantaja ja hänen väkensä tulevat häiritsemään teidän rauhaanne. Amman onni on siinä, kun hän saa nähdä, että te löydätte autuuden sisältänne. Amma kokee surua siitä, kun hän näkee, että te olette riippuvaisia Amman ulkoisesta rakkaudesta ja ulkoisista asioista, sillä jos olette riippuvaisia niistä, joudutte kärsimään huomenna."

"Jos Amma osoittaa liikaa rakkautta, se muodostuu ongelmaksi – sillä sen sijaan, että katsoisitte sisällenne, te keskitytte vain ulkoiseen Äitiin. Mutta jos Amma osoittaa hieman suuttumusta, te käännytte sisällenne ajatellen: 'Oi Jumalani, mitä minä tein väärin? Anna minulle voimaa toimia Amman toivomusten mukaisesti.' Ja niin te käännytte sisäisen Itsen puoleen. Amma kuuntelee tuhansien ihmisten suruja, jotka kärsivät sen tähden, että ulkoinen rakkaus on pettänyt heidät. Kukaan ei rakasta toista enemmän kuin itseään.

Ammalla on miljoonia lapsia. Jos olette riippuvaisia vain hänen ulkoisesta rakkaudestaan, koette mustasukkaisuutta, kun hän on rakkaudellinen toisia kohtaan. Ulkoinen Amma, jonka näette nyt, on kuin kukan kuvajainen, joka heijastuu vedenpinnalle. Ette voi koskaan saada tuota kukkaa omaksenne, sillä se on vain heijastuma. Voidaksenne oivaltaa totuuden teidän tulee etsiä sitä, mikä on todellista. Turvautuminen heijastumaan ei riitä, teidän tulee turvautua siihen, mikä on todellista. Jos rakastatte Ammaa, teidän tulee suuntautua todelliseen olemukseenne. Kun ymmärrätte kokonaan todellisen olemuksenne, mielenne ei enää takerru mihinkään ulkoiseen. Niinpä lapseni, kun olette Amman suojeluksessa, pyrkikää katsomaan sisällenne. Vain siten saatte nauttia ikuisesti autuudesta.

Amma on surullinen, koska hänen lapsensa eivät ponnistele tarpeeksi tehdäkseen mielestään keskittyneen. Itkekää Jumalaa. Vain itkemällä häntä teidän mielenne saavuttaa keskittyneisyyden. Mikään ei ole mahdollista ilman antaumusta Jumalalle. Todellinen oppilas ei edes kaipaa vapautusta. Antaumuksellinen rakkaus on jopa vapautusta korkeampaa. Oppilas saa kokea aina Jumalaa kohtaan tuntemansa rakkauden lahjoittamaa autuutta. Mihin silloin tarvitaan enää vapautusta? Oppilas on silloin jatkuvassa autuudessa jo tässä maailmassa ollessaan, joten miksi hän haluaisi enää ajatella jotakin toista maailmaa?"

Amma osoitti sormensa päätä.

"*Bhaktin* (antaumuksellisen rakkauden) rinnalla *mukti* (vapautus) ei ole tämän enempää."

Amma siemaisi hieman kahvia mukista, jonka eräs brahmachari oli asettanut hänen eteensä. Hän nousi seisomaan kuppi kädessään ja kaatoi hieman kahvia jokaisen suuhun. Kaataessaan kahvia hän kuiskasi jokaisen korvaan:

"Lapseni, kutsu Jumalaa ja itke! Itke Jumalaa, lapseni!"

Annettuaan näin *prasadia*, siunatun lahjan kaikille Amma istuutui jälleen ja ryhtyi antamaan meditaatio-ohjeita.

"Lapseni, rukoilkaa itkien sydämessänne. Älkää antako mielenne vaeltaa vaan kiinnittäkää se *Paramatmaniin* (korkeimpaan tietoisuuteen). Rukoilkaa: 'Oi korkein Itse, poista sisäisen peilini pinnalla oleva lika! Anna minun nähdä todelliset kasvoni tuossa peilissä!' Ja kun mielenne vaeltaa, tuokaa se takaisin ja kiinnittäkää se jälleen rakkaan Jumalanne pyhien jalkojen juureen."

Brahmacharit ryhtyivät nyt meditoimaan. Amman ohjeet kaikuivat heidän mielessään, jolloin meditaatiosta tuli helpompaa. Kun he ihailivat sisäisillä silmillään sitä jumalallisen ydinolemuksen hahmoa, jonka olivat juuri nähneet ulkoisten silmiensä edessä, heidän mielensä hiljeni.

Keskiviikkona 25. kesäkuuta 1986

Hetkellinen takertumattomuus

Nuori mies oli saapunut ashramiin kuukautta aiemmin toivoen saavansa asua siellä. Aluksi Amma ei ollut antanut hänelle lupaa. Kun nuoren miehen pyynnöistä oli tullut entistä voimakkaampia, niin hän oli sanonut:

"Poikani, henkinen elämä ei ole helppoa. Henkisessä elämäntavassa pysytteleminen ilman todellista erottelukykyä ja takertumattomuutta on vaikeaa. Vain he, jotka eivät päästä missään tilanteessa päämäärää kaikkoamaan mielestään, voivat onnistua. Poikani, sinä olet sydämessäsi yhä takertunut perheeseesi ja tästä johtuen Amma ei ole varma siitä, kuinka pitkään sinä kykenet olemaan täällä. Mutta jos koet noin voimakkaasti, voit yrittää, poikani. Amma ei vastusta sitä."

Niinpä nuori mies oli ryhtynyt elämään ashramissa. Hän hurmasi kaikkien sydämet, koska hän noudatti ashramin sääntöjä ja ilmensi voimallista takertumattomuutta, jonka avulla hän harjoitti *sadhanaa*. Kun eräs brahmachari mainitsi tästä Ammalle, hän vastasi:

"Kun istutamme puunoksan, muutamia uusia lehtiä ilmaantuu. Mutta älkäämme olettako, että kasvi on juurtunut, sillä nuo lehdet putoavat pian. Sinun tulee tarkkailla, ilmestyykö sen jälkeen vielä uusia lehtiä. Jos niitä ilmestyy, voit päätellä siitä, että kasvi on alkanut kasvaa. Nuo lehdet ilmestyvät vasta sitten kun kasvi on juurtunut."

Eräänä päivänä nuoren miehen isä ja veli tulivat ashramiin. Isä sanoi:

"Poikani, äitisi on hyvin onneton, koska hän ei näe sinua. Hän ei syö kunnolla ja puhuu sinusta kaiken aikaa."

Nuoren miehen silmät täyttyivät kyyneleistä ja hän kysyi Ammalta:

"Saanko mennä kerran kotiin nähdäkseni äitini?"

"Aivan kuten haluat, poikani", Amma vastasi. Ja aivan niin kuin lääkäri, joka antaa lääkettä potilaalle, joka ei halua pysytellä sairaalassa, Amma lisäsi: "Sinun tulee harjoittaa kotona *japaa*, poikani."

Tänään, viikkoa myöhemmin, kun nuori mies ei ollut vieläkään palannut, brahmachari kysyi:

"Amma, miksi niin moni menettää alkuvaiheen takertumattomuutensa?"

Amma: "Suurin osa tuntee alussa innostuksen aallon. Moni tuntee takertumattomuutta aluksi, mutta menestys on seurausta siitä, että takertumattomuus säilyy. Kun alun innostus laskee, monien aiempien elämien piilevät *vasanat* (kielteiset ominaisuudet) nousevat pintaan yksitellen. Silloin *sadhakan* huomio suuntautuu ulkopuolisiin asioihin. *Vasanoiden* voittaminen vaatii voimallista ponnistelua ja luopumista. Suurin osa ihmisistä lannistuu, kun he kohtaavat odottamattoman paljon vaikeuksia. On myös yleistä, että heidän *sadhanansa* kehitys pysähtyy, mikä aiheuttaa pettymyksen tunteita. Mutta he, jotka omaavat todellista *lakshya boddhaa* (päämäärätietoisuutta) eivät anna periksi. He yrittävät yhä uudelleen jättäen esteet ja epäonnistumiset huomiotta. Vain he, jotka ovat näin voimallisesti tietoisia lopullisesta päämäärästä, kykenevät pitämään yllä takertumattomuutta kaiken aikaa."

Amma nousi ylös ja käveli keittiön lähettyville, missä hän näki ulkomailta tulleen oppilaan yrittävän pestä vaatteitaan. Tottumattomana pesemään vaatteita käsin hän yritti hangata kokonaista saippuapalaa suureen pesukiveen. Amma katsoi häntä hetkisen, meni sitten hänen luokseen ja näytti kuinka tuli toimia. Brahmachari käänsi Amman ohjeet englanniksi. Mies ilahtui siitä, että Amma opetti hänelle vaatteiden pesutekniikan. Seuraavaksi Amma käveli kohti *darshan*-majaa. Matkalla hän havaitsi brahmacharin, jolla oli päällään oranssit vaatteet. Amma: "Poikani, sinun ei tule pitää okranvärisiä vaatteita. Et ole vielä valmis siihen. Osoita kunnioitusta okraa kohtaan missä hyvänsä sitä näetkään, mutta älä käytä okranvärisiä vaatteita itse. Okra on vertauskuva sitä, että olet polttanut kehosi tulessa! Kun näemme tuon värin, meidän tulee muistaa *rishien* perimysketju. Kun osoitamme kunnioitusta jollekulle, jolla on okranväriset vaatteet, kunnioitamme tuota perimyslinjaa."

Ulkomailta tullut oppilas kuunteli tätä keskustelua. Kun hän sai kuulla brahmacharilta, että Amma oli puhunut okranvärisistä vaatteista, hän kysyi, voisiko hänkin saada okranväriset vaatteet. Amma vain hymyili vastaukseksi. Mutta hän esitti kysymyksen uudelleen, nyt vakavammin.

Amma: "Poikani, tuollaisia vaatteita et voi ostaa kaupasta. Sinun tulee ensin osoittaa kypsyyttä, jota ne edellyttävät."

Oppilas ei ollut kuitenkaan tyytyväinen.

"Muut pitävät niitä, joten miksi myös minä en voisi saada sellaiset?"

Amma: "Poikani, tuleeko sinusta nainen vain sen takia, että pidät naisen vaatteita? Tuleeko naisesta mies, jos hän pukeutuu niin kuin mies? Kenestäkään ei tule *sanjaasia* ottamalla jostakin okranvärisen kaavun ja kietoutumalla siihen. Ensimmäinen vaatimus on, että kastat mielesi okraan. Kun olet tehnyt niin, Amma antaa sinulle okranväriset vaatteet."

Oppilas oli hiljaa.

Brahmachari: "Jotkut ihmiset juoksevat karkuun riideltyään perheensä kanssa ja pukevat okranväriset vaatteet päälleen. Eikö totta?"

Amma: "Jotkut lähtevät kotoaan riidan päätteeksi, ja kun he näkevät nälkää, he pukeutuvat okranvärisiin vaatteisiin saadakseen jotakin syödäkseen. Voit nähdä toisten pitävän okranvärisiä vaatteita epätoivoissaan sen jälkeen, kun heidän vaimonsa on jättänyt heidät. Takertumattomuuden tunne on hyvä, mutta meidän tulee ymmärtää sen todellinen tarkoitus, muussa tapauksessa on tarkoituksetonta pitää okranvärisiä vaatteita. Näinä päivinä on vaikeaa kohdata todellisia *sanjaaseja* (maailmasta luopuneita). Meidän tulee tutkia, ovatko he saaneet oranssin kaapunsa *gurukulasta* (mestarin koulusta) perinteisten menojen mukaisesti. Todelliset gurut eivät anna noin vain oransseja vaatteita, he tutkivat vastaanottajan kypsyyttä."

Toivomus läpäistä koe opiskelematta

Kun Amma saapui *darshan*-majaan, kaikki kumarsivat ja istuutuivat. Oppilasperhe oli tullut Pattambista. Rajendran, perheenpää, oli opettaja ja Sarojam, hänen vaimonsa, ompelijatar. Heillä oli kaksi lasta, poika, joka oli 8. luokalla koulussa ja tytär, joka oli 3. luokalla.

Rajendran: "Amma, meidän tyttäremme ei opiskele lainkaan!"

Sarojam: "Hän sanoo, ettei hänen tarvitse opiskella, koska Amma auttaa häntä selviämään kokeista!"

Amma veti tyttären lähelleen ja hyväili häntä rakkaudellisesti.

Amma: "Tyttäreni, eivätkö kaikki syytä Ammaa, jos sinä et opi mitään? Kuinka voit päästä kokeesta läpi, jos et opiskele?"

Suloisella, viattomalla äänellä tyttö sanoi:

"Mutta veljeni pääsi läpi vaikka ei opiskellutkaan!"

Kaikki nauroivat.

Amma: "Kuka sanoi sinulle niin, tyttäreni?"

Tyttö: "Hän itse sanoi."

Sarojam: "Amma, näin hän sanoo aina, kun kehotamme häntä opiskelemaan. Hän sanoo, että kun hänen veljensä alkoi kirjoittaa koetehtäviä, sinä olit ilmestynyt hänelle. Sinä olit tullut ja istuutunut hänen viereensä kertoen hänelle kaikki vastaukset. Kun hän palasi kotiin, hän sanoi: 'Minä en opiskellut lainkaan. Ammachi kertoi minulle kaiken.'"

Rajendran: "Se mitä hän sanoi, on totta, Amma. Hän ei koskaan opiskele mitään, hän vain leikkii. Silti hän sai hyvät arvosanat kokeissa. Opettaja oli ihmeissään."

Sarojam: "Nyt tämä tyttö sanoo, että Ammachi auttaa myös häntä läpäisemään kokeet."

Amma nauroi ja antoi tytölle lämpimän suukon.

"Tyttäreni, jos et opiskele, Amma ei puhu sinulle. Lupaathan opiskella!"

Tyttö lupasi ja Amma antoi hänelle omenan vieressään olevasta korista. Tytön suloiset kasvot loistivat ilosta.

Henkisyys ja maallisuus

Amman oppilas Damodara Menon tuli ja kumarsi Äidille.

Amma: "Oi, kukapa tässä on? Poikani Damu?"

Menon hymyili ja kumarsi päänsä Amman käsiin.

Amma: "Olitko poissa muutamia päiviä, poikani?"

Damu: "Olin matkoilla, Amma. Olen juuri palannut Bangaloresta. En ole edes käynyt vielä kotona. Jäin junasta Kayamkulamissa, sillä halusin nähdä Amman ensin."

Amma: "Voivatko pienet hyvin, poikani?"

Damu: "Kiitos Amman armon, kotona ei ole ongelmia. Mutta tapasin ystäväni, josta olen huolissani."

Amma: "Minkä tähden, poikani?"

Damu: "Tapasin hänet Bangaloressa. Olimme aikoinaan työtovereita. Yhdessä vaiheessa hän luopui työstään ja lähti kotoaan ryhtyäkseen *sanjaasiksi*. Kun hän palasi viisi vuotta sitten, hänellä oli okranväriset vaatteet."

Amma: "Missä tuo poika asuu?"

Damu: "Hän oleskeli ashramissa Rishikeshissä, mutta kun tapasin hänet tällä kertaa, hän oli täysin muuttunut. Okranvärinen kaapu, rudraksa-helmet, pitkät hiukset ja parta olivat kadonneet. Hän näytti komealta. Hän luopui *sanjaasasta* neljä vuotta sitten. Hän rakastui tyttöön, joka vieraili jatkuvasti ashramissa ja meni hänen kanssaan naimisiin. He asuvat nyt Bangaloressa. Hän on töissä siellä, mutta siitä miten hän puhui, ymmärsin, että hän oli syvästi pettynyt."

Amma: "Jos jätät henkisen elämän ja palaat maalliseen elämään, joudut sen seurauksena kärsimään sekä ulkoisesti että sisäisesti. Mieli, joka on omaksunut henkisiä ajatuksia, ei kykene löytämään onnea maallisista asioista, siitä seuraa vain levottomuutta. Hienosyinen aura, jonka henkiset harjoitukset ovat synnyttäneet, on esteenä fyysisten nautintojen kokemiselle. *Sadhakan* rakastettu jumalhahmo ja jumalat, jotka ympäröivät tuota jumaluutta, synnyttävät myötätunnosta kaksinkertaisen määrän esteitä ja kärsimystä, sillä he haluavat, että hän palaa

197

takaisin henkiseen elämään. Tuo kamppailu ei johdu Jumalan tyytymättömyydestä – se on hänen siunauksensa! Jos hänelle annettaisiin enemmän omaisuutta ja onnea, *sadhakan* ego suurenisi ja hän tekisi virheitä. Hän joutuisi syntymään yhä uudelleen ja uudelleen. Estääkseen tämän ja kääntääkseen hänen mielensä pois maailmasta Jumala antaa hänelle kärsimyksiä.

Mieli, joka on saanut maistaa edes hieman henkisyyttä, ei voi löytää enää onnea maallisista asioista. Jos mies menee naimisiin jonkun toisen kanssa kuin sen, jota hän rakastaa, hän tulee olemaan onneton vaimonsa kanssa, koska hänen mielensä keskittyy aina häneen, jota hän rakastaa. Samalla tavoin mieli, joka on kääntynyt henkisyyteen, ei voi löytää tyytyväisyyttä maallisesta elämästä.

Koska avioliitto on jo solmittu, ystäväsi tulee pitää huoli siitä, että hän jatkaa *sadhanaansa*. Jos ihminen noudattaa perheellisen *dharmaa* (elämäntapaa) oikealla tavalla, hän voi elää merkityksellisen elämän. Jatkaen henkisiä harjoituksia taukoamatta hän voi maistaa henkistä autuutta tässä elämässä. Kun alat todella rakastaa Jumalaa, sinun mielesi vetäytyy aineellisista nautinnoista, jolloin halusi vähenevät, ja se johtaa automaattisesti sisäiseen rauhaan. Halu tarkoittaa kärsimystä ja surua. Siellä missä on tulta, siellä on savua ja siellä missä on halua, siellä on kärsimystä. Mutta on mahdotonta elää ilman haluja. Joten kohdistukoot kaikki halusi Jumalaan.

Jos *sadhanaa* harjoitetaan säännöllisesti, henkistä ja maallista elämää voidaan ylläpitää rinnakkain, täydellisessä tasapainossa. Voidaksesi saavuttaa tämän sinun tulee tehdä tekosi tietoisena siitä, että elämän päämäärä on saavuttaa vapautus. Tämä pelastaa sinut."

"Siitä huolimatta *sanjaasan* suuruus on ainutlaatuista. *Sanjaasi* voi mietiskellä Jumalaa ja nauttia autuudesta tarvitsematta kantaa maailman huolia. Vaikka hän työskentelisikin palvellen muita, hän ei tunne taakkaa koska ei ole kiintynyt tuohon toimintaan.

Kerran sanjaasi käveli tietä pitkin, kun mies lähestyi häntä ja kysyi:

'Swami, mitä on *sanjaasa*?'

Sanjaasi ei edes katsonut häneen, mutta mies toisti kysymyksensä. Yhtäkkiä *sanjaasi* pysähtyi ja laittoi kantamuksensa maahan ja jatkoi kävelemistä. Hän ei ollut kävellyt kuin muutaman metrin, kun mies kysyi jälleen:

'Mitä on *sanjaasa*?'

Sanjaasi kääntyi ja kysyi:

'Etkö nähnyt, että laitoin kantamukseni maahan? *Sanjaasa* tarkoittaa, että luovut 'minä' ja 'minun'-ajatuksesta, että et takerru mihinkään omanasi.'

Sanjaasi jatkoi matkaansa, mutta mies seurasi häntä kysyen:

'Mitä hän tekee sen jälkeen?'

Sanjaasi kääntyi nyt ja meni takaisin sinne, missä hänen kantamuksensa lojui. Hän nosti sen takaisin olalleen ja jatkoi kävelemistä. Mies ei ymmärtänyt tämänkään merkitystä, joten hän toisti kysymyksensä. Kävellessään *sanjaasi* selitti:

'Katsohan. Kannan maailman taakkaa tällä tavoin. Mutta vain luopumalla kaikesta voit laittaa maailman olallesi.'"

"Jos vartioit villieläintä, sinun tulee tarkkailla sitä kaiken aikaa, jotta se ei juoksisi karkuun. Jos päästät sen vapaaksi, sinun on seurattava sitä kaikkialle, muutoin se karkaa. Jos syötät sitä, sinun tulee olla sen seurassa siihen asti, kunnes se on lopettanut syömisen. Et ole koskaan vapaa toimeliaisuudesta. Mutta puutarhan pitäjän tarvitsee vain oleilla portilla ja katsoa, että kukaan ei varasta kukkia. Hän saa myös nauttia kukkien tuoksusta. Samalla tavoin, jos tavoittelet maallista elämää, mielesi piinaa sinua kaiken aikaa, se ei ole koskaan vakaa. Henkisyys sen sijaan sallii sinun nauttia elämän kauneudesta ja tuoksusta. Ei ole sekamelskaa eikä kiroilua. Jopa siihen liittyvä kärsimys on jumalallista armoa, joka ojentaa käden kohottaakseen sinut rauhan tilaan."

Kaikki kuuntelivat haltioituneen tarkkaavaisina Amman tarkkaa kuvausta henkisen ja maallisen elämän olemuksesta. Kun he nousivat paikoiltaan, heidän kasvonsa loistivat uudenlaisen ymmärryksen valoa sen suhteen, miten muokata elämäänsä.

Lauantaina 28. kesäkuuta 1986

Oliko Krishna varas?

Amma oli yhdessä majassa, missä hän keskusteli brahmacharin kanssa, joka oli Krishnan seuraaja.

Amma: "Sinun Krishnasi on suuri varas! Eikö varastaminen tullut maailmaan, koska hän varasti voita? Ajattele kaikkea ilkivaltaa mitä hän teki!"

Brahmachari ei kestänyt kuulla sitä mitä Amma sanoi. Kyyneleet juoksivat pitkin hänen poskiaan, kun hän esitti vastalauseensa:

"Ei Krishna ollut lainkaan tuollainen, Amma!"

Hän jatkoi itkuaan kuin pieni lapsi. Amma pyyhki hänen kyyneleensä ja sanoi:

"Sinä olet kuin lapsi! Amma halusi vain nähdä kuinka voimakas on sinun kiintymyksesi Krishnaa kohtaan. Ei hän ollut varas. Hän oli rehellisyyden ruumiillistuma. Hän varasti voita ja teki erilaisia kepposia ilahduttaakseen toisia. Varastaessaan voita hän varasti heidän sydämensä. Vain Jumala saattoi tehdä sillä tavoin. Hän ei toiminut koskaan itseään ajatellen. Ei hän varastanut voita itselleen vaan köyhien karjapaimenten lapsille, jotka olivat hänen seuralaisiaan ja samalla hän kiinnitti *gopien* sydämen Jumalaan.

Aiemmin *gopien* mieli oli kiinnittynyt aina työhön. He keskittyivät elantonsa ansaitsemiseen myymällä maitoa, voita ja jogurttia. Varastamalla niitä Krishna vapautti heidän mielensä riippuvuuksista ja keskitti heidän mielensä häneen. Vaikka hän varastikin voita, hän ei itse syönyt sitä vaan antoi sitä nuorille lehmipaimenille, jotka olivat tulleet nälkäisiksi kaitsiessaan lehmiä. Näin hän saavutti kaksi asiaa yhdellä kertaa: hän syötti nälkäiset ystävänsä ja vapautti *gopien* mielet riippuvuuksista.

Krishna oli todellinen vallankumouksellinen. Tämän päivän vallankumoukselliset haluavat ottaa heiltä, joilla on ja antaa heille, joilla ei ole. Mutta he haluavat eliminoida yhden ihmisryhmän saavuttaakseen tämän. Tällainen on materialistinen tapa. Henkinen lähestymistapa on toisenlainen. Sri Krishna opetti, kuinka voidaan pelastaa jokainen, rikas ja myös köyhä, oikeudenmukainen ja epäoikeudenmukainen. Tänä päivänä ihmiset sanovat, että jos koiralla on vesikauhu, se pitää tappaa. Mutta Krishna sanoo, että meidän tulee sen sijaan muuttaa "vesikauhuinen" mieli. Tällainen oli hänen vallankumouksensa luonteeltaan. Ratkaisu ei ole tappamisessa, vaan ihmisen mielen muuttamisesta ja kohottamisesta. Yksilössä tulee tapahtua muutos. Rajallinen, itsekäs mieli pitää muuttaa laaja-alaiseksi, kaiken sisältäväksi mieleksi, joka on täynnä rakkautta ja myötätuntoa. Tämän Krishna meille opetti.

Krishnan avioliittokaan ei ollut hänen oma valintansa. Hän suostui menemään naimisiin voidakseen tehdä rakkaat läheisensä onnellisiksi. Hänen päämääränsä oli saada kaikki nauttimaan

201

Itsen autuudesta, ja hän noudatti monia erilaisia menetelmiä saavuttaakseen tämän. Tavallinen mielenlaatu ei kykene ymmärtämään tätä. Vain hienosyinen mieli, joka on keskittynyt mietiskelyyn, kykenee ymmärtämään hieman hänen elämänsä sisäistä merkitystä.

"Laula nyt *kirtan*, poikani!"

Brahmacharin kasvot alkoivat loistaa hymyä ja kun hän alkoi laulaa, hänen rakkautensa lähti lentoon:

Nilanjana miri neerada varna.

Oi sinä, jonka iho on sadepilven värinen,
jolla on siniset, mustalla rajatut silmät;
Sinä olet minun ainoa turvani, aina ikuisuuteen asti,
tämä on totuus, Krishna,
sillä ei ole ketään muuta joka voisi suojella minua.

Oi tumma, komea Krishna,
leikkisä kuin lapsi joka varastaa sydämet,
jota Naradan tamburan ääni vetää puoleensa –
Oi aina niin säteilevä Krishna,
joka tanssit antaumuksellisten laulujen tahdissa,
joka tuhoat kaikenlaisen ahneuden
ja joka olet ikuinen todistaja,
salli minun nähdä sinut jumalallisessa näyssä.

Vapautuksen lahjoittaja,
joka lumoat mayallasi,
jonka lootusjalkoja ihmiskunta palvelee.
Oi herra Krishna,
vapauta minut tästä maallisesta olemassaolosta.

Kun hän lauloi, brahmachareja saapui harmoniumin, ganjiran ja muitten soitinten kanssa. Maja täyttyi pian, jolloin osa joutui istumaan ulkopuolella, kaikki he lauloivat aina kertosäkeen vastauksena brahmacharille, joka johti *kirtania.*

Amma ei kyennyt lopettamaan laulua. Hänen silmänsä täyttyivät kyyneleistä. Hiljalleen hän sulki kyyneleiset silmänsä ja istui hiljaa muodostaen *mudran,* pyhän merkin sormillaan. Jumalallisen tietoisuudentilan mittaamaton voima säteili hänestä avaten läsnäolijoiden sydämet. Jonkin ajan kuluttua hänen silmänsä avautuivat, sitten ne sulkeutuivat jälleen. Näytti siltä, että Amma ponnisteli voidakseen palata ylevöityneestä mielentilastaan ja laskeutua jälleen alas. Aikaisemmin Amma oli vaipunut *samadhiin* (Jumalaan sulautumisen tilaan) *bhajaneitten* aikana, jolloin hän oli palannut tavalliseen mielentilaan vasta useita tunteja myöhemmin. Silloin hän oli sanonut:

"Kun näin tapahtuu, teidän lasten tulee laulaa *kirtaneita.* Muuten Amma saattaa istua tällä tavalla kuukausia tai hänestä voi tulla *avadhuta.*"

Brahmacharit muistivat nyt tämän tapahtuman ja jatkoivat *kirtaneiden* laulamista aina siihen asti, kunnes Amma palasi *bhavastaan* takaisin. Kesti pitkään ennen kuin hän tuli jälleen täysin tietoiseksi ympäristöstään.

Bhava-darshan

Tuona iltana oppilas nimeltä Subrahmanian Madrasin kaupungista istui Amman lähellä. Hän pyysi Ammaa selittämään *bhava-darshanin* merkityksen.

Amma: "Poikani, ihmiset elävät nimien ja muotojen maailmassa. Johdattaakseen heidät totuuteen Amma omaksuu tämän roolin."

"Ilman mieltä ei ole maailmaa. Niin kauan kuin sinulla on mieli, on myös olemassa nimiä ja muotoja. Kun mieli katoaa, ei ole enää mitään. Heidän, jotka ovat saavuttaneet tuon tilan, ei tarvitse enää rukoilla tai harjoittaa *japaa*. Siinä tilassa et koe sen enempää unta kuin hereilläoloakaan, et ole tietoinen minkäänlaisesta objektiivisesta olemassaolosta – on vain täydellinen hiljaisuus, autuus ja rauha. Mutta oppilaan tulee kehittyä voidakseen saavuttaa tämän tilan, niinpä tarvitaan sellaisia menetelmiä kuin *bhava-darshan*."

Subrahmanian: "Jotkut arvostelevat Ammaa siitä, että hän halaa opetuslapsiaan."

Amma: "Poikani, sinun tulisi kysyä heiltä: 'Rohkenetko halata äitiäsi, joka synnytti sinut? Vaikka tekisitkin niin kotona, halaisitko häntä keskellä katua?' Tosiasiassa he eivät tee näin estoistaan johtuen.[36] Mutta Amma ei koe tällä tavoin.

Äiti tuntee suurta rakkautta, lempeyttä ja kiintymystä vauvaansa kohtaan, ei fyysistä halua. Amma näkee jokaisen lapsenaan. Tämä saattaa olla eräänlaista hulluutta ja voit sulkea Amman elämästäsi – mutta tällä tavoin hän toimii. Jos kysyt, miksi hän halaa ihmisiä, niin vastaus kuuluu, että sillä tavalla hänen sisäinen myötätuntonsa virtaa ulos. Tuo virta ilmenee spontaanisti, kun tulet hänen luokseen, aivan niin kuin lehdet heiluvat, kun tuuli lähestyy. Siinä missä makeus on hedelmän ominaislaatu, siinä äidillinen tunne, myötätunnon virta, on Amman sisäinen ominaislaatu. Mitä hän voi tehdä? Se on hänelle hyvin todellista. Lehmä voi olla musta, valkoinen tai punainen,

---

[36] Ihmiset halaavat Intiassa hyvin harvoin julkisesti.

mutta maito on aina valkoista. Samalla tavoin on olemassa vain yksi Itse, ei monia. Se vain ilmenee monena heidän näkökulmastaan, jotka ajattelevat olevansa yksilösieluja. Näin asia on. Amma ei näe eroa ja siitä johtuen hän ei näe miehiä ja naisia toisistaan erillisinä."

"Maailmasta puuttuu tänä päivänä pyyteetöntä rakkautta. Vaimolla ei ole aikaa kuunnella miestään tai lohduttaa häntä eikä mies lohduta vaimoaan tai kuuntele häntä, kun hän haluaisi kertoa huolistaan. Ihmiset rakastavat toisiaan oman onnensa tähden. Kukaan ei mene tämän rajan tuolle puolen ja rakasta toista uhraten oman mukavuutensa. Me emme näe kenessäkään uhraamisen asennetta, jolloin he olisivat valmiit kuolemaan toisten hyväksi. Sen sijaan, että ihmisillä olisi asenne 'olen olemassa sinua varten', he ajattelevat, että 'sinä olet olemassa minua varten'. Mutta Amma ei voi asennoitua tällä tavoin.

Ihmiset, jotka tarkastelevat tätä omalta tasoltaan käsin, saattavat ajatella, että tällainen on outoa. Mutta se ei ole Amman vika. He saattavat olla toisella tavalla hulluja – Amma on tällä tavalla hullu. Lehmipaimen ajattelee, että ruoho on lehmän ravintoa, vaeltava parantaja taas näkee saman ruohon lääkkeenä. Jokainen näkee asiat oman *samskaransa* (luonteensa) mukaisesti.

Kerran guru ja opetuslapsi lähtivät pyhiinvaellusmatkalle. Matkalla heidän piti ylittää joki. Tyttö seisoi joenrannalla itkien. Hänen piti ylittää joki, mutta hän ei kyennyt siihen, koska joki oli hänelle liian syvä. Guru ei epäröinyt. Hän kohotti tytön olkapäilleen ja ylitti joen laskien tytön olaltaan vastarannalle. Guru ja opetuslapsi jatkoivat matkaansa. Kun he istuutuivat syömään illallista, opetuslapsen kasvoilla oli huolestunut ilme. Guru havaitsi sen ja kysyi:

'Mikä hätänä?'

Opetuslapsi sanoi:

'Olen epäilysten vallassa. Oliko sopivaa kantaa tyttöä olka-päilläsi sillä tavoin?'

Guru nauroi ja sanoi:

'Minä laskin hänet joen vastarannalle. Kannatko sinä yhä häntä?'"

Subramanian: "Minä olen harjoittanut *sadhanaa* niin monta vuotta, en ole silti saanut erikoisia kokemuksia. Minkä tähden?"

Amma: "Jos sekoitat kymmenen ruokalajia keskenään, voitko nauttia yhdenkään mausta? Etene vain yhden kaipuun vallassa; kaivaten, että saisit nähdä Jumalan. Silloin tulet saamaan koke-muksia."

Useita nuorukaisia saapui Amman *darshaniin*. Amma istui heidän seurassaan jonkin aikaa puhuen heille henkisistä asioista. Lopulta he kumarsivat hänelle ja nousivat ylös. Ennen kuin he lähtivät, yksi nuorista miehistä sanoi:

"Amma, anna minulle siunauksesi, että uskostani sinuun tulisi voimakkaampi!"

Amma: "Uskon ei tule olla sokea, poikani. Sinun tulee tut-kia tarkoin ennen kuin kiinnität uskosi. Te olette kaikki nuoria. Älkää ryhtykö uskomaan välittömästi. Se mitä näette, ei ole Amman todellinen olemus. Hän on hullu nainen. Älkää uskoko sokeasti, että hän on hyvä!"

Nuori mies: "Lapsen tehtävä on päättää, onko Äiti hyvä!"

Hänen sanansa saivat aikaan naurunpyrskähdyksen. Hän oli vasta tavannut Amman ja silti hän jo tunsi Amman läheiseksi! Mutta kukapa kykenisikään pakenemaan rakkauden aaltoja, jotka lähtevät Ammasta, rakkauden valtamerestä.

Tiistaina, 1. heinäkuuta 1986

Erehtyvät ovat myös hänen lapsiaan

Amma ja brahmacharit olivat matkustaneet Ernakulamiin. He palasivat ashramiin keskipäivän aikaan. Monet oppilaat, jotka odottivat Ammaa, kumarsivat kun hän käveli kohti ashramia. Menemättä huoneeseensa lepäämään Amma istuutui Vedanta-koulun kuistille ja ryhtyi antamaan *darshania* oppilaille.

Ernakulamissa pidetyn vastaanoton aikana järjestäjät olivat estäneet erästä miestä seppelöimästä Ammaa. Viitaten tuohon tapahtumaan brahmachari sanoi:

"Se mies oli kovin murtunut eilen. Vasta kun Amma kutsui häntä ja antoi hänelle *prasadin* hän tunsi olonsa paremmaksi. Hän olisi mennyt aivan hajalle, jos Amma ei olisi tehnyt niin. Järjestäjät ajattelivat, että ihmiset olisivat arvostelleet Ammaa, jos sellaisen henkilön, jolla on niin huono maine, olisi annettu tulla hänen lähelleen."

Amma: "Tähän mennessä tuo poika on tehnyt monia virheitä, mutta eilen hän tuli Amman luo ensimmäistä kertaa. Millä tavoin hän tulee nyt toimimaan, siihen meidän tulee kiinnittää huomiota. Valo ei tarvitse valoa, sen sijaan pimeys tarvitsee valoa. Jos Amma torjuu tuon lapsen, mikä tulee olemaan hänen kohtalonsa? Hän on tehnyt kauhistuttavia virheitä tietämättömyytensä takia, mutta Ammalle hän on silti yksi hänen pojistaan. Onko täällä ketään, joka ei ole koskaan tehnyt mitään väärää? Suurin virhe on tehdä jotakin väärää vaikka tietääkin mikä on oikein. Me harjoitamme henkisyyttä, jotta oppisimme antamaan ihmisille anteeksi heidän virheensä ja rakastamaan heitä – ei torjumaan heidät. Kuka tahansa voi torjua toiset, mutta jokaisen hyväksyminen on vaikeaa. Vain rakkauden avulla voimme ohjata toiset väärästä oikeaan. Jos torjumme toisen hänen virheittensä takia, hän jatkaa virheiden tekemistä.

Pyhimys Valmiki oli metsämies, joka ryösti ja murhasi. Eräänä päivänä hän oli aikeissa ryöstää ja tappaa pyhimykset, jotka kulkivat metsän poikki. He antoivat hänelle anteeksi ja kohtelivat häntä suurella rakkaudella. Jos nuo pyhimykset eivät olisi osoittaneet hänelle myötätuntoa, Valmikia[37] ei olisi syntynyt eikä näin ollen myöskään *Ramayanaa*, joka poisti tietämättömyyden niin monelta ihmiseltä. Sen tähden, lapseni, teidän tulee antaa toisille anteeksi heidän virheensä ja osoittaa heille rakkaudella oikea tie. Älkää viitatko yhä uudelleen virheeseen, jonka joku on tehnyt menneisyydessä, sillä se saa tuon ihmisen vain tekemään lisää virheitä.

Tuo poika oli sanonut Ammalle edellispäivänä, että 'Eiliseen asti en voinut ajatella mitään muuta kuin itsemurhaa. Mutta tänä päivänä kaikki tuollainen on mennyttä. Nyt tunnen yhtäkkiä, että haluan elää. Minä jopa nukuin hyvin viime yönä! Uskoin, että perheeni seisoisi aina rinnallani riippumatta siitä mitä tapahtuisi, mutta kun kävin läpi vaikeita aikoja, he hylkäsivät minut, yksi kerrallaan. Jotkut heistä jopa kielsivät minut. Nyt tiedän, että vain Jumala on todellinen ja ikuinen. Jos olisin ystävystynyt Jumalan kanssa alusta alkaen, minun ei olisi tarvinnut kärsiä niin paljon.'

---

[37] Valmikia kutsuttiin aiemmin nimellä Ratnakaran, silloin kun hän oli vielä maantierosvo, myöhemmin hänestä tuli suuri pyhimys Valmiki, joka oli rakkauden ja myötätunnon ruumiillistuma. Hän kirjoitti Ramayanan, joka oli ensimmäinen sanskritin kielellä kirjoitettu eepos, joka innoittaa ja vaikuttaa yhä tänä päivänä Intian kulttuurissa.

"Lapseni, turvautukaamme Jumalaan. Kuka tahansa, jopa kiireinen liikemies, voi viettää tunnin päivässä keskittäen mielensä Jumalaan. Jumala huolehtii heistä, jotka turvaavat häneen. Vaikeuksien hetkellä meidän rakas jumalhahmomme tulee turvaksemme. Jumala jopa muuttaa vihollistemme mielet meille suosiollisiksi. Mutta kuka tarvitsee Jumalaa tänään?"

Oppilas: "Olen kuullut sanottavan, että lopulta koko maailmasta tulee hindulainen."

Amma: "Se ei näytä todennäköiseltä, mutta ihmisten enemmistö omaksuu *Sanatana Dharman* periaatteet."

Toinen oppilas: "Niin tulee tapahtumaan, koska ihmiset lännessä, jotka eivät hyväksy mitään ilman että tutkivat ja kokeilevat sitä ensin, eivät voi olla syleilemättä *Sanatana Dharmaa*, joka perustuu kaikkein loogisimpiin periaatteisiin."

Amma: "Kokeilla on rajoituksensa. On hyödytöntä sanoa, että me uskomme vasta tutkittuamme ensin. Usko ja kokemus ovat molemmat välttämättömiä edellytyksiä."

Oppilas: "Nykyään ihmiset eivät pidä *mahatmoja* suuressa arvossa. Heidän uskonsa rajoittuu temppeliin."

Amma: "Se johtuu siitä, että pyhiä kirjoituksia tai henkisiä periaatteita ei arvosteta. Ihminen rakentaa temppelin, hän valmistaa ja asentaa Jumalan patsaan paikoilleen, palvoo ja kumartaa sitä. Temppelin voima tulee oppilaasta, joka palvoo sitä. Ja kun *mahatma* valaa temppeliin elämää, se omaa vielä suuremman voiman, paljon suuremman voiman, koska *mahatma* on kokonaan oivaltanut Jumaluuden itsessään. Mutta siitä huolimatta ihmisillä ei ole uskoa itsessään olevaan jumalalliseen voimaan. Mitä voimaa temppelillä olisi, jos *mahatma* ei antaisi sille elämää tai ihmiset eivät palvoisi siellä?"

Kun oppilaiden joukko kasvoi, Amma meni *darshan*-majaan. Yksi oppilaista toi ryppään kookoksia mukanaan ja asetti ne majan ulkopuolelle, sitten hän meni sisälle ja kumarsi Ammalle.

Oppilas: "Tuolla on ensimmäinen rypäs meidän uudesta kookospuustamme. Suunnittelin alusta alkaen antavani ne Ammalle."

Amma: "Eivätkö ihmiset pilkanneet sinua kannettuasi niitä bussissa, poikani?"

Oppilas: "Mitä sen on väliä vaikka tekivätkin niin? Ammachin takia olen valmis kestämään minkä tahansa määrän pilkkaa! Voinko avata yhden niistä sinulle, Amma?"

Amma suostui. Oppilas meni keittiöön kookospähkinan kanssa ja Amma jatkoi keskusteluaan oppilaitten kanssa.

Kodista pitäisi tulla ashram

Oppilas: "Voiko ihminen oivaltaa Jumalan ollessaan *grihasthasrami*?"

Amma: "Kyllä, se on mahdollista. Mutta silloin sinun tulee olla todellinen *grihasthasrami* (perheellinen) ja ajatella, että kotisi on ashram. Mutta kuinka monta *grihasthasramia* on tässä ajassa? Todellinen *grihasthasrami* on omistanut elämänsä Jumalalle eikä ole takertunut mihinkään. Hän ei samastu mihinkään toimiinsa. *Dharma* on tärkein asia hänen elämässään. Vaikka hän elääkin perheensä parissa, hänen mielensä on kaiken aikaa Jumalassa. Hän ei koskaan jätä huolehtimatta vaimostaan tai lapsistaan tai palvelematta maailmaa, sillä hän näkee ne velvollisuuksinaan, jotka Jumala on hänelle antanut ja hän suorittaa tuon velvollisuuden suurella tarkkaavaisuudella. Mutta hän ei takerru toimiinsa niin kuin ihmiset tekevät tänä päivänä.

Jos ymmärrät nämä henkiset periaatteet, voit omistautua kaiken aikaa *sadhanalle* jopa kotonasi. Mutta se ei ole niin helppoa kuin ajattelet. Jos meillä on televisio edessämme kun yritämme työskennellä, päädymme katsomaan televisiota. Takertumattomuuden tulee olla poikkeuksellisen voimakasta voidaksemme vastustaa houkutuksia ja voidaksemme ylittää nuo *vasanat*. On suuriarvoista kyetä kutsumaan Jumalaa perhe-elämän *prarabdhan* keskellä. Monet Amman perheelliset opetuslapset meditoivat ja harjoittavat *japaa* ja *archanaa* säännöllisesti kotonaan. Monet heistä ovat vannoneet, etteivät syö tai nuku ennen kuin ovat tehneet *archanan*. Amman sydän täyttyy rakkauden tunteella kun hän ajattelee heitä."

Kääntyen brahmacharien puoleen Amma jatkoi:

"Te brahmacharit olette täällä omistautuaksenne kokonaan maailman palvelemiselle. Teidän tulee kiinnittää mielenne kokonaan Jumalaan. Älkää jättäkö tilaa millekään muulle ajatukselle. Perheenne ja ystävienne ajatteleminen synnyttää vain lisää *vasanoita* (riippuvuuksia). Jos vain istutte huoneessa, joka on täynnä hiiltä, kehonne tulee olemaan hiilipölyn peitossa. Samalla tavoin rakkauden ja kiintymyksen tunteet perhettä kohtaan vetävät *sadhakan* mielen alas."

Amman *Devi-bhava-darshan* (Jumalallisen Äidin juhla) oli meneillään. Brahmacharit istuivat *kalarin mandapamilla* (kuistilla) laulamassa *kirtaneita*. Näytti siltä, että jopa luonto oli luopunut unesta ja nautti *bhajaneista*. Oppilaiden virta ei ollut hidastunut sen jälkeen kun *darshan* oli alkanut tunteja aikaisemmin.

Miehet astuivat sisään pieneen *kalariin* vasemmanpuoleisesta ovesta ja naiset oikeanpuoleisesta. He kumarsivat Ammalle, joka istui *peethamilla* (mestarin istuimella) ja laskivat surunsa hänen pyhien jalkojensa juureen. Jokainen kumarsi vuorollaan Amman

211

edessä, he lepuuttivat päätään hänen äidillisessä sylissään ja saivat sitten vastaanottaa hänen syleilynsä. Saatuaan *prasadia* ja pyhää vettä hänen käsistään he lähtivät temppelistä syvän täyttymyksen tunteen vallassa. Amma vastaanotti jalkojensa juureen kasoittain oppilaidensa *prarabdhaa*. Aivan niin kuin pyhä Gangesin virta, joka kohottaa langenneet, hän pesi heidän syntinsä pois rakkautensa virrassa. Niin kuin kaiken nielevä tulen jumala Agni, hän puhdisti heidät pyhässä tulessa polttaen heidän *vasanansa*.

Kuten tavallista Amma oli lannistumaton väkijoukon suuruuden edessä (itse asiassa, mitä suurempi ihmismäärä oli, sitä enemmän hänen kasvonsa loistivat). Hänen lävitseen loisti korkeimman näkymätön läsnäolo, joka suojelee lukemattomia kosmisia tasoja ja silti hän nauroi lapsen viattomuudella saaden toisetkin nauramaan.

Oppilas tuli *kalariin* neljävuotiaan poikansa kanssa. Isä kumarsi Ammalle. Juuri sillä hetkellä poika ryhtyi kujeilemaan hakaten isänsä selkää ja vetäen häntä vaatteista. Isän kumartaessa yhä nöyrästi Amman edessä pieni poika koki, että tässä oli tilaisuus hypätä isän selkään ja ratsastaa hänellä niin kuin elefantilla!

Amma nautti pojan leikistä. Amma kiusoitteli häntä kaatamalla pyhää vettä hänen kasvoilleen ja keholleen. Lapsi hypähti taaksepäin välttyäkseen vedeltä. Amma teeskenteli laittavansa vesiastian pois, jolloin poika työntyi taas eteenpäin. Jälleen kerran Amma kaatoi vettä hänen päälleen, jolloin poika hypähti taas taaksepäin. Tämä leikki jatkui aikansa ilahduttaen kaikkia. Siinä vaiheessa kun tämä leikkisä lapsi tuli *kalarista* ulos isänsä kanssa hän oli aivan märkä.

Jokainen samskaransa mukaisesti

Devi-bhava loppui yhden aikaan yöllä. Suurin osa oppilaista meni nukkumaan. Mutta Amma, brahmacharit ja muutamia oppilaita olivat yhä hereillä kantaakseen tiiliä, joita tarvittiin päärakennuksen rakennustöihin seuraavana päivänä. Koska oli sadeaika, ashramin ympärillä olevat takavedet olivat tulvillaan ja ashramin pihamaa lainehti sadevedestä. Nuori nainen Delhistä oli oppilaiden mukana auttamassa. Hän oli tullut päivää aikaisemmin äitinsä seurassa ja oli tavannut Amman ensimmäistä kertaa. Kun tyttö alkoi jutella brahmacharien kanssa, mikään ei saanut häntä lopettamaan. Brahmacharit kokivat tämän epämukavaksi. Lopulta nainen lähti. Kun työ oli saatettu päätökseen, Amma muutaman opetuslapsensa kanssa kuivaan kohtaan *kalarin* eteläpuolella. Brahmacharit kertoivat Ammalle nuoren naisen liiallisesta tuttavallisuudesta.

Brahmachari: "Hän puhuu liikaa eikä tiedä, millä tavalla ihmisten kanssa tulisi keskustella. Hän sanoi, että kun hän näki minut, hänen miehensä tuli hänen mieleensä. Minä olisin halunnut läiskäistä häntä kasvoihin, kun hän sanoi niin!"

Amma: "Poikani, hänellä on heikkous johtuen hänen tietämättömyydestään. Mutta sinulla tulisi olla viisauden lahjoittama voima. Tällaisessa tilanteessa sinun tulisi katsoa sisällesi. Jos mielessäsi ilmenee heikkoutta, mene pois. Jos olet todella kypsä, sinun pitäisi kyetä antamaan ihmisille sopiva neuvo. Ei ole mitään syytä tuntea vihaa. Tuo tyttö ilmensi yksinkertaisesti omaa *samskaraansa* (luonnettaan). Hän ei tiedä mitään henkisyydestä. Sinulla sen sijaan tulisi olla *samskara*, jonka pohjalta voit neuvoa häntä, millä tavalla hänen tulee käyttäytyä. Ennen kuin olemme valmiit rankaisemaan jotakuta, meidän tulee ottaa huomioon heidän kulttuurinsa ja ympäristö, missä he ovat kasvaneet. Osoittamalla pehmeästi heille oikean polun, voimme poistaa heidän tietämättömyytensä."

Naisten seurassa olemisesta

Oppilas: "Eikö Sri Ramakrishna sanonut, että *sadhakan* ei tulisi puhua naisille eikä edes katsoa heidän kuvaansa?"

Amma: "Hänen, jolla on guru, ei tarvitse pelätä. Riittää kun seuraat gurun ohjeita. Eikö Ramakrishnan oma opetuslapsi, Vivekananda, mennytkin Yhdysvaltoihin ja hyväksynyt naisia opetuslapsikseen? Alkuvaiheessa etsijän tulee kuitenkin pitää mahdollisimman paljon etäisyyttä naisiin. Hänen ei tule edes katsoa naisen kuvaa, myös naispuolisten *sadhakoiden* tulee pitää samanlaista etäisyyttä miehiin. Näin tarkkaavainen tulee olla. *Sadhanan* aikana on paras luopua aistien kohteista kokonaan ja oleilla yksinäisyydessä. Myöhemmin *sadhakan* tulee kohdata erilaisia tilanteita gurun läheisyydessä. Hänen tulee suhtautua noihin tilahteisiin osana *sadhanaansa*. Hänen tulee ylittää nuo esteet. Emme voi saavuttaa päämäärää, jos emme esimerkiksi ylitä seksuaalista vetovoimaa. *Sadhaka*, joka on antautunut gurulleen, kykenee tähän. Mutta hänen, jolla ei ole gurua, tulee seurata ulkoisia rajoituksia hyvin tarkasti, muuten hän voi langeta milloin tahansa.

Sadhakan tulee olla tarkkaavainen ollessaan tekemisissä naisten kanssa. Mutta naisten välttäminen pelon takia on hyödytöntä. Loppujen lopuksi sinun tulee ylittää pelkosi. Kuinka voit saavuttaa Jumalan, jos et kehitä itsessäsi mielen voimaa kaiken ylittämiseen? Kukaan ei voi saavuttaa Itse-oivallusta oppimatta näkemään korkeinta Itseä kaikissa. Mutta *sadhanan* aikana etsijän tulee välttää läheistä yhteyttä naisiin. On pidettävä tietty etäisyys. Hänen ei esimerkiksi pitäisi istua huoneessa juttelemassa naiselle, kun ketään muuta ei ole paikalla, eikä hänen pitäisi olla naisen seurassa yksinäisessä paikassa. Vaikka et olisikaan tietoinen siitä, niin mielesi alkaa nauttia tällaisesta tilanteesta, ja jos et ole tarpeeksi vahva, sinä antaudut. Jos sinun on keskusteltava jonkun vastakkaista sukupuolta olevan kanssa, pyydä toista ihmistä mukaasi. Jos kolmas henkilö on läsnä, silloin olet tarkkaavaisempi.

Miehen ja naisen yhteys on kuin polttoaine ja tuli. Polttoaine palaa, jos se joutuu lähelle tulta. Niinpä sinun tulee aina olla hyvin tarkkaavainen. Kun tunnet heikkoutta sisälläsi, mietiskele ja kysy itseltäsi: 'Mitä vetovoimaista on kehossa, joka on täynnä virtsaa ja ulostetta?' Sinun tulee kuitenkin ylittää myös tällainen vastenmielisyyden tunne ja nähdä kaikki maailmankaikkeuden Äidin ilmentymänä. Pyri kasvattamaan voimaa itsessäsi nähdäksesi kaikkialla läsnäoleva tietoisuus kaikissa. Mutta siihen asti, kunnes olet saavuttanut tuon voiman, sinun tulee olla hyvin varovainen. Vastakkainen sukupuoli on kuin pyörre, joka vetää sinut alas. On vaikea ylittää tällaisia tilanteita ilman jatkuvaa *sadhanaa* ja *lakshya bodhaa* (päämäärätietoisuutta) ja ennen kaikkea antautumista gurulle."

Oppilas: "Eivätkö brahmacharit uuvu tällaiseen tiilien kantamiseen, muuhun työhönsä ja matkoihin, joita he tekevät?"

Amma: "Jopa *bhava-darshan*-öinä opetuslapset kantavat tiiliä sen jälkeen kun *darshan* on ohi. He ovat saattaneet mennä sänkyyn laulettuaan *bhajaneita darshanin* aikana ja sitten heitä yhtäkkiä pyydetään kantamaan tiiliä. Amma haluaa nähdä kuinka monella heistä on epäitsekkyyden henkeä vai elävätkö he vain kehollisia mukavuuksia varten. Tällaisina hetkinä me näemme,

215

saako meditaatio aikaan heissä hyvää. Meidän tulee kasvattaa itsessämme valmiutta auttaa, kun toiset joutuvat kamppailemaan. Mitä hyötyä muuten on *tapasista*?"

Oppilas: "Amma, tuleeko vielä aika, jolloin kaikki maailmassa ovat hyviä?"

Amma: "Poikani, jos on olemassa hyvää, on olemassa myös pahaa. Jos äidillä on kymmenen lasta, yhdeksän heistä on yhtä hyviä kuin kulta ja vain yksi on paha. Tuo yksi paha lapsi riittää pilaamaan toiset. Mutta koska hän on heidän joukossaan, he ovat pakotettuja kutsumaan Jumalaa avukseen. Ei voi olla maailmaa, missä ei olisi vastakohtaisuuksia."

Oli jo myöhäinen yö. Uppoutuessaan kuuntelemaan Amman puhetta kukaan ei ollut huomannut ajan kulumista.

Amma: "Lapseni, on jo myöhä. Teidän tulee mennä nukkumaan. Amma tapaa teidät jälleen huomenna."

Amma nousi seisomaan. Oppilaat kumarsivat hänelle ja nousivat ylös. Amma meni nyt näyttämään jokaiselle vierailijalle, missä he voisivat nukkua. Nähdessään Amman kahlaavan veden peittämällä pihamaalla oppilaat sanoivat:

"Ei sinun tarvitse tulla. Me löydämme kyllä huoneemme."

Amma: "Kun vettä on näin paljon, teidän on vaikea löytää oikeaa reittiä, lapseni. Amma tulee teidän kanssanne."

Kello oli jo kolme, kun Amma oli näyttänyt heille heidän huoneensa ja mennyt lopulta omaan huoneeseensa. Oppilaat kävivät makuulle levätäkseen hetkisen ennen kuin aurinko nousisi.

Torstaina, 10. heinäkuuta 1986

Oli *bhava-darshan* päivä (jolloin Amma ilmentäisi Krishnaa ja Deviä). Ihmisiä saapui tasaisena virtana koko aamun. Kahden aikaan iltapäivällä Amma kumarsi maaäidille ja oli valmis lähtemään majasta, kun ryhmä ihmisiä ilmestyi paikalle. He olivat saapuneet Nagercoilista vuokraamallaan bussilla toivoen tapaavansa Amman iltapäivällä ja aikoen palata kotiin heti sen jälkeen.

Amma istui alas hymyillen. Oppilaat, jotka olivat juuri saapuneet, lähestyivät ja kumarsivat hänelle. He, jotka olivat istuneet majassa jo jonkin aikaa, nousivat ylös ja luovuttivat paikkansa tulijoille. Tulijoiden joukossa oli kolme pientä lasta, jotka olivat hyviä laulamaan, niinpä Amma pyysi heitä laulamaan. He lauloivat:

Pachai mamalai

Srirangamin ihmiset,
kuinka minä nautinkaan Achyutan suloisuudesta,
jonka keho on kuin rehevät vihreät kukkulat,
jonka suu on kuin koralli
ja jonka silmät ovat kuin lootuksenkukat –
Karjapaimenten lapsi,
jonka suuret sielut haluavat nähdä.
Minä rakastan tuota suloisuutta,
jopa enemmän kuin taivaan nektaria.

Kolmen aikaan iltapäivällä – annettuaan ensin *darshanin* kaikille vierailijoille ja neuvottuaan brahmacharia tarjoilemaan heille lounasta – Amma meni lopulta huoneeseensa. Siellä hän näki, että eräs brahmachari oli odottamassa häntä. Amma istuutui lattialle ja Gayatri tarjoili hänelle lounasta. Amman vierellä oli kasa kirjeitä, jotka olivat saapuneet tuona päivänä. Hän piti kirjeitä vasemmassa kädessään ja luki niitä syödessään. Yhtäkkiä, ilman mitään esipuheita, Amma ryhtyi vastaamaan brahmacharille hänen kysymykseensä. Amma tiesi, mitä tällä oli mielessään, vaikka hänelle ei oltu kerrottu siitä.

Meditaation pitäisi olla keskittynyttä

Amma: "Poikani, kun istut meditoimaan, pidä mielesi täysin keskittyneenä Jumalaan äläkä anna mielesi vaeltaa muihin asioihin. Vain rakkaan jumalhahmosi pitäisi olla mielessäsi. Sinulla on oltava tällaista takertumattomuutta.

Eräs sanjaasi istui kerran meditoimassa, kun mies juoksi hänen ohitseen kovaa vauhtia. Sanjaasi ei pitänyt tästä lainkaan. Vähän ajan kuluttua mies palasi samaa polkua pitkin pitäen lasta kädestä kiinni. Sanjaasi kysyi häneltä vihaisena:

'Miksi et osoita enemmän harkintaa? Etkö näe, että minä istun täällä meditoimassa?'

Mies vastasi hyvin kunnioittavasti:

'Olen pahoillani, en tiennyt että istuit täällä.'

'Kuinka niin? Oletko sokea?' sanjaasi kysyi.

Mies vastasi:

'Poikani oli mennyt leikkimään ystävänsä kanssa, mutta ei ollut palannut ja hän oli ollut jo jonkin aikaa poissa. Pelkäsin, että hän olisi voinut pudota lähettyvillä olevaan lampeen, niinpä juoksin niin lujaa kuin pystyin tarkistamaan tilannetta. Siksi en huomannut, että istuit täällä.'

Mies pyysi anteeksi, mutta sanjaasi oli edelleen vihainen:

'Oli erittäin epäkohteliasta sinun taholtasi häiritä minua, kun mietiskelin Herraa', hän sanoi.

Mies vastasi tähän:

'Sinä, joka mietiskelit Jumalaa, kykenit näkemään että minä juoksin läheltäsi, mutta minä en kyennyt näkemään sinua juostessani etsimään poikaani. Näyttää siltä, että sinun suhteesi Jumalaan ei ole läheskään niin voimakas kuin minun suhteeni lapseeni. Minkälaista meditaatiosi silloin on? Ja jos sinulla ei ole lainkaan kärsivällisyyttä tai nöyryyttä, mitä hyötyä on tuollaisesta meditaatiosta?'

Meidän meditaatiomme ei pitäisi olla sellaista kuin tämän sanjaasin meditaatio tässä tarinassa. Kun istumme meditoimaan, meidän pitäisi keskittää mielemme kokonaan rakkaaseen jumalhahmoomme. Mitä hyvänsä ympärillämme tapahtuukaan, mielemme ei pitäisi suuntautua siihen. Ja jos niin tapahtuu, meidän tulisi suunnata mielemme heti takaisin meditaatiomme kohteeseen. Jos harjoittelemme jatkuvasti tällä tavoin, mielemme ei vaeltele.

Kun istuudut meditoimaan, tee vakaa päätös, että et avaa silmiäsi tai liikuta kehoasi niin ja niin moneen tuntiin. Mitä hyvänsä tapahtuukin, älä poikkea tästä päätöksestä. Tämä on todellista *vairagyaa* (takertumattomuutta)."

Brahmachari: "Amma, monia ajatuksia hiipii sisällemme synnyttäen runsaasti levottomuutta. Toisinaan tunnen, että haluan vain nähdä Jumalan ja rakastaa häntä koko sydämestäni. Toisinaan taas haluan oppia tuntemaan kaikki maailmankaikkeuden salaisuudet, haluan paljastaa ne harjoittamalla *sadhanaa*. Toisina hetkinä en halua mitään tällaista. Silloin haluan tuntea sen voiman, mikä työskentelee sisälläni. Johtuen näistä erilaisista ajatuksista *sadhanassani* ei ole vakautta."

Amma: "Kun löydät Itsen, etkö usko, että silloin oivallat nuo salaisuudet itsestään? Entäpä jos pyrkiessäsi paljastamaan kaikki salaisuudet, uppoudutkin niihin? Matkustaessasi bussilla näet miten erilaisia näkymiä ilmestyy ja katoaa. Samalla tavoin kaikki se mitä näet tänään katoaa. Niinpä älä kiinnitä mitään huomiota noihin salaisuuksiin, äläkä kiinnity niihin. Monet asiantuntijat yrittävät opiskella maailmankaikkeuden salaisuuksia, mutta tähän mennessä he eivät ole onnistuneet. Eikö totta? Mutta jos oivallat Jumalan, ymmärrät koko maailmankaikkeuden. Niinpä käytä se aika, mikä sinulla on, oivaltaaksesi Jumala. Muu ajatteleminen on hyödytöntä."

Muodon palvominen

Brahmachari: "Amma, onko Jumala sisä- vai ulkopuolella?"

Amma: "Koska sinulla on kehotietoisuus, vain sen tähden ajattelet sisäpuolella ja ulkopuolella olevaa. Tosiasiassa ei ole olemassa sisäistä ja ulkoista. Eikö ole niin, että tunne 'minusta' saa sinut ajattelemaan, että 'minä' olen erillinen 'sinusta'? Niin kauan kuin meillä on tunne 'minusta', emme voi kuitenkaan sanoa, että erillisyyttä ei olisi. Jumala on elämälle välttämätön voima, joka läpäisee kaiken. Kun visualisoit hänet itsesi ulkopuolelle, sinun tulee tietää, että visualisoit jotakin, joka on sisälläsi. Tällaisten keinojen avulla mieli kuitenkin puhdistetaan."

Brahmachari: "Maailmankaikkeutta hallitsee erityinen voima, mutta on vaikea uskoa, että se olisi Jumala, jolla on tietynlainen muoto."

Amma: "Kaikki voiman eri muodot ovat Jumalaa. Hän on kaikkivoipa halliten kaikkea. Jos hyväksyt, että hän on kaiken taustalla oleva voima, niin miksi tuo voima, joka hallitsee kaikkea, ei voisi omaksua muotoa, josta oppilas pitää? Miksi sitä on niin vaikea uskoa?" Puhuen vakuuttavalla äänellä Amma sanoi:

"Maailmankaikkeudessa on alkuvoima. Minä pidän tuota voimaa Äitinäni, ja vaikka päättäisin syntyä sata kertaa, hän olisi edelleen minun Äitini ja minä olisin hänen lapsensa. Niinpä en voi antaa sellaisia lausuntoja, että Jumalalla ei ole muotoa.

Suurin osa ihmisistä kokee vaikeaksi keskittää mieltään valitsemaansa Jumalan hahmoon. Sinun tulee pyrkiä pääsemään toiselle puolelle käyttäen rakasta jumalhahmoasi siltana. Ilman sitä et voi onnistua – et voi uida toiselle puolelle. Mitä teet, jos menetät voimasi puolivälissä? Sinä tarvitset sillan. Guru on kanssasi osoittaakseen sinulle tien hankaluuksien ja kriisien tuolle puolen – sinulla on oltava tällainen asenne ja antauduttava. Miksi siis kamppailla tarpeettomasti? Sinun ei pidä kuitenkaan istua toimettomana sen tähden, että on olemassa joku joka voi opastaa sinua ja ohjata sinut toiselle rannalle. Sinun on työskenneltävä ahkerasti.

Kun vesi vuotaa veneeseen, ei riitä, että istut rukoilemassa Jumalaa, jotta reikä paikattaisiin. Rukoillessasi sinun tulee pyrkiä tukkimaan vuoto. Sinun tulee yrittää parhaasi ja rukoilla samaan aikaan Jumalan armoa."

Brahmachari: "Kuinka kauan minulta menee Itse-oivalluksen saavuttamiseen?"

Amma: "Poikani, oivallusta ei ole niinkään helppo saavuttaa, sillä olet kerännyt itsellesi niin paljon kielteisiä ominaisuuksia. Mitä tapahtuu, kun pitkän matkan jälkeen pesemme vaatteemme? Emme ole istuutuneet minnekään matkan aikana, emme ole asettuneet lian keskelle, silti vaatteissamme on paljon likaa, kun pesemme ne! Samalla tavoin likaa on kertynyt mieleemme ilman, että olisimme siitä tietoisia. Sinä olet tullut tänne kantaen mukanasi, et ainoastaan sitä mitä olet kerännyt tämän elämän aikana, vaan myös edellisissä elämissäsi. Et luultavasti voi oivaltaa

221

Itseä vain istumalla silmät kiinni vuoden tai kaksi. Se ei riitä puhdistamaan sinua sisältä.

Ensin sinun tulee kaataa metsä ja puhdistaa aluskasvillisuus, vasta sen jälkeen voit istuttaa oman puusi. Jos mielesi ei ole vielä puhdistettu, kuinka voisit nähdä Itsen? Me emme voi valmistaa peiliä laittamalla kalvoa likaisen lasin päälle. Mieli pitää ensin puhdistaa, ja ponnistellessasi näin sinun tulee luovuttaa kaikki Jumalalle.”

Brahmachari kumarsi Ammalle ja nousi ylös. Amma lopetti syömisen, ja luettuaan vielä muutamia kirjeitä hän meni alakertaan *bhajaneita* varten, jotka edelsivät aina *bhava-darshania*.

Auringonlaskun aikaan alkoi sataa kevyesti. Sade voimistui illan kuluessa ja siinä vaiheessa, kun *bhava-darshan* päättyi kahden aikaan yöllä, satoi kaatamalla. Oppilaat etsivät suojaa Vedanta-koulusta ja *kalarin* kuistilta. Ihmiset nukkuivat missä suinkin saattoivat. Kun Amma tuli *kalarista Devi-bhavan* jälkeen, hän huomasi, että monet vierailijat eivät olleet löytäneet itselleen paikkaa nukkua. Hän ohjasi heidät brahmacharien majoihin samalla, kun Gayatri pyrki suojaamaan Ammaa sateelta pitämällä sateenvarjoa hänen päällään. Amma järjesti aina kolme, neljä ihmistä kuhunkin majaan. Osoittaessaan kullekin oman paikkansa hän kuivasi samalla hänen päänsä pyyhkeellä. Hänen äidillisen rakkautensa virrassa heistä kaikista tuli pieniä lapsia.

”Amma, missä brahmacharit nukkuvat? Emmekö me aiheuta heille paljon vaivaa?” eräs vieras kysyi.

Amma: ”He ovat täällä palvellakseen teitä. Nämä lapset ovat tulleet tänne oppiakseen epäitsekkyyttä. He ovat iloisia voidessaan palvella teitä, vaikka se tuottaakin heille hieman epämukavuutta.”

Brahmacharit menivät *kalarin mandapamiin*, kuistille istumaan auringonnousuun asti. Verannan kolme sivustaa oli auki, niinpä tuuli puhalsi sateen sisälle, minkä vuoksi nukkuminen ei ollut mitenkään mahdollista. Onneksi aamu valkenisi kuitenkin pian.

Amma huomasi vielä neljä vanhempaa oppilasta, jotka olivat yösijaa vailla. Amma johdatti heidät *kalarin* pohjoispuolella olevaan huoneeseen. Ovi oli suljettu. Amma kolkutti, jolloin kaksi unisen näköistä brahmacharia avasi oven. He olivat menneet nukkumaan ennen *darshanin* päättymistä ja olivat olleet syvässä unessa, tietämättöminä kaikesta.

"Lapseni, antakaa näiden ihmisten nukkua täällä."

Sanottuaan näin Amma luovutti oppilaat näiden kahden brahmacharin huomaan, minkä jälkeen hän meni omaan huoneeseensa. Brahmacharit antoivat sänkynsä vieraille ja menivät meditaatiohallin verannalle ja istuutuivat lähelle ovea, mihin hieman laantunut sade ei ylettynyt.

Kaikki brahmacharit olivat tulleet tänne saadakseen elää hänen seurassaan, joka oli epäitsekkyyden ruumiillistuma. He olivat omistaneet elämänsä hänelle. Ja nyt hän opetti heille, jokaisena hetkenä, kuinka elää elämäänsä.

Torstaina 7. elokuuta 1986

Vairagya

Puoli kolmen aikaan iltapäivällä Amma palasi *darshan*-majasta huoneeseensa ja havaitsi, että brahmacharini Saumya odotti häntä siellä. Jo usean päivän ajan Saumya, joka oli alun perin kotoisin Australiasta, oli toivonut voivansa jutella Amman kanssa, ja

Amma oli pyytänyt häntä tulemaan tuona päivänä. Amma istui lattialle ja Saumya laittoi lounaan hänen eteensä.

Saumya: "Jo jonkin aikaa olen halunnut kysyä useita kysymyksiä. Saanko kysyä nyt?"

Amma: "Hyvä on, tyttäreni, kysy."

Saumya: "Kun tunnen kiintymystä jotakin asiaa kohtaan, päätän, että en hanki sitä tai ota sitä vastaan. Onko tämä *vairagyaa*?"

Amma: "Jos takertuminen johtaa siihen, mikä on epätodellista, silloin asenteesi on *vairagyaa*.

Meidän pitää tuntea jokaisen kohteen todellinen olemus. Meidän tulisi oivaltaa, että aineelliset asiat eivät voi antaa meille todellista onnea. Vaikka saisimmekin niistä hetkellistä tyydytystä, ne johtavat lopulta kärsimykseen. Kun ymmärrämme tämän täysin, intohimomme aistikohteita kohtaan vähenee itsestään. Silloin voimme helposti irrottaa mielemme tällaisista asioista.

Mies, joka himoitsi *payasamia* kutsuttiin ystävänsä syntymäpäiväjuhlille. Hän oli hyvin onnellinen. Hän sai kulhon, joka oli täynnä makeaa riisivanukasta, ja maistoi sitä hieman. Se oli erinomaisen hyvää. Riisiä keitettäessä siihen oli lisätty juuri sopiva määrä maitoa ja sokeria, kardemummaa, rusinoita ja cashew-pähkinöitä. Kun hän oli ottamaisillaan toisen lusikallisen, sisilisko hypähti seinältä hänen maljaansa! Vaikka hän rakastikin *payasamia*, hän heitti sen nyt pois. Sillä hetkellä, jolloin hän huomasi, että sisilisko oli lennähtänyt hänen jälkiruokaansa, hän menetti mielenkiintonsa sitä kohtaan. Samalla tavalla kun ymmärrämme, että riippuvuus aisteista tuo meille vain kärsimystä, kykenemme välttämään jopa niitä asioita, joita kohtaan tunnemme tavallisesti suurta vetovoimaa. Huomaamme, että meidän on nyt helppo hallita mieltämme. Tämä on *vairagyaa*. Nähdessään kobran lapsi,

224

joka ei ole tietoinen siitä, kuinka vaarallinen se on, saattaa yrittää ottaa sen kiinni, mutta me emme tekisi niin. Eikö totta?

Tyttäreni, on parempi kehittää takertumattomuutta asioita kohtaan opettelemalla tuntemaan niiden hyvät ja huonot ominaisuudet sen sijaan, että yrittäisimme väkisin kääntää mielemme niistä pois. Silloin mielen hallinta ilmenee meissä luonnollisella tavalla."

Saumya: "Minusta näyttää siltä, että onnellisuus tulee takertumattomuudesta eikä siitä, että on riippuvainen kohteista keräten niitä ja nauttien niistä."

Amma: "Ajatteletko, että onnellisuus tulee takertumattomuudesta? Ei, ei se tule. Onnellisuus tulee korkeimmasta rakkaudesta. Oivaltaaksesi Itsen tai Jumalan tarvitset rakkautta. Vain rakkauden avulla voit kokea täyden takertumattomuuden."

Saumya: "Miksi sitten pitäisi luopua mistään?"

Amma: "*Tyaga* (luopuminen) ei yksin riitä. Koetko mielenrauhaa ollessasi vihainen jollekulle? Eikö ole totta, että sinä koet täyttä rauhaa vain silloin, kun rakastat? Tunnet onnea nauttiessasi kukan tuoksusta. Kokisitko samanlaista iloa, jos sulkisit sieraimesi? Etkö nauti sokerin mausta eniten, kun annat sen viipyä suussasi? Tuleeko tuo onni sokeria kohtaan tunnetusta *vairagyasta*? Ei, se tulee rakkaudesta.

Kun näet ulostetta, pidät kiinni nenästäsi. Tätä on vastenmielisyyden tunne. Tämä ei ole rakkautta eikä myöskään onnea. Voit kutsua *vairagyaksi* sitä, että luovut maallisista asioista ja ajattelet: 'Kaikki ilo, minkä saan ulkopuoleltani, on väliaikaista ja aiheuttaa myöhemmin minulle kärsimystä. Onnellisuus, jonka saan maallisista kohteista, ei ole pysyvää, se on hetkellistä ja siksi epätodellista.' Kokeaksesi todellisen onnen ei kuitenkaan riitä, että luovut maailman harhanomaisista asioista *vairagyan* avulla.

225

Sinun pitää myös saavuttaa se mikä on todellista rakkauden avulla. Tämä on tie ikuiseen autuuteen.

Sinun ei tarvitse vihata harhojen maailmaa. Voit oppia epätodellisesta maailmasta sen kuinka saavuttaa todellinen, ikuinen maailma. Me haluamme ikuisen maailman ja vain rakkauden avulla voimme laajentua kohti tuota tilaa. Kun kuu nousee, maapallolla olevien järvien ja valtamerien vedet nousevat sitä kohden rakkaudesta. Kukka kukkii nauttiakseen tuulen kosketuksesta ja tämäkin tapahtuu rakkaudesta. Mikä siis lahjoittaa meille autuuden? Ei takertumattomuus vaan rakkaus."

Saumya (hieman levottomana): "En halua onnea, joka tulee jonkin rakastamisesta."

Amma: "Etsijä ei rakasta jotakin, joka on erillinen hänestä. Hän rakastaa omaa Itseään, joka läpäisee kaiken, joka ympäröi häntä. Mitä voimakkaammaksi hänen rakkautensa ikuista kohtaan kasvaa, sitä voimakkaammaksi kasvaa hänen halunsa tuntea ikuinen. Niinpä, kun rakastamme ikuista, todellinen *vairagya* kehittyy meissä.

Ajatellaan vaikka että ystävä, joka asuu kaukana, on tulossa tapaamaan meitä. Heti kun saamme tietää, että hän on tulossa ja että hän voi saapua millä hetkellä hyvänsä, odotamme häntä ja jätämme ruoan ja unen väliin. Eikö se johdu rakkaudestamme häntä kohtaan, että emme välitä syödä tai nukkua?"

Saumya: "Kumpi tulee ensin, takertumattomuus vai rakkaus?"

Amma: "Itsensä hallitseminen syntyy rakkaudesta. Ilman rakkautta takertumattomuus ei voi syntyä meissä. Pidättyminen, jossa ei ole rakkautta, ei kestä pitkään, koska mieli väsyy ja palaa alkuperäiseen tilaansa. Heti kun kuulemme, että ystävämme on matkalla, luovumme ruoasta ja unesta innossamme saada tavata hänet. Tämä syntyy rakkaudesta häntä kohtaan luonnollisesti ja rakkaudestamme johtuen se ei tunnu kovalta uhraukselta lainkaan. Mutta jos rakkautta ei ole, pidättyminen tuntuu kovalta kärsimykseltä. Jos jätämme ruoan väliin jonkin rajoituksen takia, jota olemme päättäneet harjoittaa, ajattelemme ruokaa kaiken aikaa.

Ollaksesi takertumaton jotakin kohtaan sinun tulee rakastaa jotakin muuta. Tyttäreni, vain siksi, että tunnet rakkautta Itse-oivallusta kohtaan, kykenet elämään täällä kärsivällisesti ja hyväksyvällä asenteella. Ihmisillä on haluja, vihan tunteita, ahneutta, kateutta ja ylpeyttä sisällään. Miksi muutamat ihmiset kykenevät hallitsemaan nämä kielteiset tunteensa ja kykenevät elämään täällä omaksuen anteeksiantavan ja kärsivällisen asenteen? Te kykenette siihen, koska rakastatte Itse-oivallusta. Muussa tapauksessa kaikki nuo kielteiset ominaisuudet ilmenisivät. Johtuen tuosta rakkaudesta nuo ominaisuudet eivät voi elää ja kukoistaa mielessänne. Teidän rakkautenne päämäärää kohtaan rajoittaa tuollaisia piirteitä."

Saumya: "Jos niin on, minkä tähden sinun pitää olla niin tiukka ashramin sääntöjen suhteen? Eikö niin tapahdu itsestään?"

Amma: "Amma ei sanonut, että *vairagyaa* ei tarvita. Sinun tulee harjoittaa *vairagyaa*, mutta vain rakkaus tekee siitä ehjän. Alkuvaiheessa rajoitukset ovat ehdottomasti välttämättömiä. Täällä on tällä hetkellä noin kolmekymmentä maailmasta luopujaa. Jokainen haluaa saavuttaa oivalluksen, mutta teidän mielenne on kehonne orja. Te haluatte Itseä koskevan tiedon, mutta koette, että teidän on vaikea ylittää kehonne mukavuudenhalut. Niinpä on tärkeä asettaa rajoituksia.

Jos joku ei kykene menemään jonnekin aikaisin aamulla, meidän täytyy herättää hänet. Eikö niin? Sanokaamme, että lapsi haluaa nähdä auringonnousun, mutta koska hän on kehon harhan alainen, hän ei kykene heräämään aamulla. Äiti herättää lapsen.

Sinun pitää olla hereillä ja tarkkaavainen, valmis kohtaamaan jumalallinen auringonnousu. Aika ei odota sinua. Mutta minun lapseni eivät suorita velvollisuuksiaan. Jos he eivät ole hereillä, Äidin tulee herättää heidät. Muussa tapauksessa hän pettäisi heidät pahemman kerran. Amma kokee, että hänen ankaruutensa tämän asian suhteen on hänen suurin rakkaudenosoituksensa lapsiaan kohtaan täällä ashramissa."

Säännöt ovat tärkeitä ashramissa

Saumya: "Toisinaan säännöt ashramissa tuntuvat olevan kovin tiukkoja."

Amma: "Säännöt ovat tarpeen ashramissa, missä monet ihmiset asuvat ja missä käy suuri joukko vierailijoita. Poikien ja tyttöjen ei esimerkiksi tule keskustella keskenään liian vapaasti. Heidän, jotka asuvat ashramissa, pitää asettaa toisille esimerkki. Sen lisäksi he, jotka asuvat täällä, eivät ole luonteeltaan samanlaisia. Lapsilla, jotka ovat vasta saapuneet, ei ole vielä paljoakaan itsekuria. He ovat vasta aloittaneet *sadhanansa*. Mutta opetuslapset, jotka ovat olleet täällä alusta alkaen, ovat saavuttaneet jo jonkin verran mielensä hallintaa. Uudet tulijat voivat esittää heille kysymyksiä, siinä ei ole mitään väärää. Mutta Amma sanoo, että on oltava joitakin rajoituksia. Juttele vain silloin, kun se on tarpeen, ei enempää."

Saumya: "Me tunnemme itsemme hyvin virkeiksi niinä aamuina, jolloin sinä herätät meidät, Amma!"

Amma: "Ne opetuslapset, jotka rakastavat Ammaa ja janoavat oivallusta, heräävät aamulla aikaisin odottamatta kenenkään herättävän heitä. Kun Amma palaa huoneeseensa illalla, hän joutuu lukemaan monia kirjeitä. Eikä hän voi mennä nukkumaan senkään jälkeen, sillä hänen pitää tiedustella, onko vihanneksia, riisiä, rahaa ja muuta tarpeeksi seuraavan päivän varalle. Jos jotakin puuttuu, hänen tulee antaa ohjeita sen suhteen, mitä tulee ostaa ja mitä tulee tehdä. Hänen tulee myös huolehtia vierailijoista ja ajatella täällä olevien opetuslasten aikatauluja ja muita tarpeita. Kuinka voisitte olettaa, että hänen tulisi kaiken tämän jälkeen mennä vielä jokaisen huoneeseen herättämään teidät?

Jos rakastat Ammaa, riittää, että noudatat hänen antamiaan ohjeita tarkasti. Amman rakastaminen tarkoittaa, että noudatat hänen ohjeitaan. Sinun tulee kokea kaipuuta. Kun sinulla on guru, rakkautesi gurua ja hänen laitostaan kohtaan ja suhteesi guruusi auttaa sinua unohtamaan kaiken muun ja kasvamaan kohti ääretöntä. Vasta sitten kun siemen sulautuu maahan, se voi kasvaa puuksi."

Saumya: "Amma, sinä et juuri koskaan yleensä moiti minua. Miksi?"

Amma: "Enkö? Enkö minä moiti sinua *kalarissa Devi-bhavan* aikana?"

Saumya: "Vain pikkuisen."

Amma (nauraen): "Tyttäreni, Amma näkee sinussa vain sen virheen, ettet herää aikaisin aamulla. Sinä menet sänkyyn tehtyäsi ahkerasti yöllä töitä. Ja etkö sinä vietä koko *Devi-bhavan kalarissa* seisoen? Sinä yrität myös kovasti saavuttaa oivalluksen. Haluat seurata ashramin ohjelmaa säännöllisesti etkä yritä koskaan paeta piiloutumalla tai livahtamalla pois. Joten ei ole tarvetta hoputtaa sinua tekemään asioita."

229

Puutteiden poistaminen

Saumya: "Täällä asuu sekä poikia että tyttöjä. Eikö sinun toiveesi ole, että meidän tulisi olla rakastavia kaikkia kohtaan?"

Amma: "Ei sinun tarvitse mennä jokaisen luo ja osoittaa hänelle rakkautta. Riittää, että sinulla ei ole kielteisiä tunteita – ei minkäänlaisia. Todellinen rakkaus on täydellistä kielteisten tunteiden poissaoloa kaikkia kohtaan. Poistamalla kaikki tällaiset kielteiset tunteet rakkaus, joka on aina sisälläsi, pääsee loistamaan. Silloin ei ole olemassa eroja, ei erillisyyden tunnetta. Etkö ole huomannut, että he, jotka ovat rakastaneet toisiaan eilen, ylenkatsovat toisiaan tänään? Niinpä heidän rakkautensa ei ollut koskaan todellista. Siellä missä on kiintymystä, siellä on myös vihaa. Meidän tavoitteemme on, että meillä ei ole sen enempää kiintymystä kuin vihaakaan. Se on todellista rakkautta. Sen lisäksi me teemme epäitsekästä palvelutyötä ja se on suurinta rakkautta."

Saumya: "Pyrin siihen, etten tuntisi kielteisiä tunteita ketään kohtaan."

Amma: "Kiintyminen ja vastenmielisyys eivät olet sellaisia asioita, jotka voimme vain poimia ja heittää pois. Kuplat murtuvat, jos yritämme poimia ne. Emme voi ottaa niitä kiinni. Samalla tavoin ei ole mahdollista heittää ajatuksia ja tunteita mielestämme. Jos yrität tukahduttaa niitä, ne kasvavat kaksi kertaa voimakkaammiksi ja synnyttävät vaikeuksia. Voimme poistaa ne vain mietiskelyn avulla. Meidän tulee tutkiskella kielteisiä ajatuksiamme ja heikentää niitä hyvien ajatusten avulla. Niitä ei voi poistaa väkivalloin.

Jos kaadamme raikasta vettä juomalasiin, jossa on suolavettä, ja jatkamme kaatamista, kunnes se on täynnä, suolaisuus vähenee ja lopulta meillä on lasillinen raikasta vettä. Samalla tavoin voimme poistaa pahat ajatuksemme vain täyttämällä mielemme hyvillä ajatuksilla. Sellaisia tunteita, kuten himoa ja vihaa, ei voi kitkeä pois, mutta voimme huolehtia siitä, että emme anna niille tilaa mielessämme. Meidän on havaittava, että olemme Jumalan välineitä ja kehittää itsessämme palvelijan asennetta.

Meidän tulisi itse asiassa ajatella, että olemme kerjäläisiä. Kerjäläinen tulee taloon pyytäen *bhikshaa* (almua). Talon asukkaat saattavat sanoa:

'Ei täältä saa *bhikshaa*. Mene pois! Minkä takia tulit luoksemme?'

Mitä hyvänsä he sanovatkin, hän ei sano mitään. Hän ajattelee: 'Olen vain kerjäläinen. Maan päällä ei ole ketään, jonka kanssa voisin jakaa suruni. Vain Jumala tuntee sydämeni.' Jos hän yrittäisi selittää tätä tuolle perheelle, he eivät ymmärtäisi – hän tietää sen. Niinpä jos joku vihastuu hänelle, hän kävelee hiljaa pois ja menee seuraavaan taloon. Jos hekin suuttuvat, hän jatkaa jälleen valittamatta seuraavaan taloon. Tällaisia meidän pitäisi olla. Heti kun omaksumme kerjäläisen asenteen, egomme pienenee suuresti. Me tunnemme, että meillä ei ole muuta turvaa kuin Jumala ja silloin kielteiset *vasanamme* putoavat itsestään pois. Vain tulemalla pienimmästä pienimmäksi meistä tulee suurempia kuin suurimmat. Omaksumalla asenteen, että olen kaikkien palvelija, ihmisestä tulee maailman mestari. Vain hänestä, joka kumartaa jopa *shavalle* (ruumiille), tulee Shiva.

Saumya: "Jos meillä on jotakin sellaista mitä joku tarvitsee, onko väärin antaa se hänelle?"

Amma: "Sinun ei tulisi tehdä niin, tyttäreni. Sinä olet *brahmacharini*. Sinä olet tullut tänne tehdäksesi *sadhanaa*. Jos haluat antaa jotakin jollekulle, anna se toimistolle tai anna se Ammalle, ja Amma antaa sen hänelle, joka sitä tarvitsee. Jos annat sen suoraan, sinulla on asenne, 'minä annan' ja silloin sinulle kehittyy kiintymys tuohon ihmiseen. Älä anna sitä itse. Kun saavutat gurun tason, ongelmaa ei enää ole, koska silloin sinulle ei tule ajatusta toisesta ihmisestä, jolle annat. Tässä vaiheessa sinun ei tarvitse osoittaa rakkauttasi ulkoisesti – sen tulee ilmetä vain sisälläsi. Kun vastenmielisyyttä ja vihamielisyyttä ei enää ole – se on rakkautta. Kun viimeinenkin vastenmielisyyden tunne katoaa mielestä, silloin mieli tulee rakkaudeksi. Siitä tulee kuin sokeria: kuka tahansa voi ottaa sitä ja nauttia sen makeudesta, ilman että sinun tarvitsee antaa mitään.

Jos kärpänen putoaa siirappiin, se kuolee. Tässä vaiheessa heillä, jotka tulevat luoksesi haluten sinulta jotakin, on mielen epäpuhtauksia, joista sinä et ole tietoinen, niinpä he ovat kuin kärpäset. Lähestyessään sinua he eivät hyödy siitä lainkaan. He vain tuhoavat itsensä ja se on samalla vahingollista myös sinulle.

Kun koiperhonen lähestyy lamppua, se etsii ravintoa. Lampun tarkoitus on antaa valoa, mutta koiperhonen haluaa syödä sen. Se tuhoutuu yrittäessään sitä ja lamppukin saattaa samalla sammua. Joten meidän ei tule antaa toisille mahdollisuutta tuhota itseään ja meitä. Me olemme täynnä myötätuntoa, mutta he, jotka tulevat luoksemme, saattavat olla kovin toisenlaisia. Tulevaisuudessa, kun olet vastuullisessa asemassa ashramissa tai *gurukulassa* (mestarin koulussa), jotkut ihmiset saattavat lähestyä sinua sellaisten tarkoitusperien kanssa, jotka eivät ole puhtaita. Jos olet kehittynyt tarpeeksi siinä vaiheessa, heidän epäpuhtaat ajatuksensa tuhoutuvat sinun rakkauteesi. Metsäpaloon ei vaikuta mitenkään se, jos elefantti kaatuu sen keskelle.[38] Tässä vaiheessa sinun rakkautesi ainoastaan voimistaa toisten heikkouksia."

---

[38] Metsäpalo on tässä yhteydessä vertauskuva edistyneestä *sadhakasta*, henkisestä oppilaasta. Ja elefantti kuvastaa toisten epäpuhtaita ajatuksia.

Saumya: "Joten meillä pitäisi olla paljon rakkautta sisällämme, mutta emme saa osoittaa sitä?"

Amma: "Amma ei sano, ettei sinun tulisi osoittaa sitä vaan että sinun tulisi käyttäytyä ashramin *dharman* (sääntöjen) mukaisesti. Kiinnitä aina huomiota ympäristöösi. Jos vierailijat näkevät, että brahmacharit ja brahmacharinit keskustelevat keskenään, he ryhtyvät matkimaan heitä. He eivät ole tietoisia siitä, kuinka puhtaita teidän sydämenne ovat. Sitä paitsi teidän ei tarvitse keskustella toistenne kanssa – rakkaus ei tarkoita sellaisia asioita. Todellinen rakkaus on sitä, että sinulla ei ole kielteisiä tunteita sisälläsi, ei minkäänlaisia."

Saumya: "Kun keskustelemme toistemme kanssa, puhumme henkisistä asioista, niistä kysymyksistä, joita meillä on henkisten opetusten suhteen."

Amma: "Mutta ihmiset eivät tiedä sitä, tyttäreni. Katsojat näkevät vain, että brahmachari ja brahmacharini keskustelevat keskenään. Aina kun ihmiset näkevät miehen ja naisen keskustelevan keskenään, he tulkitsevat sen väärin. Maailma on sellainen tänä päivänä."

(Myötätunnostaan johtuen Saumya tapasi antaa kaikille sen mitä he pyysivät. Monet ihmiset olivat alkaneet pyytää häneltä rahaa paluumatkaa varten. Amma oli kieltänyt Saumyaa jatkamasta tätä, koska ihmiset yrittivät käyttää häntä hyväkseen. Rahan pyytäminen ashramin asukkailta oli myös vastoin ashramin sääntöjä. Vaikka tämä olikin aluksi masentanut Saumyaa, hän oli nyt tyytyväinen Amman antamaan selitykseen.)

Kuinka erottaa oikea väärästä

Saumya jatkoi kysymystensä esittämistä:

"Olen tehnyt joitakin asioita ajatellen, että ne olisivat oikein, mutta sitten kävi ilmi, että ne olivat väärin, mutta minä en ymmärtänyt sitä siinä vaiheessa. Miten minä voin erottaa oikean väärästä ja toimia sen mukaisesti?"

Amma: "Seuraa nyt Amman ohjeita. Kirjoita ylös tunteesi, kuten 'minulla oli tämä paha ajatus' tai 'vihastuin tähän ihmiseen'. Pyydä sitten Ammaa auttamaan sinua ja korjaa sitten tapaasi toimia.

Amma sanoo opetuslapsilleen täällä, että alkuvaiheessa brahmacharien ja brahmacharinien ei tule keskustella keskenään. Mutta harjoitettuaan *sadhanaa* tietyn ajan siinä ei ole enää ongelmaa. Amma ei ole niin tiukka länsimaisten opetuslasten suhteen, sillä he tulevat erilaisesta maailmasta. Heidän kulttuurissaan ei ole olemassa samanlaista erottelua miesten ja naisten välillä."

Saumya: "Kun toimintaamme seuraa oikeanlainen lopputulos, johtuuko se siitä, että meillä on ollut oikeanlainen asenne vai johtuuko se pelkästään ulkoisesta toiminnasta?"

Amma: "Oikeanlainen tulos on seurausta asenteemme puhtaudesta. Siitä huolimatta meidän tulee kiinnittää huomiota itse toimintaan ja tarkkailla lopputulosta. Tekojen tekeminen puhtaalla asenteella vaatii harjoitusta."

Saumya: "Antaako Jumala meille anteeksi virheet, joita olemme tehneet?"

Amma: "Hän antaa meille anteeksi tiettyyn rajaan asti, mutta ei enää sen jälkeen. Hän antaa meille anteeksi virheet, joita olemme tehneet tietämättämme, sillä emme ole olleet tietoisia noista virheistämme. Mutta jos teemme tietoisesti väärin, hän ei hyväksy sitä tietyn rajan jälkeen. Silloin hän rankaisee meitä. Pieni lapsi kutsuu isäänsä sanoen 'itä'. Isä tietää, että lapsi kutsuu häntä sillä tavoin ja nauraa. Mutta jos lapsi jatkaa isän kutsumista 'itäksi', kun hän on tarpeeksi vanha tietääkseen ja osatakseen paremmin, isä ei enää naura vaan läimäyttää häntä. Samalla tavoin, jos toimimme väärin – tietäen hyvin, että se mitä teemme on väärin – silloin Jumala rankaisee meitä. Mutta jopa tuo rankaisu on eräänlainen armon osoitus. Jumala voi rankaista oppilaista jopa pienestä virheestä, jotta hän ei enää tekisi samaa virhettä uudelleen. Tuo rankaisu tulee Jumalan rajattomasta myötätunnosta oppilasta kohtaan ja sen tarkoituksena on pelastaa hänet. Se on kuin valo pimeydessä.

Poika tapasi kiivetä sähköaidan yli mennessään naapurin taloon. Hänen äitinsä sanoi hänelle:

'Poikani, älä kiipeä aidan yli, sillä jos otteesi lipeää, satutat itsesi. Mene tavallista reittiä, vaikka se veisikin hieman pidemmän ajan.'

'Mutta ei minulle ole sattunut mitään tähän mennessä!' poika väitti vastaan ja jatkoi samaan malliin.

Sitten eräänä päivänä hän hyppäsi aidan yli, kaatui ja sai haavan jalkaansa. Hän itki ja juoksi äitinsä luo. Äiti lohdutti häntä rakkaudella, sitoi haavan ja sanoi hänelle, että älä hyppää enää aidan yli. Mutta poika ei totellut häntä, liukastui ja putosi aidan päälle saaden jälleen haavan. Jälleen hän juoksi itkien äitinsä luo. Tällä kertaa äiti läimäytti häntä ennen kuin laittoi lääkettä hänen haavaansa.

Jos poika olisi tuntenut todellista kipua heti ensimmäisellä kerralla, hän ei olisi toistanut virhettään. Äiti läimäytti häntä toisella kerralla, kun poika tuli itkien hänen luokseen, ei vihasta vaan rakkaudesta. Samalla tavoin Jumalan rankaisu on hänen myötätuntoaan ja sen tarkoitus on saada meidät lopettamaan virheellinen toimintamme.

Monien lyijykynien toisessa päässä on pyyhekumi, jotta voimme pyyhkiä heti pois virheellisen merkinnän, jonka olemme kirjoittaneet. Mutta jos kirjoitamme jatkuvasti väärin samaan kohtaan ja yritämme pyyhkiä sen pois yhä vain uudelleen, lopulta paperi repeytyy."

Amma lopetti syömisen. Hän pesi kätensä ja istuutui uudelleen.

Saumya: "Kun ajattelen jotakin, se saattaa tuntua oikealta sillä hetkellä ja sitten myöhemmin ajattelen, että se saattaa sittenkin olla väärin. En kykene päättämään mitä tulisi tehdä. Minulla on aina epäilys mielessäni sen suhteen, mikä on oikein ja mikä väärin."

Amma: "Jos emme kykene erottamaan oikeaa väärästä, meidän tulee kysyä neuvoa gurulta ja joltakulta toiselta ihmiseltä. Silloin oikea polku kirkastuu meille. On vaikeaa kehittyä ilman antaumusta tai uskoa häntä kohtaan, joka kykenee johdattamaan meidät päämäärään. Kun löydämme sellaisen sielun, joka kykenee osoittamaan meille oikean tavan toimia, meidän tulisi kehittää itsessämme antaumusta häntä ja hänen ohjeitaan kohtaan. Jos emme kykene löytämään hänenkaltaistaan, meidän tulisi pyrkiä opiskelemaan elämän päämäärää ja polkua, jota meidän tulisi seurata lukemalla henkisiä kirjoja. Jos pyrkimyksemme on vilpitön, tulemme varmasti löytämään gurun. Mutta ei riitä, että olemme löytäneet gurun; jos haluamme kehittyä, meidän on antauduttava kokonaan gurulle. Emme kehity, jos näemme gurussa vikaa silloin, kun hän osoittaa meille meidän virheemme ja nuhtelee meitä."

Saumya: "Millä tavoin halut muodostuvat esteiksi henkisille harjoituksillemme?"

Amma: "Jos hanaan johtavassa putkessa on monta reikää, silloin hanasta tuleva vesivirta on kovin heikko. Samalla tavoin, jos mielessämme on itsekkäitä haluja, emme saavuta täyttä keskittymistä Jumalaan ja näin emme pääse lähemmäksi häntä. Kuinka joku joka ei kykene uimaan edes pienen joen yli, kykenisi ylittämään valtameren? Ei ole mahdollista saavuttaa korkeinta tilaa luopumatta kaikesta itsekkyydestä."

Saumya: "*Japa*, meditaatio ja rukoukset – mikä näistä harjoituksista poistaa parhaiten *vasanat* (kielteiset ominaisuudet)?"

Amma: "Kaikki nämä menetelmät auttavat meitä voittamaan *vasanamme*. Jos rukoilemme täydellisellä keskittyneisyydellä, se yksin riittää. Mutta vain harvat ihmiset rukoilevat kaiken aikaa eikä heillä ole mielen keskittyneisyyttä. Siksi käytämme muita menetelmiä, kuten *japaa*, meditaatiota ja antaumuksellista laulamista. Tällä tavoin voimme pitää Jumalan ajattelemisen itsessämme kaiken aikaa elävänä. Kun istutamme siemeniä, meidän tulee antaa niille lannoitetta, kastella niitä säännöllisesti, suojella niitä eläimiltä ja tuhota madot ja hyönteiset, jotka hyökkäävät niiden kimppuun. Kaikki nuo toimet tehdään, jotta sato pääsisi kasvamaan. Samalla tavoin erilaiset henkiset harjoitukset, joita teemme, nopeuttavat kehitystämme kohden päämäärää."

Saumya: "Amma pyysi minua toistamaan *Om Namah Shivayaa* seitsemästä kahdeksaan illalla, joten en voi osallistua *bhajaneihin*."

Amma: "Älä ole huolissasi, tyttäreni. Amma pyytää jotakuta toista huolehtimaan siitä ajasta."

Amma katsahti seinällä olevaa kelloa. Se näytti varttia vaille viittä. Hän sanoi:

"*Bhajanit* alkavat pian. Salli Amman mennä nyt pesulle. Tyttäreni, milloin tahansa sinulla on jokin ongelma, sinun pitää tulla ja kertoa siitä Ammalle."

Saumya kumarsi Ammalle ja hänen kasvonsa loistivat iloa, koska hän oli saanut keskustella niin pitkään Amman kanssa ja koska hän oli saanut vastaukset kysymyksiinsä.

Pian sen jälkeen Amma meni *kalariin* ja *bhajanit*, jotka aina edeltävät *Devi-bhava-darsania* alkoivat. Sama Äiti, joka oli gurun hahmossa kärsivällisesti vastannut kauan opetuslapsensa kysymyksiin, omaksui nyt palvojan asenteen vuodattaen sydämensä kaipauksen lauluihin. Hän lauloi koko olemuksellaan unohtaen kaiken muun antaumuksen hurmiossa.

Keskiviikkona 20. elokuuta 1986

Voita vihasi

Kaikki olivat työskennelleet ashramissa aamusta alkaen. Nyt oli myöhäinen iltapäivä. Työ koostui ashramin pihamaan siivoamisesta ja rakennusmateriaalin siirtämisestä, jota käytettiin betonin valamiseen uutta rakennusta varten. Amma auttoi siirtämään ruostumatonta terästä. Hänen valkoinen sarinsa oli valkoisen levän peitossa, joka oli peräisin kostuneista terästangoista.

Oppilas, joka oli töissä Rajasthanissa, oli saapunut edellisenä iltana. Hän oli kiivasluontoinen ja hän oli rukoillut Ammaa auttamaan häntä voittamaan vihansa. Amma, joka asustaa kaikkien sisällä, tiesi tämän. Hän kääntyi hymyillen miehen puoleen ja sanoi:

"Poikani, Amma tuntee, että sinulla on vähän liikaa vihaa sisälläsi. Kun vihastut jollekulle, sinun tulee laittaa Amman kuva eteesi ja sättiä häntä. Sano hänelle: 'Tällainen vihako seuraa siitä, että minä palvon sinua? Sinun tulee poistaa se heti paikalla! Jos et tee niin, silloin minä...' Ota sitten tyyny ja lyö sitä kuvitellen että se on Amma. Jos haluat, voit jopa heittää likaa Amman päälle. Mutta, poikani, älä vihastu muille."

Amman rakkaus toi kyyneleet miehen silmiin.

Auringon laskiessa työ oli lähes tehty. Amma ryhtyi nyt kantamaan toisten kanssa kiviä. Kun he näkivät hänen nostavan suurimman kiven päänsä päälle, opetuslapset esittivät vastalauseensa ja yrittivät estää häntä pyytäen häntä ottamaan pienempiä kiviä. Mutta Ammaan sattui kun hän näki, että hänen opetuslapsensa nostivat raskaimpia kiviä. Hän sanoi heille:

"Mikään fyysinen kipu ei ole niin paha kuin mielen kipu."

Kova työ muuttui palvonnaksi. Jokainen yritti kantaa raskaampia taakkoja kuin mitä he kykenivät nostamaan. Heidän hikensä putosi maailmankaikkeuden Äidin jalkojen juureen kuin kukkaset – kukkaset, jotka pitivät sisällään uuden ajan kultaisia siemeniä.

Lauantaina 23. elokuuta 1986

Amma istui *kalarin mandapamilla* (vanhan temppelin verannalla) muutamien oppilaiden seurassa. Vijayalakshmi, nainen, joka oli ollut naimisissa nelisen vuotta, oli heidän joukossaan. Ystävä oli tuonut hänet joitakin aikoja sitten tapaamaan Ammaa. Hän jumaloi Ammaa siitä hetkestä alkaen, jolloin hän tapasi hänet ensi kerran ja uskoi häneen täysin. Vaikka hän olikin tullut säännöllisesti tapaamaan Ammaa siitä lähtien, hänen miehensä ei juurikaan uskonut Ammaan. Hän ei ollut kiinnostunut henkisistä asioista, mutta ei hän toisaalta vastustanutkaan sitä, että hänen vaimonsa kävi tapaamassa Ammaa. Tavattuaan Amman Vijayalakshmi ei enää kiinnittänyt huomiota omaan ulkoiseen olemukseensa. Hän ei enää käyttänyt koruja ja kalliita sareja, vaan käytti vain valkoisia vaatteita. Hänen miehensä kuitenkin vastusti tätä, sillä hän oli menestynyt insinööri ja hänellä oli laaja ystäväpiiri.

Amma: "Tyttäreni, jos pidät vain valkoisia vaatteita, pitääkö poikani siitä?"

Vijayalakshmi: "Ei sillä ole väliä, Amma. Olen laittanut kaikki muut sarini ja paitani syrjään. Haluan antaa ne ihmisille, jotka tarvitsevat niitä. Minulla on paljon vaatteita, joita en tarvitse."

Amma: "Älä tee mitään sellaista juuri nyt, tyttäreni! Älä tee mitään, mikä satuttaa miestäsi. Sinulla on tietty *dharma*, älä jätä sitä noudattamatta. Joka tapauksessa poikani ei vastusta sitä, että käyt täällä. Eikö se ole suuri asia?"

Vijayalakshmi: "Amma, hänellä on aikaa sataa eri asiaa varten, mutta hänellä ei ole aikaa tulla tapaamaan sinua edes kerran. Vuosien ajan minä pukeuduin ja menin kaikkialle hänen kanssaan, mutta en enää. Minä olen väsynyt prameiluun ja näyttäytymiseen. Tämä puuvillainen sari ja paita riittävät minulle."

Amma: "Älä puhu noin, tyttäreni. On totta, että hän ei tule tapaamaan Ammaa, mutta hänellä on siitä huolimatta paljon antaumusta."

Vijayalakshmi: "Mitä sinä tarkoitat? Hän ei käy yhdessäkään temppelissä. Kun pyysin häntä tulemaan kanssani Guruvayoorin temppeliin, hän sanoi: 'Päätin yliopistossa ollessani, että en koskaan astuisi jalallanikaan temppeliin. Mutta sinun takiasi minun piti yhden kerran rikkoa tuo vala. Koska sinun perheesi on niin hurskas, minun tuli toimia omaa lupaustani vastaan.'

Amma, joudun yhä kuuntelemaan hänen valituksiaan siitä, että menimme naimisiin temppelissä."

Amma nauroi ja sanoi: "Tyttäreni, hän ei käy täällä tai temppelissä, mutta hänellä on hyvä sydän. Hän on myötätuntoinen kärsiviä kohtaan ja se itsessään riittää. Tyttäreni, älä tee mitään mistä hän ei pidä."

Vijayalakshmin kasvoilta heijastui pettymys.

Amma: "Älä ole huolissasi. Eikös Amma ole se, joka sanoo sinulle tämän? Jos pidät vain valkoisia vaatteita, se tekee hänet onnettomaksi. Mitä hän sanoo silloin ystävilleen? Joten laita päällesi valkoista, kun tulet tänne, mutta kun olet kotona tai matkustat hänen kanssaan, pidä tavallisia vaatteitasi ja korujasi. Muussa tapauksessa ihmiset tulevat syyttämään Ammaa. Eikö totta? Sinun aviomiehesi on myös Amman poika. Älä ole huolissasi, tyttäreni."

Vijayalakshmi ei sanonut tähän enää mitään, mutta hänen ilmeensä osoitti, että hän hyväksyi Amman antaman ohjeen.

Tekojen tekemisestä

Nyt toinen oppilas, Ramachandran, esitti kysymyksen:

"Monissa kirjoissa sanotaan, että menneisyyden *gurukulassa* (mestarin koulussa) teoille annettiin suurempi merkitys kuin *sadhanalle*. Vaikka *Upanishadeissa* sanotaankin, että karmajooga ei yksin johda Itse-oivallukseen, gurut antoivat uusille opetuslapsille tehtäväksi pitää huolta karjasta tai polttopuun hankkimisesta ensimmäisen kymmenen tai kahdentoista vuoden ajan. Miksi he toimivat tällä tavoin?"

Amma: "Mieltä ei voi puhdistaa ilman, että teemme epäitsekkäitä tekoja. Se mitä henkinen ihminen tarvitsee ensimmäiseksi,

241

on epäitsekkyys. Opetuslapselle annettiin tiettyjä tehtäviä, jotta nähtäisiin kuinka epäitsekäs hän oli. Jos hän teki tehtävänsä epäitsekkyyden ja uhrautuvaisuuden hengessä, se osoitti hänen vakaan päätöksensä saavuttaa päämäärä.

Opetuslapsen antautuminen gurun ohjeiden noudattamiselle tekee hänestä kuninkaiden kuninkaan, se tekee hänestä kaikkien kolmen maailman hallitsijan. Oppilasta tulee koetella kunnolla ennen kuin hänet hyväksytään opetuslapseksi todellisessa mielessä. Todellinen mestari hyväksyy uuden opetuslapsen vasta tällaisten koettelemusten jälkeen.

Lopulta hänet, joka on kulkenut ympäriinsä myymässä pähkinöitä, laitetaan vastuuseen timanttikaupasta. Ei ollut niin väliä, jos hän menetti yhden pähkinän, mutta timantti on niin paljon arvokkaampi. Henkisen ihmisen on kyettävä antamaan rauhaa ja onnellisuutta maailmalle. Gurun tehtävänä on koetella ja katsoa, onko opetuslapsella *sraddhaa* (tarkkaavaisuutta) ja kypsyyttä, jota tarvitaan, muussa tapauksessa opetuslapsi aiheuttaa vain vahinkoa.

Nuori mies meni kerran ashramiin toivoen saavansa liittyä sinne asukkaaksi. Guru yritti vakuuttaa hänet siitä, ettei vielä ollut hänen aikansa liittyä. Mutta nuori mies kieltäytyi palaamasta kotiinsa. Lopulta guru suostui. Hän antoi uudelle opetuslapselle tehtäväksi valvoa orpokotia, joka sijaitsi pienen matkan päässä ashramista.

Kun nuori mies palasi ashramiin illalla tehtyään tehtäviään koko päivän, guru kysyi häneltä:

'Mitä sinä söit tänään?'

Opetuslapsi vastasi:

'Söin muutamia omenoita puista.'

Guru nuhteli häntä sanoen:

242

'Kuka käski sinua syömään niitä!'

Opetuslapsi oli vaiti.

Jälleen seuraavana päivänä opetuslapsi meni työhönsä. Tällä kertaa hän ei ottanut hedelmiä puista vaan söi vain sitä mikä oli pudonnut maahan. Illalla guru nuhteli häntä jälleen. Seuraavana päivänä hän ei syönyt hedelmiä lainkaan. Kun hän koki itsensä nälkäiseksi, hän söi marjoja villipensaasta. Kävi ilmi, että marjat olivat myrkyllisiä. Hän romahti maahan ja makasi orpokodissa, kykenemättä liikkumaan.

Kun hän makasi siellä, hän rukoili ääneen gurunsa anteeksiantoa. Kuultuaan hänen itkunsa toiset opetuslapset tulivat ja löysivät hänet. He tarjosivat hänelle vettä juotavaksi, mutta hän ei ottanut sitä vastaan sanoen, että hän ei joisi eikä söisi mitään ilman gurunsa lupaa. Siinä vaiheessa Jumala ilmestyi hänen eteensä ja sanoi:

'Minä annan sinulle sinun voimasi takaisin ja vien sinut gurusi luokse.'

Oppilas vastasi:

'Ei, Jumala! Minä haluan sinun antavan minulle voimani takaisin vain, jos guruni antaa siihen suostumuksensa.'

Koska opetuslapsi oli saavuttanut tuon tasoisen antaumuksen, guru itse tuli ja siunasi hänet. Opetuslapsi sai heti voimansa takaisin. Hän kumarsi gurulle ja nousi seisomaan.

Tällaisia koettelemuksia entisajan gurut antoivat koetellakseen opetuslapseksi pyrkivien ominaisuuksia."

Kärsivällisyys

Ramachandran: "Amma, kun katsoo miten sinä toimit opetus-
lastesi kanssa, tuntuu siltä, että sinun nuhtelusi auttaa enemmän
kuin kehusi."

Amma: "Kehittääkseen itsessään sekä oikeanlaista itsekuria
että nöyryyttä opetuslapsen tulee tuntea sekä syvää kunnioitusta
että antaumuksellista rakkautta gurua kohtaan. Alkuvaiheessa
pienet lapset opettelevat läksynsä pelosta opettajaa kohtaan. Siinä
vaiheessa, kun he menevät yliopistoon, he opiskelevat omasta
tahdostaan, koska heillä on elämässään päämäärä.

Kärsivällisyys on sellainen ominaisuus, jota tarvitaan hen-
kisen elämän alkuvaiheessa ja myös loppuvaiheessa. Siemenen
ympärillä olevan kuoren tulee murtua ennen kuin puu voi
alkaa kasvaa. Samalla tavalla sinun tulee vapautua egosta ennen
kuin voit tuntea todellisuuden. Guru suunnittelee monenlaisia
koettelemuksia opetuslapselle nähdäkseen, onko tämä tullut
hänen luokseen hetken innostuksesta vai todellisesta rakkaudes-
ta päämäärää kohtaan. Aivan niin kuin yllätyskokeet koulussa,
myös gurun koettelemukset tulevat ilman etukäteisvaroitusta.
Gurun tehtävänä on arvioida opetuslapsen kärsivällisyyden,
epäitsekkyyden ja myötätunnon aste. Hän tarkkailee, tuleeko
opetuslapsesta voimaton tietyissä tilanteissa vai onko hänellä
voimaa kestää erilaisia koettelemuksia. Opetuslapsen tehtävänä
on johtaa tulevaisuudessa maailmaa. Tuhannet ihmiset saattavat
tulla hänen luokseen luottaen häneen. Jotta nuo ihmiset eivät
tulisi petetyiksi, opetuslapsella on oltava tietty määrä voimaa,
kypsyyttä ja myötätuntoa. Jos hän menee maailman keskelle
ilman tällaisia ominaisuuksia, hän tulee pettämään maailman
pahemman kerran.

Guru laittaa opetuslapsen moniin koettelemuksiin muokatakseen häntä. Guru antoi kerran opetuslapselleen kiven ja pyysi häntä veistämään siitä jumalankuvan. Opetuslapsi luopui ruoasta ja unesta ja loi lyhyessä ajassa patsaan. Hän asetti sen gurun jalkojen juureen, kumarsi yhteen liitetyin käsin ja odotti lähellä seisten.

Guru katsahti patsasta ja heitti sen sitten pois niin, että se murtui palasiksi.

'Tällä tavallako patsas tehdään?' hän kysyi vihaisena.

Opetuslapsi katsoi rikkoontunutta patsasta ajatellen: 'Minä tein monta päivää töitä patsaan kanssa, syömättä ja nukkumatta eikä hän sanonut yhtään kiitoksen sanaa.' Tietäen mitä hän ajatteli, guru antoi hänelle toisen kiven ja käski häntä yrittämään uudelleen.

Opetuslapsi teki hyvin huolellisesti vielä kauniimman patsaan kuin ensimmäinen oli ollut ja vei sen gurulle. Tällä kertaa hän oli varma, että guru olisi tyytyväinen. Mutta gurun kasvot tulivat vihasta punaisiksi heti, kun hän näki patsaan.

'Teetkö minusta pilaa? Tämä on vielä huonompi kuin ensimmäinen!'

Sanottuaan tämän guru heitti patsaan maahan, jolloin se hajosi palasiksi. Guru katseli opetuslapsen kasvoja. Tämä seisoi nöyrän näköisenä, pää kumarassa. Ei hän ollut vihainen, hän tunsi itsensä vain surulliseksi. Guru antoi hänelle jälleen uuden kiven ja käski hänen veistää uuden patsaan.

Tottelevaisesti opetuslapsi teki uuden patsaan suurella huolella. Se oli hyvin kaunis. Jälleen hän laski sen gurun jalkojen juureen. Samassa guru poimi sen ja heitti sen pois sättien kovasti opetuslasta. Tällä kertaa opetuslapsi ei kuitenkaan tuntenut sen enempää katumusta kuin suruakaan gurun vastauksen tähden, sillä hänessä oli alkanut kehittyä täydellinen antautuminen. Hän ajatteli: 'Jos tämä on minun guruni tahto, niin se sopii, kaikki guruni teot ovat minun parhaakseni.' Guru antoi hänelle jälleen uuden kiven ja opetuslapsi otti sen ilolla vastaan. Hän palasi kauniin patsaan kanssa ja jälleen guru murskasi sen palasiksi. Mutta opetuslapsen tunteissa ei tapahtunut nyt minkäänlaista muutosta. Guru oli tyytyväinen. Hän syleili opetuslasta, laittoi kätensä opetuslapsen päähän ja siunasi hänet.

Jos joku ulkopuolinen olisi tarkkaillut gurun tapaa toimia, hän olisi saattanut ajatella, kuinka julma guru olikaan tai hän olisi saattanut ajatella, että guru oli hullu. Vain guru ja hänelle antautunut opetuslapsi tiesivät, mitä oli tapahtumassa. Joka kerta kun guru rikkoi patsaan, hän tosiasiassa veisti Jumalan kuvaa opetuslapsen sydämessä. Se mikä murtui, oli oppilaan ego. Vain satguru voi toimia näin ja vain todellinen opetuslapsi saa kokea siitä koituvan syvän ilon.

Opetuslapsen tulisi ymmärtää, että guru tietää paremmin kuin hän, mikä on hänelle hyväksi ja mikä on ylipäätään hyvää ja pahaa. Ei pitäisi koskaan lähestyä gurua saavuttaakseen mainetta ja kunniaa vaan tarkoituksella luovuttaa itsensä. Jos koemme vihastusta sen takia, että guru ei ylistä meitä tai meidän tekojamme, silloin meidän tulee ymmärtää, ettemme ole vielä kypsiä opetuslapsiksi. Meidän on rukoiltava, että guru poistaisi vihamme. Meidän on ymmärrettävä, että gurun jokainen teko on meidän parhaaksemme.

Jos tarinan opetuslapsi olisi lähtenyt gurun luota tuntien, että hänen työtään ei oltu vastaanotettu sellaisin kiitoksin, jonka se ansaitsi, ovi ikuiseen autuuteen olisi pysynyt suljettuna. Gurut antavat opetuslapsilleen erilaisia tehtäviä, koska he tietävät, että opetuslapset eivät opi kärsivällisyyttä ja kypsyyttä ainoastaan meditaation avulla. Meditaation synnyttämien ominaisuuksien tulisi ilmentyä teoissamme. Rauhan kokeminen pelkästään meditaation aikana ei ole merkki todellisesta henkisyydestä. Meidän pitäisi oppia näkemään kaikki teot meditaationa. Silloin *karmasta* tulee *dhyanaa*."

Vijayalaksmi: "Ystäväni sai vähän aikaa sitten *mantra-dikshan* (mantra-vihkimyksen) Ramakrishna-ashramissa. Amma, mikä on *mantra-dikshan* tarkoitus?"

Amma: "Maito ei muutu jogurtiksi itsestään. Meidän pitää laittaa pieni määrä jogurttia maidon sekaan käynnistääksemme tämän prosessin. Vain sillä tavoin saamme jogurttia. Samalla tavalla gurun antama mantra herättää oppilaassa olevan henkisen voiman.

Siinä missä poika saa elämänsä isänsä siemenestä, opetuslapsi elää gurun *pranasta* (elinvoimasta). Tämä *prana* ja päätös, jonka guru asettaa opetuslapseen vihkimyksen hetkellä auttaa opetuslasta saavuttamaan täydellisyyden. Vihkimyksen hetkellä guru liittää sisäisellä siteellä opetuslapsen itseensä."

Vijayalakshmi: "Annatko minulle mantran, Amma?"

Amma: "Ensi kerralla, tyttäreni."

Tässä vaiheessa uusi ryhmä oppilaita tuli ja liittyi heidän seuraansa istuutumalla Amman ympärille. Yksi heistä mainitsi sanjaasin, joka oli vähän aikaa sitten saavuttanut *mahasamadhin* (jättänyt kehonsa).

Oppilas: "Menin katsomaan, kun hänet siunattiin haudan lepoon. Kammio rakennettiin ja se täytettiin suolalla, kamferilla ja pyhällä tuhkalla ja sitten ruumis sijoitettiin siihen."

Ramachandran: "Eivätkö madot syö ruumista, vaikka se asetettaisiin tuhkan ja kamferin keskelle?"

Toinen oppilas: "Minä kuulin, että Jnanadeva antoi *darshanin* (ilmestyksen) oppilaalleen unessa monia vuosia sen jälkeen kun hän oli saavuttanut *mahasamadhin*. Unessa Jnanadeva kehotti oppilasta avaamaan haudan, missä hänen ruumiinsa oli. Kun hän teki niin, kävi ilmi, että puun juuret olivat kietoutuneet ruumiin ympärille painaen sitä. Ruumiissa ei ollut minkäänlaisia rapistumisen merkkejä. Puun juuret poistettiin ja hauta suljettiin jälleen."

Amma: "Kun elämä kerran on poistunut, mitä väliä sillä enää on? Olemmeko me pahoillamme, jos madot syövät ulosteen, jonka olemme jättäneet jälkeemme? Ruumis on tällainen, katoavainen. Vain sielu on ikuinen."

Toinen oppilas kertoi nyt Ammalle ashramia koskevasta tarinasta, jonka hän oli lukenut sanomalehdestä. Se koski Shakti Prasadia, joka oli tullut ashramiin ryhtyäkseen *brahmachariksi* (munkkioppilaaksi). Yrittäen pakottaa hänet palaamaan kotiinsa, hänen islamilainen isänsä oli nostanut oikeuskanteen korkeimmassa oikeudessa estääkseen häntä liittymästä ashramiin.

Amma sanoi: "Shiva!" Sitten hän istui hiljaa hetkisen. Vähän ajan kuluttua hän sanoi nauraen: "Kertokaamme hänelle, joka on ikuinen. Mutta hän onkin syvässä meditaatiossa eikä mikään tällainen koseta häntä. Hänellä on yksi silmä enemmän kuin muilla, silti näyttää siltä, ettei hän seuraa tämänkaltaisia tapahtumia. Ei hän laskeudu meidän luoksemme tänne alas, vaan meidän on ponnisteltava."

Oppilas: "Amma, mitä tarkoitat?"

Amma: "Shivan kolmas silmä on *jnanan*, korkeimman tiedon silmä. Hän on *jnana-bhavassa* (korkeimman tiedon tilassa).

Mikään ei kosketa häntä. Amma taas on Äiti, hän näkee kaikki olennot lapsinaan ja myötätunto liikuttaa häntä."[39]

Kun Amma puhui, brahmachari istui hänen lähellään kyynelten valuessa hänen kasvoilleen. Häntä ahdisti, kun hän oli saanut kuulla, että Amma lähtisi Amerikan-kiertueelle. Hän ei ollut onneton sen takia, että Amma teki tällaisen vierailun vaan koska hän ei kestänyt ajatusta, että joutuisi olemaan erossa hänestä kolme kuukautta. Uutinen Amman ulkomaanmatkasta oli levinnyt kulovalkean lailla ympäri ashramia. Tämä olisi ensimmäinen kerta, kun Amma olisi poissa ashramista näin pitkän ajan. Vaikka kiertue olikin vielä kuukausien päässä, moni ashramin asukas purskahti itkuun ajatellessaan sitä.

Amma kääntyi brahmacharin puoleen ja pyyhki hellästi hänen kyyneleensä sanoen:

"Poikani, tällaisina hetkinä Amma tarkkailee, ketkä teistä ovat kypsiä. Hän haluaa tietää, ketkä teistä säilyttävät *lakshya bodhan* (päämäärätietoisuuden) ja itsekurin, kun hän on kaukana poissa."

Tällaisina hetkinä Amman äidillinen rakkaus väistyi taka-alalle, kun hänen velvollisuutensa oli toimia guruna, joka opastaa opetuslapsiaan. Silti jopa nytkin hänen rakkautensa jumalallinen virta oli murtautumassa suojavallien yli, sillä hänen sydämensä suli aina kun hän näki lastensa kyyneleet. Jopa hänen roolinsa guruna pehmeni hänen äidillisen rakkautensa takia.

---

[39] Shakti Prasadin isä hävisi lopulta oikeusjutun. Tämä merkitsi korkeimman oikeuden perustavaa laatua olevaa päätöstä Intiassa. Se merkitsi sitä, että jokainen saa itse vapaasti valita uskontonsa.

Maanantaina 25. elokuuta 1986

Kuttan Nair Cheppadista oli yksi Amman perheellisistä oppi-
laista. Kun hän tapasi Amman ensi kerran, hän ajatteli niin kuin
monet muutkin, että Jumalallinen Äiti laskeutui *Devi-bhavan*
aikana Amman fyysiseen kehoon. Mutta kun Kuttan seurasi
Amman tekoja *Devi-bhavojen* aikana, hän vakuuttui hiljalleen
siitä, että Jumalallisen Äidin läsnäolo loisti hänessä aina. Kun
hänen vanhimmasta pojastaan, Srikumarista, tuli ashramin pysy-
vä asukas, Amma vieraili usein Nairien kotona. Aina kun Amma
tuli vierailulle, se oli juhlahetki perheen lapsille. Talon lounaisessa
päädyssä oleva huone varattiin Amman käyttöön ja hän meditoi
usein siellä. Kun Amma vieraili heidän luonaan, hän ja hänen
opetuslapsensa lauloivat *bhajaneita* perheen rukoushuoneessa,
ja Amma toimitti tällaisina hetkinä *pujan*, jumalanpalveluksen.

Amma oli luvannut vierailla Nairien talolla tänä aamulla
matkallaan Kodungalluriin. Kello näytti jo lähes puoltapäivää
eivätkä Amma ja hänen opetuslapsensa olleet vielä saapuneet.
Kaikki olivat odottaneet saavansa syödä sitten kun Amma saa-
puisi. Nyt kun aamu oli jo lähes mennyt, he päättelivät, että
Amma oli päättänyt sittenkin olla vierailematta heidän luonaan.
Mitä he tekisivät ruoalle, joka oli valmistettu Ammalle ja hänen
seurueelleen?

Kuttan Nair meni *puja*-huoneeseen ja sulki oven. Hän kuuli
huutoa ulkopuolelta, mutta jätti sen huomioimatta. Hän katsoi
Amman kuvaa ja valitti hiljaa mielessään: 'Miksi herätit meidän
toiveemme turhaan?'

Juuri sillä hetkellä Amman ääni kaikui ulkopuolelta kuin
kirkas kellon soitto:

"Kuinka olisimme voineet tulla aikaisemmin? Ajatelkaa kuinka vaikeaa on perheen, jossa on vain kaksi lasta, lähteä matkalle! Ashramissa piti tehdä monenlaisia järjestelyjä, erityisesti koska olisimme poissa kaksi päivää. Moni asia vaati huomiota. Työntekijät ovat näet siellä ja niinpä hiekkaa piti siivilöidä heille. Myös ashramiin jääviä opetuslapsia piti lohduttaa. Oli niin paljon tehtävää."

Brahmachari sanoi:

"Amma tuli huoneestaan jo seitsemän aikaan aamulla ja antoi aikaisen *darshanin* oppilaille. Sitten hän liittyi toisten joukkoon kantamaan hiekkaa jokilaivoista ashramiin. Siinä vaiheessa kello oli jo yksitoista, vaikka meidän oli ollut tarkoitus lähteä Kodungalluriin jo heti aamusta. Me lähdimme kiireellä, ehtimättä syödä."

Eikä nytkään ollut aikaa syödä. Amma meni suoraa päätä *puja*-huoneeseen, lauloi muutamia *kirtaneita* ja suoritti *pujan*. Kun hän tuli ulos, nuoret lapset ympäröivät hänet. Hän sanoi heille yksinkertaisesti:

"Amma tulee myöhemmin uudelleen. Nyt ei ole aikaa."

Lapset näyttivät pettyneiltä. Näinä päivinä ei ollut mahdollisuutta leikkiä Amman kanssa niin kuin ennen. Amma hyväili ja lohdutti jokaista ja antoi heille makeisia. Sitten aamiainen pakattiin ja laitettiin autoon. Annettuaan *darshanin* kaikille Amma ja hänen opetuslapsensa jatkoivat matkaansa suunnitellen syövänsä aamiaista matkan varrella.

Brahmachari Balu odotti Ammaa Ernakulamin laitamilla. Hän oli saapunut sinne edellispäivänä ashramin asioilla. Hän oli kertonut Ammalle, että Ernakulamista kotoisin oleva oppilas odotti häntä toivoen, että Amma vierailisi hänen kotonaan.

Amma: "Kuinka voisimme mennä sinne? Kodungallurin opetuslapset toivoivat, että Amma olisi tullut heidän luokseen perjantaina ja lauantaina, mutta sitten muutin vierailun tähän päivään, koska yhden opetuslapsistani piti palata Eurooppaan lauantaina. Huomenna meidän pitää matkustaa Ankamaliin, siksi supistimme kahden päivän ohjelman yhteen päivään. Jos emme saavu Kodunguuriin mahdollisimman pikaisesti, olemme epäoikeudenmukaisia siellä olevia ihmisiä kohtaan. Siksi en voi mennä muualle. Olemme kantaneet jo ruoan autoon, joten voimme syödä jossakin matkan aikana ja säästää sen ajan, joka kuluisi jonkun kotona vierailuun."

Kun auto jatkoi jälleen matkaansa, brahmacharit eivät hukanneet aikaa vaan esittivät Ammalle kysymyksiään.

Brahmachari: "Amma, onko mahdollista saavuttaa päämäärä pelkästään *sadhanan* ja *satsangin* (pyhien kirjojen lukemisen) avulla, ilman gurun apua?"

Amma: "Et voi oppia korjaamaan moottoria vain kirjoja lukemalla. Sinun on mentävä pajalle ja kouluttautua sellaisen johdolla, joka tietää miten korjaustyö tehdään. Sinun pitää oppia häneltä, jolla on kokemusta. Samalla tavoin tarvitset gurun, joka voi kertoa sinulle niistä esteistä, joihin törmäät *sadhanan* polulla ja miten voit voittaa nuo esteet saavuttaaksesi päämäärän."

Brahmachari: "Pyhät kirjoitukset puhuvat paljon *sadhanan* esteistä. Eikö riitä, että lukee pyhiä kirjoituksia ja harjoittaa niiden pohjalta?"

Amma: "Lääkepurkin kyljessä saattaa olla annostusohjeita, mutta lääkettä ei tule ottaa ilman lääkärin ohjeita. Lääkepurkin kyljestä ilmenee yleisohjeet, mutta lääkäri päättää, miten lääkettä otetaan, minkälaisia määriä, joka riippuu potilaan rakenteesta ja terveydellisestä tilanteesta. Jos otat lääkettä virheellisen määrän, saatat aiheuttaa itsellesi enemmän vahinkoa kuin hyötyä. Samalla tavoin saatat oppia henkisyydestä ja *sadhanasta satsangin* ja kirjojen avulla tiettyyn rajaan asti, mutta kun harjoitat vakavalla mielellä henkisyyttä, se saattaa olla vaarallista ilman gurua. Et voi saavuttaa päämäärää ilman *satgurua* (valaistunutta opettajaa)."

Brahmachari: "Riittääkö, että meillä on guru? Onko tarpeen olla gurun läheisyydessä?"

Amma: "Poikani, kun siirrämme puun taimen paikasta toiseen, otamme hieman maa-ainesta alkuperäisestä paikasta mukaan. Tämä tekee taimelle helpommaksi sopeutua uuteen paikkaan, muussa tapauksessa sen saattaa olla vaikea juurtua uuteen maaperään. Gurun läheisyys on kuin alkuperäisestä paikasta mukaan otettu maa-aines, joka auttaa kasvia sopeutumisessa. Alkuvaiheessa etsijän voi olla vaikea noudattaa *sadhanaa* säännöllisesti, ilman taukoja. Gurun läheisyys antaa hänelle voimaa ylittää esteet ja pysytellä päättäväisesti henkisellä polulla.

Omenapuut tarvitsevat kasvaakseen sopivan ilmaston. Meidän tulee antaa niille vettä ja ravinteita oikeaan aikaan ja tuhota tuhohyönteiset, jotka hyökkäävät puiden kimppuun. Samalla tavoin *gurukulassa sadhaka* on parhaimmassa mahdollisessa ympäristössä henkisiä harjoituksia ajatellen, ja guru suojelee häntä esteiltä."

Brahmachari: "Riittääkö, jos harjoitamme sellaista *sadhanaa*, josta eniten pidämme?"

Amma: "Guru määrää sellaisen *sadhanan*, joka sopii oppilaalle parhaiten. Hän päättää, tuleeko meidän harjoittaa mietiskelyä vai epäitsekästä palvelua tai riittääkö *japa* tai rukoilu. Joillain ihmisillä ei ole sopivaa rakennetta joogaharjoituksia varten ja toiset taas eivät kykene meditoimaan pitkiä aikoja. Mitä tapahtuisi, jos sata tai viisikymmentä ihmistä nousisi bussiin, joka kykenee kuljettamaan vain kaksikymmentäviisi ihmistä? Emme voi käyttää pientä tehosekoitinta samalla tavalla kuin suurta myllyä, sillä jos käytämme sitä keskeytyksettä, se kuumenee ja menee rikki. Guru neuvoo meille sellaisia henkisiä harjoituksia, jotka sopivat kunkin kehon, mielen ja älyn rakenteelle.”

Brahmachari: ”Mutta eikö ole hyödyllistä, että jokainen meditoi?”

Amma: ”Guru tuntee jokaisen kehon ja mielentilan paremmin kuin me itse. Hän antaa ohjeita oppilaan edellytysten mukaisesti. Jos et ymmärrä tätä ja ryhdyt harjoittamaan *sadhanaa* niiden ohjeiden mukaisesti, jotka olet poiminut jostakin, voit menettää mielesi tasapainon. Liiallinen meditointi voi aiheuttaa sen, että pääsi kuumenee ja se taas voi aiheuttaa unettomuutta. Guru neuvoo jokaista opetuslasta hänen olemuksensa mukaisesti: mihin kohtaan kehossa tulee keskittyä meditaation aikana ja kuinka pitkään tulee meditoida.

Jos olemme matkalla jonnekin ja matkustamme hänen seurassaan, joka asuu siellä ja tuntee tien, voimme saavuttaa määränpään helposti. Muussa tapauksessa matka, joka kestäisi muuten vain tunnin, voi kestää kymmenen tuntia. Vaikka meillä olisikin kartta, saatamme eksyä ja joutua rosvojen hyökkäyksen kohteeksi. Mutta jos matkaamme hänen seurassaan, joka tuntee tien, meillä ei ole mitään pelättävää. Gurun merkitys henkisellä polulla on samanlainen. *Sadhanamme* eri vaiheissa voi ilmetä esteitä, jolloin on vaikeaa jatkaa ilman gurua. *Satgurun* läheisyys on todellista *satsangia* (totuudellista seuraa).”

Kun Amma puhui heille henkisistä asioista, hänen opetuslapsensa eivät olleet juurikaan tietoisia ajan kulumisesta. Mutta Amma tiesi heitä paremmin kuinka nälkäisiä he olivat.

”Paljonko kello on?” hän kysyi.

"Kello on kolme, Amma."

"Pysäytä auto, kun näet varjoisan paikan."

He pysähtyivät lounaalle tienvarteen ja istuutuivat puun alle. Brahmacharit resitoivat *Bhagavad-Gitan* 15. luvun. Jopa matkustaessa Amma piti kiinni siitä, että he toistivat *Gitan* säkeitä ennen ruokailua. Sitten hän jakoi heille lounaan, joka koostui riisistä ja *chamandista* (kookospohjaisesta maustekastikkeesta). Läheisestä talosta haettiin vettä.

Kun he söivät, pariskunta ajoi skootterilla heidän ohitseen. Osoittaen pariskuntaa Amma kysyi:

"Haluaisitteko matkustaa jonkun kanssa tuolla tavoin? Amma ei sano, etteikö teillä olisi tuollaisia toiveita, mutta jos sellaisia haluja tulee, teidän pitäisi vapautua niistä välittömästi mietiskelyn avulla. Voitte kuvitella heittävänne mielikuvitusnaisenne syvään ojaan ajaessanne. Silloin hän ei tule enää takaisin!"

Amma purskahti nauruun.

Darshan tien vierellä

Koska tie oli huonossa kunnossa, muutamat brahmachareista ehdottivat, että he valitsisivat toisen reitin, joka kulki Alwayen kaupungin halki. Mutta Amma oli eri mieltä. Niinpä he jatkoivat samaa tietä, jonka hän oli valinnut. Vähän myöhemmin he näkivät muutamia ihmisiä odottamassa Ammaa tienvarressa. Ehkä hän oli päättänyt heidän takiaan olla menemättä toista reittiä.

"Amma, pysähdy hetkeksi tähän ennen kuin jatkatte matkaanne", ihmiset pyysivät.

"Oi rakkaat lapset, ei ole aikaa! Ensi kerralla", Amma sanoi suurella lempeydellä, ja he sopeutuivat siihen, mitä hän oli sanonut. Kun Amman auto oli juuri lähdössä eteenpäin, nainen juoksi kaukaa pyytäen heitä odottamaan.

Nainen: "Amma, keitin kahvia brahmachareille kymmeneltä aamulla. Olen odottanut täällä koko ajan. Jouduin menemään kotiin vain minuutiksi. Amma, tule talooni hetkeksi ennen kuin jatkatte matkaa!"

Amma sanoi, että he olivat jo myöhässä, että hän ei kyennyt jäämään sen takia.

Nainen: "Sinun täytyy, Amma! Minä pyydän! Voit tulla vain hetkeksi!"

Amma: "Lupasimme, että saapuisimme Kodungalluriin kolmelta ja kello on jo neljä. Toisella kertaa, tyttäreni. Amma tulee Kodungalluriin uudelleen."

Nainen: "Odottakaa sitten yksi minuutti. Olen laittanut maitoa termospulloon ja lähetän poikani hakemaan sen. Voitte ainakin juoda sen ennen kuin menette!"

Amma taipui pyyntöön, joka oli esitetty ilmiselvän antaumuksellisen rakkauden vallassa. Nainen lähetti poikansa hakemaan juosten maitoa. Sillä aikaa iäkäs nainen, joka seisoi lähellä autoa, laittoi kukkaseppeleen Amman kaulan ympärille. Ottaen kiinni hänen käsistään Amma siunasi hänet. Vanhan naisen silmät täyttyivät antaumuksen kyyneleillä.

Tässä vaiheessa poika palasi maidon kanssa. Hänen äitinsä kaatoi maitoa lasiin ja ojensi sen Ammalle. Vasta nyt nainen muisti keittäneensä ratamoja brahmachareille. Jälleen hän pyysi poikaansa juoksemaan kotiin. Hän salli Amman lähteä vasta, kun ratamot oli tuotu autoon. Devi (Jumalallinen Äiti) on todellakin oppilaidensa orja!

He saapuivat Kodungalluriin viiden aikaan ja *bhajanit* alkoivat seitsemältä. Ja kuten aina, Amman suloinen laulu kohotti antaumuksellisen rakkauden hyökyaaltoja ympäristössä.

Tiistaina 2. syyskuuta 1986

Amma oli *darshan*-majassa vastaanottamassa vierailijoita. Lääkäri perheineen oli saapunut Kundarasta. Hänen nuorempi tyttärensä istui Amman vierellä meditoimassa.

Amma keskusteli metakasta, jonka ashramin naapuri oli nostanut brahmachareja vastaan.

Amma: ”Eilen lapseni saivat kuulla todellisia vedisiä mantroja! Naapurimme ei säästänyt sanojaan. Kun täällä olevat opetuslapset eivät halunneet kuunnella sitä, he soittivat nauhoitettuja *bhajaneita* kovaäänisesti. Eivät he voineet väittää vastaan naapurille. Eikö totta? Hehän pitävät päällään tällaista asua.”

Amma kääntyi brahmacharien puoleen ja sanoi:

”Me olemme kerjäläisiä, lapseni! Kerjäläiset sietävät kaiken mitä saavat kuulla. Tällainen asenne meillä on oltava. Jos menetämme erottelukykymme, kun saamme kuulla muutamia valittuja sanoja naapureiltamme ja synnytämme siitä itse paljon meteliä, menetämme mielenrauhamme. Tuleeko meidän kuluttaa se voima, minkä olemme saavuttaneet henkisillä harjoituksilla, tällaisiin toisarvoisiin asioihin. Jos emme kiinnitä huomiota naapuriimme, hänen sanansa jäävät hänelle. Hänen sanansa voivat vaikuttaa meihin vain jos otamme ne vakavasti. Jumala koettelee meitä hänen sanojensa kautta. Jumala antaa meille mahdollisuuden arvioida, kuinka hyvin olemme omaksuneet oppimamme – ettemme ole tämä keho, mieli ja äly. Mitä tuon miehen sanat voivat tehdä meille? Riippuuko meidän mielenrauhamme ja tasapainoisuutemme toisista ihmisistä?

Käyttäytyisikö hän tuolla tavalla roistoa kohtaan? Hän uskalsi käyttäytyä noin pahalla tavalla näitä opetuslapsiani kohtaan, koska he ovat lempeitä kuin pienet lapset. Tiedätkö, mitä he sanoivat? He sanoivat: 'Amma, vaikka hän pyrki riitelemään ja nimitteli meitä, me emme tahtoneet vastata hänelle. Meistä tuntui siltä, että jos mielenvikainen puhuu, niin kuka ottaa hullun sanat tosissaan?'"

Lääkäri ryhtyi puhumaan:

"Perhe, joka asuu sairaalamme lähettyvillä, ei anna kenellekään edes vesitippaa juodakseen. Vaikka me sanomme heille, että voimme itse nostaa veden heidän kaivostaan köyden ja ämpärin avulla, he eivät salli sitä. He eivät anna edes sairaalan potilaille vettä. Kuinka sääli, että on olemassa ihmisiä, joilla on noin paha mielenlaatu!"

Amma: "Rukoilkaamme, että heistä tulee parempia ihmisiä."

Lääkäri: "Jumala muuttaa valtameren veden sateeksi meitä varten. On surullista, jos joku julistaa tuon veden omaisuudekseen."

Amma (katsoen lääkärin tytärtä): "Tyttäreni on meditoinut siitä hetkestä alkaen, kun istuutui. Mitä hänelle on tapahtunut?"

Lääkäri: "Amma, kun hän tapasi sinut ensi kerran, sinä sanoit hänelle: 'Sinun pitäisi meditoida, silloin Jumala tekee sinusta niin älykkään, että tulet olemaan hyvä opinnoissasi.' Hän on harjoittanut meditaatiota joka päivä siitä lähtien."

Amma hymyili ja katsoi tyttöä rakastavasti. Nainen kumarsi ja nousi ylös. Amma kysyi:

"Tyttäreni, tulitko tänne, koska poikani Satish kertoi sinulle Ammasta?"

Naisen silmät laajenivat hämmästyksestä. Sitten hän alkoi itkeä hallitsemattomasti. Amma kuivasi hänen kyyneleensä. Kun nainen oli rauhoittunut hieman, hän sanoi:

"Kyllä, Amma. Minä tulen Delhistä. Menin Sivagiriin ja tapasin Satishin siellä. Sain kuulla häneltä Ammasta ja siitä miten pääsisin tänne. Kun kumarsin sinulle, ajattelin mielessäni, että kykenisitkö sanomaan minulle hänen nimensä ja heti kun nousin ylös, sinä sanoit!"

Amma nauroi viattomasti kuin lapsi ja nainen istuutui Amman istuimen viereen.

Meditaatio takavesien äärellä

Muutamia brahmachareja oli matkannut Ernakulamiin ostamaan tarvikkeita. Oli myöhäinen ilta eivätkä he olleet palanneet. Amma istui takavesien äärellä odottamassa heitä ja brahmacharit istuivat hänen ympärillään. Kun joku ashramista lähti matkalle eikä palannut ajoissa, Amma istui yleensä odottamassa heitä laiturilla, riippumatta siitä kuinka myöhäistä oli. Vasta sitten kun he palasivat, hän vetäytyi huoneeseensa.

Moottorivene kiisi heidän ohitseen takavesiä pitkin nostattaen laineita, jotka loiskuivat rantaa vasten. Pian ääni vaimeni.

Amma: "He saattavat palata hyvin myöhään, joten älkää istuko toimettomina, lapset. Meditoikaa."

Kaikki kerääntyivät lähemmäksi Ammaa.

Amma: "Toistakaamme ensin Om-mantraa muutamia kertoja. Kun toistatte Om, niin kuvitelkaa, että ääni alkaa *muladharasta* (juurikeskuksesta) ja nousee *sahasraraan* (päälakikeskukseen) levittäytyen sitten koko kehoon ja sulautuen lopulta hiljaisuuteen."

Amma lausui kolme kertaa Om. Jokaisen kerran jälkeen hän oli hetken hiljaa ennen kuin lausui Om-mantran jälleen, jotta he saattoivat kaikki toistaa sen yhdessä hänen jälkeensä. Pyhä sointu värähteli kuin torvi, johon puhallettiin, se kaikui yössä ja sulautui lopulta hiljaisuuteen. Jokainen heistä vaipui meditaatioon. Muuten oli hiljaista, vain aallot löivät etäällä rantaan ja tuuli humisi palmuissa.

Tällä tavoin kului kaksi tuntia. Sitten he lausuivat jälleen yhdessä Om. Amma lauloi *kirtanin* ja ryhmä lauloi jokaisen säkeen hänen perässään.

Adbhuta charitre

Oi sinä, jota taivaalliset olennot kumartavat,
jonka tarina on täynnä ihmeitä,
anna minulle voimaa antautua sinun jalkojesi juureen.
Uhraan sinulle kaikki tekoni,
jotka olen tehnyt tietämättömyyden vallassa.
Oi surullisten suojelija,
anna minulle anteeksi kaikki tekoni,
jotka olen tehnyt tietämättömyyden vallassa.

Oi maailmankaikkeuden hallitsija,
oi Äiti, loista sydämessäni
niin kuin nouseva aurinko.
Anna minun nähdä kaikki tasa-arvoisina –
vapauta minut erillisyyden tunteesta.

Oi suuri Jumalatar,
joka olet sekä syntisen että hyveellisen toiminnan syy,
oi sinä, joka vapautat kahleista,
anna minulle sandaalisi,

jotka suojelevat hyveellisyyttä,
dharman polulla,
matkalla kohti vapautusta.

Heti kun laulu loppui, he kuulivat äänitorven äänen takavesien toiselta puolelta ja auton ajovalot ilmestyivät näkyviin. Amma nousi heti ylös.

"Lapseni, onko tuo meidän automme?" hän kysyi.

Hetken päästä vene, jossa brahmacharit olivat, lipui veden poikki ashramin rantaan. Ashramiin palaavat brahmacharit olivat ylitsevuotavan iloisia nähdessään Amman odottamassa heitä. He hyppäsivät veneestä ja kumarsivat innokkaina aivan kuin eivät olisi nähneet häntä viikkoihin. Kun he nostivat tavaroita veneestä, Amma kysyi:

"Eikö poikani Ramakrishna tullut teidän kanssanne?"

"Hän tulee pian. Hänen piti viedä mies sairaalaan. Paluumatkalla ryhmä ihmisiä pysäytti automme ja toi luoksemme miehen, jota oli puukotettu riidan päätteeksi. He halusivat, että me veisimme hänet sairaalaan. Ensin me sanoimme, että meidän pitäisi kysyä sinulta, Amma, mutta koska toista ajoneuvoa ei ollut saatavilla, Ramakrishna ajoi hänet sairaalaan."

Amma: "Tuollaisissa tilanteissa teidän ei tarvitse kysyä Ammalta. Jos joku, joka on sairas tai loukkaantunut, tulee teidän luoksenne, teidän pitää pyrkiä viemään hänet suoraa päätä sairaalaan. Ei ole tarpeen tarkistaa, onko hän ystävä vai vihollinen. Jos emme voi auttaa ihmisiä tuollaisissa tilanteissa, milloin sitten?"

Puoli kolmen aikaan yöllä Ramakrishna viimein palasi. Vasta sitten Amma meni huoneeseensa.

Sunnuntaina 14. syyskuuta 1986

Ashramin pihamaa oli epäjärjestyksessä uuden talon rakennustöistä johtuen. Eri puolilla oli tiiliä ja kiviä. Vaikka asukkaat yrittivätkin järjestää kaiken, sekasotku oli yhtä paha seuraavana päivänä. Amma ei pitänyt siitä, että ashramin alue oli siivoton, niinpä hän ryhtyi heti siivoamaan.

Tänään Amma tuli alas aikaisin ja pyysi brahmachareja tuomaan lapioita ja astioita. He ryhtyivät siirtämään hiekkakasaa, joka lojui etupihalla, etäiseen nurkkaukseen. Amma sitoi pyyhkeen päänsä ympärille ja ryhtyi täyttämään astioita. Hän työskenteli suurella innolla levittäen mielialansa toisiin.

Huomatessaan, että brahmachari keskusteli jatkuvasti työskennellessään, Amma sanoi:

"Lapset, älkää jutelko kun työskentelette. Toistakaa mantraanne! Tämä ei ole vain työtä vaan *sadhanaa*. Teette sitten minkälaista työtä tahansa, jatkakaa mantran toistamista mielessänne, mikäli mahdollista. Vain silloin siitä tulee karmajoogaa. Ei riitä, että luette siitä, miten henkistä elämää tulee elää tai kuuntelette siitä tai puhutte siitä – teidän tulee soveltaa se käytäntöön. Siksi teidän pitää tehdä tällaista työtä. Mielen ei pitäisi olla Jumalasta erossa minuuttiakaan."

Amma ryhtyi laulamaan ja kaikki liittyivät mukaan.

Nanda Kumara Gopala

Oi Nandan poika, lehmien suojelija,
Vrindavanin kaunis poika,
Radhan hurmaaja,
tummaihoinen Gopala,
Oi Gopala, joka nostit Govardhana-kukkulan

ja leikit alati gopien mielessä.

Hiekkakasa katosi minuuteissa. Seuraavaksi ryhdyttiin pesemään soraa yhdessä nurkkauksessa ja siivilöimään hiekkaa toisessa.

Oppilas, joka oli saapunut perheensä kanssa, halusi Amman suorittavan *anna prasanan* hänen poikalapselleen. Lopetettuaan työskentelyn Amma käveli perheen kanssa *kalariin*, missä valmistelut seremoniaa varten olivat jo valmiina. Amma otti lapsen syliinsä, laittoi santelipuutahnaa hänen otsaansa, pudotteli kukan terälehtiä hänen päälaelleen ja suoritti sitten kamferiaratin (tuliseremonian) vauvalle. Hän istui pitäen lasta sylissään, hellien häntä ja syöttäen hänelle riisiä. Nähdessään tämän oppilas saattoi ajatella, että hän oli Yasoda, joka syötti ja leikki lapsi-Krishnan kanssa. Ammalle hän ei ollut vain joku lapsi, vaan hänen rakas Ambadinsa, lapsensa.

Kun Amma samana iltana tuli ulos huoneestaan meditaation aikana, kaksi brahmacharia keskusteli kiivaasti keskenään meditaatiohallin ulkopuolella. Amma seisoi hiljaa paikoillaan kuunnellen heitä. Koska he olivat täysin uppoutuneet keskusteluunsa, he eivät huomanneet häntä.

Brahmachari: "Lopullinen totuus on *advaita* (ykseys). Ei ole muuta kuin Brahman (absoluutti)."

Toinen brahmachari: "Jos ei ole muuta kuin Brahman, mikä saa meidät kokemaan maailmankaikkeuden?"

Ensimmäinen brahmachari: "Tietämättömyys. Maailmankaikkeus on mielen tuotos."

Toinen brahmachari: "Jos ei ole olemassa kahta olemassaoloa, kuka on tietämättömyyden alaisuudessa? Brahmanko?"

"Lapset!" Amma sanoi.

He kääntyivät nopeasti ympäri, näkivät Amman ja vaikenivat saman tien.

Amma: "Lapseni, ei ole mitään vikaa siinä, että puhutte *advaitasta*, mutta kokeaksenne sen teidän tulee harjoittaa *sadhanaa*. Mitä hyödyttää ylläpitää jonkun toisen omaisuutta? Sen sijaan, että hukkaatte aikanne kiistelyyn, teidän tulisi harjoittaa meditaatiota tähän kellonaikaan. Se on teidän ainoa omaisuutenne. Teidän pitäisi harjoittaa *japaa* kaiken aikaa. Se on ainoa keino saavuttaa mitään, poistaa huijari (ego), joka on ryhtynyt asustamaan teidän sisällänne.

Mehiläinen etsii hunajaa, meni se sitten minne hyvänsä. Mikään muu ei vedä sitä puoleensa. Mutta tavallinen kärpänen asettuu mieluummin ulosteen päälle ruusutarhassakin. Tällä hetkellä meidän mielemme on kuin tavallinen kärpänen. Tämän on muututtava. Meidän pitää kehittää itsellemme mieli, joka etsii hyvää kaikesta, aivan niin kuin mehiläinen, joka etsii vain hunajaa, minne se sitten meneekin. Väittely ei koskaan auta meitä saavuttamaan tätä, lapset. Meidän tulee pyrkiä soveltamaan käytäntöön se mitä olemme oppineet.

Ei-kaksinaisuus on totuus, mutta meidän pitää tuoda se omaan elämäämme. Meidän pitäisi kyetä seisomaan tuossa totuudessa kaikissa tilanteissa."

Amma lohduttaa sokeaa nuorukaista

Amma käveli vierasmajalle, missä nuori sokea mies oleskeli ja astui hänen huoneeseensa. Heti kun hän ymmärsi, että Amma oli siellä, hän kumartui hänen jalkojensa juureen. Hän oli ollut ashramissa joitakin päiviä. Tällä hetkellä hän oli hyvin alakuloinen.

Siitä päivästä alkaen, kun hän oli tullut ashramiin, brahmacharit olivat pitäneet hänestä huolta. He olivat menneet hänen seurassaan ruokasaliin ja auttaneet häntä hänen päivittäisissä toimissaan. Tänään paljon oppilaita oli saapunut lounaalle ja riisi oli pian syöty. Lisää riisiä keitettiin parhaillaan. Väkijoukosta johtuen brahmachari, jonka oli määrä auttaa sokeaa nuorukaista, ei ollut ehtinyt saattaa häntä ruokasaliin lounaan alkaessa. Kun brahmachari lopulta saapui hakemaan häntä, hän näki nuoren miehen astelevan rappusia alas erään oppilaan auttamana.

"Anna minulle anteeksi", brahmachari sanoi. "Kiireessä unohdin hakea sinut aiemmin. Täällä on tänään niin suuri ihmisjoukko, eikä riisiä ole enää jäljellä. Riisiä keitetään kaiken aikaa lisää ja se valmistuu pian."

Mutta nuori mies ei kyennyt antamaan anteeksi brahmacharille.

"Minulla on rahaa. Miksi riisin saaminen olisi ongelma, kun minä kykenen maksamaan siitä?"

Sanottuaan tämän nuori mies palasi huoneeseensa. Vaikka hän olikin puhunut karkealla tavalla, niin brahmachari ajatteli sen johtuvan hänen nälästään. Hän haki hedelmiä ja vei ne nuoren miehen huoneeseen.

"Riisi on pian valmista", brahmachari sanoi. "Minä tuon sitä sinulle. Syö nämä sillä aikaa."

Mutta nuori mies huusi hänelle ja kieltäytyi ottamasta hedelmiä vastaan.

Amma meni vierasmajaan kuultuaan tästä. Hän sanoi brahmacharille tiukasti:

"Kuinka huolimaton sinä oletkaan! Miksi et antanut tälle pojalleni ruokaa ajoissa? Etkö ymmärrä, että hän ei näe eikä kykene tulemaan ruokasaliin yksin? Jos tämä lapseni ei olisi sokea, hän olisi tullut syömään heti kellon soidessa. Jos hänen hakemisensa olisi kestänyt liian kauan, koska olit kiireinen, olisit voinut tuoda hänen ruokansa huoneeseen. Jos et kykene olemaan myötätuntoinen hänenlaisiaan kohtaan, niin kuinka kukaan voisi koskaan saada sinulta myötätuntoa?

Lapset, älkää hukatko yhtään mahdollisuutta palvella toisia. Muut eivät ole aina autettavissa juuri sillä hetkellä kun sinulle sopii. Apu, jonka annat hänenlaisilleen ihmisille, on todellista jumalanpalvelusta."

Silittäen hellästi nuoren miehen selkää Amma sanoi:

"Masensiko se sinua, poikani? Johtuen hänen työtaakastaan hän ei kyennyt tulemaan luoksesi, kun lounaskelloa soitettiin. Brahmachari, joka yleensä auttaa sinut ruokasaliin, ei ole täällä tänään ja toinen brahmachari, jolle hän oli siirtänyt velvollisuutensa auttaa sinua, oli mennyt auttamaan heitä, jotka jakoivat ruokaa, koska täällä on niin paljon ihmisiä. Hän unohti sinut, koska hän oli niin uppoutunut työhönsä. Joten älä ajattele, että se olisi ollut tarkoituksellista, poikani.

Missä hyvänsä oletkin, sinun on sopeuduttava olosuhteisiin. Tarvitsemme kärsivällisyyttä kaikkeen. Täällä ashramissa meillä on tilaisuus opetella elämään uhrauksen hengessä. Vain siten voimme saada osaksemme Jumalan armon. Poikani, sinun pitäisi ymmärtää, että tämä on ashram. Jos havaitset muissa puutteita, sinun tulee antaa heille anteeksi. Se ilmentää todellista sidettäsi Ammaan ja ashramiin."

Nuori mies purskahti itkuun. Amma pyyhki hänen kyyneleensä suurella hellyydellä ja kysyi:

"Söitkö mitään, poikani?"

Hän heilautti päätään kieltävästi. Amma pyysi brahmacharia hakemaan ruokaa, joka oli nyt valmistunut. Sitten hän istuutui lattialle ja otti nuorta miestä kädestä kiinni ja veti hänet istumaan lähelleen. Brahmachari toi lautasellisen riisiä ja currya. Amma teki riisistä palloja ja syötti nuorta miestä omin käsin. Paistatellessaan Amman rakkaudessa hänestä tuli lapsi. Amma syötti hänelle kaiken ruoan, joka oli lautasella. Sitten hän auttoi hänet ylös ja ohjasi hänet vesihanalle auttaen häntä pesemään kätensä. Lopulta Amma ohjasi hänet takaisin huoneeseensa.

Jokaisen hänen sydämenlyöntinsä oli täytynyt julistaa ääneen: "Vaikka minulla ei olekaan silmiä, niin olen nähnyt tänään Äidin sydämeni silmin!"

Maanantaina, 15. syyskuuta 1986

Onam-juhla ashramissa

Onam-juhla on suuren ilon päivä ihmisille Keralassa. Silloin perheenjäsenet kerääntyvät yleensä yhteen juhlimaan. Amman opetuslapsia oli saapunut maan eri kolkista voidakseen viettää Onamin hänen seurassaan. Pieniä lapsia oli saapunut vanhempiensa kanssa. Amma leikki lasten kanssa. Pojat ja tytöt pitivät toisiaan kädestä kiinni muodostaen ringin Amman ympärille pitäen näin häntä vankinaan. Yleensä ripustettiin jo useita päiviä aiemmin keinu ja Amma tapasi keinua siinä lasten kanssa Onamin aikana. Mutta tällä kertaa keinua ei ollut. Uuden rakennuksen työmaasta johtuen ei ollut paikkaa, minne sen olisi voinut sijoittaa. Nähdessään nyt kaikki lapset yhdessä Amma halusi keinun heitä varten. Brahmacharit Nedumudi ja Kunjumon laittoivat nopeasti puomin kahden pilarin väliin, jotka oli rakennettu uutta rakennusta varten ja ripustivat keinun siihen. Lapset laittoivat Amman istumaan siihen ja antoivat sitten hänelle vauhtia, jotta hän voisi keinua, kaikkien suureksi iloksi.

Amma osallistui myös Onamin valmisteluun lapsiaan varten. Hän pilkkoi vihanneksia, auttoi ruoanvalmistukseen käytettäviä tulisijoja palamaan kunnolla ja ylipäätään tarkkaili, että kaikki sujui hyvin. Puolenpäivän aikaan Amma laittoi kaikki pienet lapset istumaan ruokasalin luoteisnurkkaukseen. Heidän keskelleen istuen hän kehotti heitä kaikkia lausumaan ääneen: Om. Amma toisti ensin ja sitten he vastasivat. Hetken aikaa ympäristö värähteli pyhän soinnun voimasta. Lasten tahrattomasta sydämestä nouseva ääni täytti ympäristön raikkaalla suloisuudella.

Seuraavaksi Amma pyysi levittämään banaaninlehtiä lautasiksi lasten eteen. Kaikki ruoka oli valmista, mutta sitä ei oltu vielä siirretty tarjoiluastioihin eikä pappadamia oltu vielä paistettu. Mutta Amma halusi kiireesti syöttää nuoret lapset, niinpä hän laittoi eri ruokalajeja pieniin astioihin ja ryhtyi jakamaan niitä heille. Hän ei kuitenkaan ollut tyytyväinen vielä tähän, niinpä hän teki riisipalloja heidän banaanilautasilleen ja syötti jokaista lasta omin käsin.

Siinä vaiheessa kun Amma oli saanut pienet syötettyä, hänen aikuiset lapsensa (perheelliset ja brahmacharit) olivat istuutuneet kahteen viereiseen huoneeseen. Amma jakoi myös heille ruoan. Tätä hetkeä varten hänen perheelliset oppilaansa olivat jättäneet kotinsa ja tulleet hänen luokseen. Jakaen heille omin käsin ruokaa Annapurneswari ilahdutti heitä kaikkia.

Syödessään joku huudahti:

"Oi ei!"

Ehkä hän oli purrut chiliä. Kuultuaan tämän Amma sanoi:

"Mitä hyvänsä heille sitten tapahtuukin, niin pienet lapset eivät koskaan sano: 'Oi ei!' He vain huutavat: 'Äiti!' Tämä 'Oi ei!' tulee meihin vasta, kun kasvamme vanhemmiksi. Oli meidän ikämme tai olosuhteemme sitten mitkä hyvänsä, niin Jumalan nimen tulee olla meidän kielellämme ennen mitään muuta. Tätä varten mieli tarvitsee harjoitusta, minkä tähden meitä kehotetaan toistamaan mantraa jatkuvasti. Teidän pitäisi kouluttaa mieltänne sanomaan: 'Krishna!' tai 'Shiva!' sen sijaan, että sanotte: 'Oi ei!', kun lyötte varpaanne tai kun jotakin muuta tapahtuu teille."

Naisoppilas: "Sanotaan, että kun huudahdamme 'Oi ei!', niin me kutsumme silloin kuoleman jumalaa luoksemme."

Amma: "Se on totta, sillä aina kun emme sano Jumalan nimeä, lähestymme kuolemaa. Minkä muun tahansa kuin Jumalan nimen lausuminen on kutsu kuolemalle. Joten jos emme tahdo kuolla, meidän tulee vain toistaa Jumalan nimeä jatkuvasti!" Amma sanoi nauraen.

Jaettuaan opetuslapsilleen payasamia, riisivanukasta, hän antoi heille sitruunan viipaleita, käyttäen samalla jopa tämän tilaisuuden kylvääkseen henkisyyden siemeniä heidän mieleensä:

"Lapseni, payasam ja sitruuna ovat kuin antaumus ja tieto. Sitruuna auttaa teitä sulattamaan payasamin. Samalla tavoin tieto auttaa teitä omaksumaan antaumuksen periaatteet oikeanlaisella ymmärryksellä. Teillä on oltava viisautta, jos haluatte maistaa täyttä antaumuksellista rakkautta. Mutta tieto ilman antaumusta on karvasta, siinä ei ole suloisuutta. Heillä, jotka sanovat: 'Minä olen kaikki', ei yleensä ole myötätuntoa. Antaumuksellinen rakkaus pitää sisällään myötätunnon."

Amma ei unohtanut kysyä jokaiselta erikseen, oliko hän syönyt. Aivan niin kuin suuren suvun matriarkka, hän kiinnitti huomiota kaikkiin lapsiansa koskettaviin yksityiskohtiin. Eräs perhe, joka yleensä saapui aina aikaisin Onam-juhliin, saapui tänä vuonna myöhässä. Amma kysyi, mikä oli pidätellyt heitä niin pitkään ja tiedusteli heidän lastensa opinnoista.

Ruoan jälkeen brahmacharit ja perheelliset oppilaat ryhtyivät siivoamaan ashramia. Rakennustöiden vuoksi ashramin pihamaa oli sekaisin, niinpä siivoaminen jatkui iltaan asti. *Bhajaneitten* jälkeen Amma liittyi heidän joukkoonsa. He täyttivät kolot ja kuopat ja levittivät puhdasta, valkoista hiekkaa alueelle. Kaikki tämä tehtiin, jotta voitaisiin valmistautua Amman syntymäpäiviin, jotka olisivat vain viikon kuluttua. Tuona päivänä odotettiin tuhansia oppilaita.

Illallisen jälkeen tuli lisää ihmisiä, jotka kerääntyivät Amman ympärille. Amma puhui heille hetkisen ja kävi sitten makaamaan hiekalle pitäen päätään naispuolisen oppilaan sylissä. Amma katsoi Markusta, nuorta saksalaismiestä ja nauroi.

"Katsokaa hänen päätään!" hän sanoi.

Markus oli melko kalju. Vain ohut seppele vaaleita hiuksia kiersi hänen avaraa päälakeaan.

"Työtä, työtä – aina vain työtä, satoi tai paistoi, yöllä ja päivällä", Amma sanoi Markukseen viitaten.

Markus: "Kaikki maa käytetään syntymäpäivien juhlistamiseen. Maata ei ole enää jäljellä. (Koskettaen päälakeaan). Täällä me teemme nyt puutarhatöitä."

Kaikki nauroivat.

Oppilas: "Johtuuko se siitä, että siellä on paljon likaa?"

Tässä vaiheessa Ammakin yhtyi nauruun. Myös Markus nauroi.

Toinen oppilas: "Sitä kutsutaan Chertalaksi!"[40]

---

[40] Chertala on ashramista pohjoiseen sijaitseva rannikkokaupunki. Sana tarkoittaa kirjaimellisesti 'lialla täytettyä päätä' malayalamiksi (*cher*: lika, *tala*: pää).

Brahmachari, joka palasi vierailulta perheensä luota, kumarsi ja istuutui Amman vierelle. Amma sanoi hänelle:

"Poikani, eikö Amma sanonut sinulle, kun olit aikeissa lähteä, että hän antaisi sinulle *payasamia*, jos tulisit takaisin tänään."

Brahmachari: "Mutta *payasamia* ei voi olla enää jäljellä, Amma. Kaikki ruoka, joka jaettiin päivällä, on varmaan jo loppunut."

Amma: "Jumala tuo sitä hieman. Sallisiko hän Amman sanojen olevan valheellisia?"

Sillä hetkellä Kollamista tullut perhe, joka oli saapunut hieman aikaisemmin, tuli Amman luo ja lahjoitti hänelle payasamia, jonka he olivat tuoneet mukanaan. Amma syötti sitä brahmacharille ja muille. Hän itse söi vain muutamia pähkinöitä jälkiruoasta. Lapsi poimi ne payasamin joukosta ja antoi ne Ammalle.

Amma: "Amma ei niinkään pidä cashew-pähkinöistä. Niitä on paljon Amman huoneessa. Opetuslapset ovat tuoneet. Amma ei yleensä syö niitä, mutta toisinaan Amma pitää cashewpähkinöiden mausta *payasamissa* tai tietyissä currykastikkeissa."

Amma poimi viinirypäleen, kardemummaa ja cashewpähkinän palasen *payasamista* ja laittoi ne kämmenelleen sanoen:

"Nämä antavat makua *payasamille*, aivan niin kuin henkisyys lisää elämän suloisuutta."

Maailmasta luopuneiden vierailut kotona

Amma sanoi *brahmacharille*, joka oli juuri palannut perheensä luota:

"Poikani, sinä sanot, ettei sinulla ole sukulaisia, omaisuutta ja niin edelleen, ja silti menet kotiisi. Samaan aikaan he, jotka väittävät olevansa hyvin kiintyneitä sinuun, eivät tule juuri

271

koskaan tänne. Ajattele kaikkea, minkä teet suurella huolella. Meidän Onam-juhlamme on henkinen tilaisuus. Kun omaksumme tietyn roolin maailmassa, meidän tulee näytellä se hyvin. Me astuimme henkiselle polulle vapautuaksemme 'minä'-tunteesta. 'Minun' vanhempani, 'minun' veljeni ja sisareni, ja sukulaiseni – kaikki tämä kuuluu tuohon 'minään'. Kun tuo 'minä' katoaa, myös he katoavat. Sen jälkeen jää jäljelle vain 'sinä' – ja se on Jumala. Meidän tulisi luovuttaa kaikki hänen tahtonsa varaan ja elää sen mukaisesti. Vain silloin voimme korjata henkisen elämän hyödyn."

"Aina kun lähdet ashramista, menetät osan *sadhana*-ajastasi. Jokainen elämäsi hetki on arvokas. Jos sinun isälläsi ja äidilläsi on niin voimakas toive viettää Onam-ateriaa yhdessä poikansa kanssa, niin he voivat tulla tänne. Me olemme tehneet valmisteluja sen suhteen, että he voivat tulla. Jos jatkat kotona käymistä, menetät kaikki *samskarat*, joita olet ravinnut täällä ja vain kiintymykset jäävät jäljelle.

Alkuvaiheessa *sadhakan* tulee pysyttäytyä erillään perheestään. Muussa tapauksessa, johtuen heidän kiintymyksestään perheeseensä, he eivät voi kehittyä *sadhanassaan*. Kiintymys perheeseen on kuin pitäisi happamia aineksia alumiinisessa astiassa: astiaan tulee reikiä ja silloin et voi pitää mitään sen sisällä. Kiintyminen mihin tahansa muuhun kuin Jumalaan syö meidän henkisen voimamme. Kiintymys on *sadhakan* vihollinen. Hänen pitäisi nähdä se vihollisena ja pysytellä erossa sellaisista suhteista. Jos soudat venettä, joka on sidottu rantaan kiinni, et pääse minnekään.

Me olemme Itsen lapsia. Meillä tulee olla samanlainen suhde perheeseemme kuin meillä on muita ihmisiä kohtaan. Jos vanhempamme ovat vanhoja ja sairaita, niin ei ole mitään vikaa

272

siinä, että olemme heidän seurassaan ja pidämme heistä huolta. Mutta jopa siinä tilanteessa, jos meillä on tunne *'minun* isäni' tai *'minun* äitini', niin kaikki on menetetty. Meidän tulee tuntea myötätuntoa kärsiviä kohtaan, meidän tulee kohdella heitä Jumalana, ja sellainen tulee olla myös meidän asenteemme kotona. Jos he, jotka sanovat 'minun poikani' ja 'minun tyttäreni', tuntisivat todellista rakkautta, niin eivätkö he silloin tulisi tänne tapaamaan sinua? Jos sinä tulet ashramiin henkisenä etsijänä, sinun tulee elää myös siten, muussa tapauksessa sinusta ei ole hyötyä perheellesi tai maailmalle. Eikä sellainen käy, lapseni!

Meidän tulee kaataa vettä puun juurille, eikä sen latvaan, sillä vain silloin vesi tavoittaa kaikki puun osat. Samalla tavoin, jos me todella rakastamme Jumalaa, niin me rakastamme kaikkia eläviä olentoja, koska Jumala elää kaikkien olentojen sydämissä. Jumala on kaiken perusta. Niinpä meidän pitäisi nähdä Jumala ja rakastaa ja palvoa häntä kaikissa muodoissa."

Jumala on temppelissä

Yksi oppilaista alkoi puhua Dayananda Saraswatista.[41] Hän kuvasi Dayanandan työtä jumalien kuvien palvontaa vastaan ja kertoi tarinan siitä, mikä oli saanut hänet kääntymään tähän suuntaan.

"Eräänä päivänä Dayananda näki hiiren kantavan makupalaa, joka oli asetettu Devin kuvan eteen ruokauhrina. Hän ajatteli: 'Minkälainen voima on Devin kuvassa, jos se ei voi edes estää hiirtä varastamasta ruokaa, joka on uhrattu sille? Miten me voimme siinä tapauksessa odottaa, että tällainen ikoni voisi

---

[41] Dayananda Saraswati oli Arya Ramajin, hinduismin uudistusliikkeen perustaja. Hän pyrki elävöittämään vediset harjoitukset ja irtisanoutui jumalien kuvien palvonnasta.

ratkaista meidän elämämme ongelmia?' Ja tuosta päivästä alkaen Dayanandasta tuli kuvien palvonnan ankara vastustaja."

Amma, joka oli kuunnellut tätä vaitonaisena, sanoi:

"Kun poika katsoo isänsä kuvaa, tuleeko hänen mieleensä taiteilija, joka maalasi taulun, vai saako se hänet muistamaan isäänsä? Jumalan kuvat auttavat meitä voimistamaan keskittymistämme häneen. Me osoitamme papukaijan kuvaa ja kerromme lapselle, että se on papukaija. Kun lapsi kasvaa, hän kykenee tunnistamaan papukaijan tarvitsematta kuvaa avukseen. Jos Jumala on kaikkialla ja kaikki on Jumalaa, niin eikö hän silloin ole myös kiveen hakatussa kuvassa? Ja jos hiiri otti sen, mikä oli uhrattu Deville, me voimme ajatella: kun tuo pieni olento oli nälkäinen, se otti sen mikä oli annettu sen Äidille. Loppujen lopuksi Devi on kaikkien olentojen Äiti."

Oppilas: "Moni *brahmiini* on harjoittanut *japaa* ja *pujaa* vuosia oivaltamatta Itseä."

Amma: "Tärkeää on kiintymättömyys ja halu tulla tuntemaan totuus. Et voi saavuttaa Jumalaa pelkästään *tapasin* avulla. Saavuttaaksesi Jumalan sinulla pitää olla puhdas ja rakastava sydän."

Oppilas: "Gita sanoo, että keho on *kshetra* (temppeli)."

Amma: "Me sanomme, että 'Jumala on sisällämme, ei ulkopuolella', koska meillä on yhä tuntemus siitä, mikä on sisällä ja mikä ulkopuolella. Meidän tulisi nähdä kaikki kehot temppeleinä ja meidän tulisi ajatella kaikkea kehonamme."

Kastierot ovat merkityksettömiä

Oppilas: "Amma, ihmiset noudattavat kastijakoon perustuvaa *ayithamia*[42] yhä edelleen. Jopa oppineet gurut noudattavat sitä."

Amma: "Tunnetko tarinan alemman kastin kadunlakaisijasta, joka lähestyi Sri Shankaracharyaa? Shankaracharya käski hänen siirtyä syrjään hänen tieltään. Lakaisija kysyi:

'Kumpi minun pitäisi siirtää syrjään, keho vai sielu? Jos haluat, että siirrän sieluni syrjään, niin minne minä siirrän sen? Sama sielu on kaikkialla. Jos haluat, että siirrän kehoni syrjään, mikä ero on minun ja sinun kehollasi? Molemmat on tehty samoista aineksista. Ainoa ero on ihonvärissä.'"

Oppilas lauloi kupletin:

"Jotkut ylpeilevät *brahmiiniudellaan*,[43] ettei edes Brahma-jumala ole heidän veroisensa!"

Amma nauroi.

Amma: "Oikea *brahmiini* on hän, joka tuntee Brahmanin, joka on kohottanut *kundaliinin* aina *sahasraraan* (tuhatlehtiseen lootukseen) päälaelle asti. Syy siihen, miksi heitä, joilla on kehittyneitä *samskaroita* (luonteenpiirteitä) on kehotettu välttämään seuraa heidän kanssaan, joilla on karkeita *samskaroita*, on siinä, että sillä on vaikutuksensa heidän *samskaroihinsa*. Mutta mistä voit löytää todellisia *brahmiineja* tänä päivänä? Pyhät kirjoitukset sanovat, että *kaliyugan* aikana *brahmiineista* tulee *sudria*[44] ja

---

[42] Malayalaminkielinen sana *ayitham* (joka tulee sanskritin kielen *asuddhamista*) viittaa uskomukseen, että ylemmän kastin jäsen tahraantuu, jos alemman kastin jäsen koskee tai lähestyy häntä.

[43] Brahmiinit ovat ylimmän, pappiskastin jäseniä.

[44] Ikivanhan intialaisen käsityksen mukaan *sudra* on neljästä kastista alin, työläiskasti.

sudrista tulee *brahmiineja*. Niinpä tässä ajassa kastijärjestelmään perustuvat määräykset ovat merkityksettömiä.

Entisaikaan ihmisille osoitettiin sellainen työ, joka vastasi parhaiten heidän *samskaraansa*. Mutta näin ei toimita tänä päivänä. Noina aikoina hienostuneille *brahmiineille* annettiin tehtäviä temppeleissä. Tänä päivänä emme voi nimittää *brahmiinin* poikaa *brahmiiniksi* tai *kshatriyan*[45] poikaa *kshatriyaksi*. Tällä alueella on monia perinteisen kalastajakastin jäseniä, jotka ovat korkeasti koulutettuja ja heillä on hyvä työpaikka. He eivät edes tunne yhteisönsä perinteisiä töitä."

Nuori mies esitti kysymyksen:

"Eikö Herra sanonut *Gitassa*: 'Minä olen itse asettanut neljä *varnaa* (pääkastia)?' Eikö hän ole siinä tapauksessa syypää siihen epäoikeudenmukaisuuteen, mikä vallitsee tänä päivänä kastien ja uskonnon välillä?"

Toinen oppilas vastasi tähän: "Miksi emme lainaisi myös seuraavaa ajatelmaa? Se sanoo: '*Gunien* (luonnonvoimien) mukaan.' Se tarkoittaa, että ihmisestä tulee *brahmiini* tai *chandala* (kastin ulkopuolella oleva) omien tekojensa ja käyttäytymisensä pohjalta, ei syntymän kautta."

Amma: "Ihmisestä ei tule *brahmiinia* vain pyhän nauhaseremonian (*upanayanan*) kautta, aivan niin kuin ei ihmisestä tule kristittyä pelkästään kastamisen kautta. Muslimeilla on myös omat vastaavat seremoniansa. Ennen kuin lapsi käy läpi tällaisen seremonian, mitä hän todella on? Katsokaahan, ihminen loi kaikki nämä kastit, ei Jumala. Ei auta syyttää Jumalaa kaikesta siitä epäoikeudenmukaisuudesta, mitä on tehty kastin ja uskonnon nimissä."

---

[45] *Kshatriyat* ovat sotilaskastin jäseniä.

Amman sanat päättivät keskustelun. Nyt oli jo melko myöhä, eivätkä edes pienet lapset olleet menneet vielä nukkumaan. Väkijoukko oli kerääntynyt lähellä olevan keinun ympärille. Muutama aikuinen yritti houkutella pientä tyttöä laulamaan Onam-laulun. Ensi alkuun hän vastusteli ujosti, mutta lopulta hän lauloi viattomalla äänellä:

Maveli nadu vaneedum kalam

Kun Maveli[46] hallitsi maata,
kaikki ihmiset olivat tasa-arvoisia,
ei ollut varkautta eikä petosta
eikä yhtäkään valheen sanaa.

He, jotka istuivat Amman lähellä ja katselivat kuinka pehmeät syyspilvet ajelehtivat kuun valaisemalla taivaalla, ajattelivat että Onam-juhlan tarkoitus oli juhlia mennyttä aikaa, jolloin maailma oli kaunis, koska tasa-arvo vallitsi kaikkialla. Nyt Amman läheisyydessä Onam oli joka päivä, sillä täällä eri rotujen, kastien ja uskontojen ihmiset elivät yhdessä saman rakastavan Äidin opetuslapsina.

Keskiviikkona 17. syyskuuta 1986

Brahmacharien oppitunti oli meneillään. Amma laskeutui huoneestaan ja käveli navettaan. Navetan taakse rakennettu tankki, johon kerättiin lanta ja virtsa, oli täynnä. Amma täytti ämpärin tankin sisällöllä ja kaatoi sen palmupuiden alle. Pian

---

[46] Maveli tai Mahabali oli demonikuningas, jonka kerrotaan hallinneen maata oikeudenmukaisesti ja reilusti. Keralan perinteessä sanotaan, että hän vierailee maan päällä vuosittain Onamin aikaan nähdäkseen, miten hänen alamaisensa pärjäävät.

brahmacharit saapuivat oppitunniltaan. He ottivat ämpärin Amman kädestä ja jatkoivat työtä, jonka hän oli aloittanut. Koska he niin vaativat, hän lopetti sen mitä hän oli ollut tekemässä ja käveli pois.

Hänen kätensä, jalkansa ja vaatteensa olivat lehmänlannan tahraamia. Naisoppilas avasi vesihanan ja yritti pestä Amman kädet ja jalat, mutta Amma ei sallinut sitä.

"Ei, tyttäreni. Amma tekee sen itse. Miksi likaisimme sinun kätesi?"

Oppilas: "Amma, miksi sinä teet tällaista työtä? Eikö täällä ole sinun opetuslapsiasi, jotka voivat tehdä sen puolestasi?"

Amma: "Tyttäreni, jos Amma seisoo syrjässä tekemättä mitään työtä, he alkavat matkia häntä ja tulevat siten laiskoiksi, ja niin heistä tulee rasitus maailmalle. Niin ei tule tapahtua. Amma iloitsee tehdessään työtä. Hän on silti pahoillaan Gayatrin tähden. Kun Amma tekee tällaista työtä, hänen vaatteensa likaantuvat ja Gayatrin täytyy ne pestä. Jos Amma yrittää pestä ne itse, hän ei salli sitä. Mutta toisinaan Amma huijaa häntä ja pesee ne itse!"

Amma nauroi. Toinen nainen lähestyi Ammaa ja kumarsi.

Amma: "Älä kumarra nyt, tyttäreni! Amman vaatteet ovat täynnä lehmänlantaa. Anna Amman mennä ja peseytyä ja sitten hän tulee takaisin."

Amma meni huoneeseensa ja palasi muutamia minuutteja myöhemmin. Oppilaat, jotka olivat seisoneet *kalarin* ympärillä, kerääntyivät nyt hänen ympärilleen. Myös brahmacharit tulivat.

Satsang on tärkeää, sadhana välttämätöntä

Brahmachari kysyi: "Amma, minkä tähden annat niin paljon merkitystä *satsangille*?"

Amma: "*Satsang* opettaa meitä elämään oikealla tavalla. Jos meillä on mukanamme kartta, kun matkustamme kaukaiseen paikkaan, pääsemme perille oikeaan aikaan, emmekä eksy. Samalla tavoin *satsangin* avulla me voimme ohjata elämämme oikeaan suuntaan välttäen vaaroja. Jos olet oppinut laittamaan ruokaa, voit helposti valmistaa aterian ja jos olet opiskellut maataloutta, niin maanviljely on sinulle helppoa. Jos ymmärrät, mikä on elämän päämäärä ja työskentelet sitä kohden oivaltaen sen, sinun elämäsi tulee olemaan ilon täyttämä. *Satsang* auttaa meitä tällä polulla.

Voimme polttaa tulella talon tai me voimme käyttää tulta ruoan valmistamiseen. Voimme pistää neulalla silmämme tai ommella sillä vaatteemme. Niinpä meidän on löydettävä oikea tapa käyttää jokaista asiaa. *Satsang* auttaa meitä ymmärtämään elämän todellisen merkityksen ja sen, millä tavalla voimme elää sen mukaisesti. Se mitä me voimme saada *satsangista* on aarre, joka kestää koko elämämme ajan."

Brahmachari: "Riittääkö *satsang* Jumal-oivalluksen saavuttamiseen?"

Amma: "Luennolle osallistuminen, jossa kerrotaan keittotaidon teoriasta, ei riitä poistamaan nälkääsi. Sinun tulee keittää ruoka ja syödä se. Jos haluat kasvattaa hedelmiä, ei riitä, että opiskelet viljelyä. Sinun tulee istuttaa hedelmäpuita ja pitää niistä huolta.

Ei riitä, että tiedät jossain kohta olevan vettä maan alla, sillä siten et saa vettä. Sinun tulee kaivaa siihen kaivo. Et myöskään voi sammuttaa janoasi katsomalla kaivon kuvaa. Sinun on nostettava vettä todellisesta kaivosta ja juotava se. Riittääkö, jos istut pysäytetyssä autossa ja katselet karttaa? Saavuttaaksesi päämääräsi sinun tulee ajaa sitä tietä pitkin, minkä näet kartassa. Samalla tavoin ei riitä, että osallistut *satsangiin* tai opiskelet pyhiä kirjoituksia. Kokeaksesi totuuden sinun tulee elää noiden sanojen mukaisesti.

Vain *sadhanan* avulla voit oppia välttämään sitä, ettet joudu olosuhteiden armoille ja että opit soveltamaan sen mitä olet oppinut elämääsi. Meidän tulee oppia henkisiä harjoituksia kuuntelemalla *satsangia* ja sitten elää noiden periaatteiden mukaisesti. Meidän pitäisi vapauttaa itsemme kaikista haluista ja palvoa Jumalaa ilman haluja ja odotuksia.

Vaikka kirjoituksissa sanotaankin, että 'Minä olen Brahman', 'Sinä olet se' ja niin edelleen, niin sisällämme oleva tietämättömyys tulee poistaa ennen kuin todellisuuden tieto voi loistaa meissä. Jos toistamme 'Minä olen Brahman', mutta emme harjoita *sadhanaa*, niin se on sama kuin kutsuisimme sokeaa lasta nimellä Prakasham (Valo).

Eräs mies piti kerran puheen, jossa hän sanoi:

'Me olemme Brahman. Eikö totta? Joten ei ole mitään tarvetta harjoittaa *sadhanaa*.'

Luennon jälkeen hänelle tarjoiltiin illallinen. Tarjoilija laittoi hänen eteensä lautasen, jossa oli paperinpalasia, joihin oli kirjoitettu: 'riisiä', *'sambaria'* ja *'payasamia'*. Lautasella ei ollut ruokaa. Puhuja tuli vihaiseksi.

'Mitä sinä oikein luulet tekeväsi? Pyritkö sinä loukkaamaan minua?' hän kysyi.

Tarjoilija sanoi:

'Kuuntelin puhettasi aiemmin tänä iltana. Kuulin sinun sanovan, että sinä olet Brahman ja että tämä ajatus riittää, eikä ole tarpeen harjoittaa *sadhanaa*. Niinpä ajattelin, että olisit varmaankin samaa mieltä, että ruoan ajatteleminen riittäisi tyydyttämään nälkäsi. Ei ole ilmiselvästi tarvetta syödä.'

Ei riitä, että vain puhumme, lapseni! Meidän tulee myös toimia. Vain *sadhanan* avulla voimme oivaltaa totuuden. Hänelle, joka ei ponnistele lainkaan, *satsang* on kuin shakaalille annettu kookoksen hedelmä: hänen nälkänsä ei tule koskaan tyydytyksi. Lääke parantaa terveyttäsi, mikäli seuraat pullon kylkeen kirjoitettuja ohjeita ja otat oikean annostuksen. *Satsang* on kuin oikean ohjeen saamista ja *sadhana* on itse lääkkeen nauttimista. *Satsang* opettaa meille sen mikä on ikuista ja mikä väliaikaista, mutta vain *sadhanan* avulla me voimme kokea ja oivaltaa sen, mitä me olemme oppineet.

Jos laitamme radion osia yhteen, niin kuin on neuvottu ja yhdistämme ne patteriin, voimme kuunnella erilaisia ohjelmia kaukaisilta asemilta ollessamme kotona. Kun valmistamme oman mielemme *sadhanan* avulla ja elämme *mahatmojen* opetusten mukaisesti, voimme nauttia äärettömästä autuudesta, vielä kun olemme yhä nykyisessä kehossamme. Jos harjoitamme *sadhanaa* ja teemme epäitsekästä palvelutyötä, emme tarvitse muuta.

Kuinka paljon hyvänsä opettelemmekin *vedantaa* (ykseysfilosofiaa), niin ilman *sadhanan* harjoittamista emme voi kokea todellisuutta. Se mitä me etsimme on sisällämme, mutta tavoittaaksemme sen meidän tulee harjoittaa *sadhanaa*. Jotta siemenestä voisi tulla puu, meidän on kylvettävä se maahan, kasteltava ja lannoitettava sitä. Ei riitä, että pidämme sitä kädessämme."

Kukaan ei huomannut ajan kulumista, kun he istuivat kuuntelemassa Amman nektarin kaltaisia sanoja. Lopulta hän muistutti heitä:

"Menkää nukkumaan. On jo myöhä. Eikö teidän tarvitse nousta aamulla *archanaan* (mantrojen resitaatioharjoitukseen)?"

He nousivat kaikki ylös ja kävelivät vastentahtoisesti poispäin. Käveltyään hetken he pysähtyivät ja katsoivat taakseen ja näkivät Amman hahmon kylpevän kuunvalossa. Eikö noiden kasvojen säteily ollut sama kuin se, joka loisti kuussa, auringossa ja tähdissä?

Tameva bhantam anubhati sarvam
Tasya bhasa sarvamidam vibhati

Kun hän säteilee, kaikki säteilee hänen säteilyään.
Hänen valoaan, kaikki säteilee.

–Kathopanishad

Sanasto

Achyuta: 'Tuhoutumaton', Ikuinen'. Yksi Vishnun nimistä.

Adharma: Epäoikeudenmukaisuus, synti, vastakohta jumalalliselle harmonialle.

Advaita: Ei-kaksinaisuus, ykseys. Filosofia, joka opettaa, että korkein todellisuus on 'yksi ja jakamaton'. Ykseysfilosofia.

Ahimsa: Väkivallattomuus, vahingoittamattomuus. Pidättyminen vahingoittamasta yhtäkään elävää olentoa ajatuksin, sanoin tai teoin.

Ambika: 'Äiti'. Jumalallinen Äiti.

Ammachi: Kunnioitettu Äiti.

Annaprasana: Lapsen syöttäminen ensi kertaa kiinteällä ravinnolla.

Annapurna: Jumalallisen Äidin olemuspuoli, joka ravitsee kaikkia olentoja.

Arati: Rituaali, jossa temppelissä liikutetaan palavaa kamferia Jumalan kuvan tai pyhän henkilön edessä *pujan* (jumalanpalveluksen) päätteeksi. Kamferin palaessa mitään ei jää jäljelle, mikä on vertauskuva egon tuhoutumisesta.

Archana: 'Uhraus jumalanpalveluksena'. Jumalanpalveluksen muoto, jossa toistetaan 108 tai 1000 Jumalan nimeä yhdellä kertaa.

Asana: Pieni matto, jolla oppilas istuu meditaation aikana. Jooga-asento.

Ashram: 'Kilvoittelun paikka'. Paikka, missä henkiset etsijät ja oppilaat elävät tai vierailevat eläikseen henkistä elämää ja harjoittaakseen *sadhanaa*. Se on yleensä samalla koti henkiselle opettajalle, pyhimykselle tai askeetille, joka ohjaa oppilaita.

Atman: Todellinen Itse. Todellinen olemuksemme. *Sanatana Dharman* keskeisiä opetuksia on, että me emme ole fyysinen keho, tunteet, mieli, äly tai persoonallisuus. Me olemme ikuinen, puhdas Itse.

AUM/OM: Pyhä sointu. Alkuääni tai värähtely, joka edustaa Brahmania (absoluuttia) tai koko luomakuntaa. AUM on perusmantra, joka yleensä aloittaa aina muut mantrat.

Avadhuta: Itse-oivalluksen saavuttanut sielu, joka näkee kaiken läpäisevän ykseyden ja joka on ylittänyt yhteiskunnalliset sovinnaisuudet.

Avataara: 'Alaslaskeutunut'. Jumalan ilmentymä. Jumalan ilmentymän tarkoituksena on suojella hyviä, tuhota pahaa, palauttaa oikeudenmukaisuus maailmaan ja ohjata ihmiskunta takaisin kohti henkistä päämäärää. On hyvin harvinaista, että inkarnaatio on täysi ilmentymä (*purna-avataara*).

Ayitham: Malayalaminkielinen sana 'ayitham' (sanskritin kielen 'asuddham' sanasta) viittaa käsitykseen, että korkean kastin jäsen likaantuu, jos alemman kastin jäsen lähestyy tai koskee häntä.

Ayurveda: 'Elämän tiede'. Antiikin Intian kokonaisvaltainen lääketiede ja terveydenhoitomenetelmä. Ayurvediset lääkkeet valmistetaan yleensä lääkeyrteistä ja kasveista.

Bhagavad-Gita: 'Jumalan laulu'. *Bhagavad* = Jumalan, Herran, *Gita* = laulu tarkoittaen erityisesti neuvoa ja ohjetta. Opetukset, jotka Krishna antoi Arjunalle Kurukshetran taistelutantereella ennen Mahabharatan sodan alkamista. Kyse on käytännöllisistä ohjeista päivittäistä elämää varten sisältäen vedisen viisauden ytimen. *Bhagavad-Gita* on osa *Mahabharata*-eeposta.

Bhagavan: Siunattu Herra, Jumala. Veedisen kirjallisuuden, *Vedangan*, mukaan Bhagavan on hän, joka tuhoaa jälleensyntymisen ja lahjoittaa ykseyden korkeimman hengen kanssa.

Bhagavata: Katso: Srimad Bhagavatam.

Bhajan: Antaumukselliset laulut. Henkiset laulut.

Bhakti: Antaumus, antaumuksellinen rakkaus.

Bhasma: pyhää tuhkaa.

Bhava: Mielentila.

Bhava-darshan: Tilaisuus, jonka aikana Amma ilmensi ensin Krishnaa ja sitten Deviä, Jumalallista Äitiä ja vastaanotti ihmiset syleilemällä heidät.

Brahmachari: Selibaatissa elävä henkinen oppilas.

Brahmacharini: Nunna, naispuolinen henkinen oppilas.

Brahmacharya: Mielen ja aistien selibaatti eli niiden hallinta ja kurinalaisuus.

Brahman: Absoluuttinen todellisuus, kokonaisuus, korkein olento, joka pitää kaiken sisällään ja läpäisee kaiken. Yksi ja näkymätön.

Brahma Sutrat: Pyhimys Badayaranan (Veda Vyasan) aforismit, jotka kertovat *vedantasta*, ykseysfilosofiasta.

Chammadi: Kookoksesta valmistettu maustekastike.

Chandala: Kastiton.

Chechi: (malayalamia) Vanhempi sisar. On lämminhenkisempää kutsua jotakuta Chechiksi kuin nimellä.

Dakshayani: Jumalallisen Äidin, Parvatin, nimi.

Darshan: Jumalan tai pyhän henkilön tapaaminen tai kohtaaminen näyssä.

Devi: 'Säteilevä'. Jumalallinen Äiti.

Devi-bhava: 'Jumalallisen Äidin mielentila'. Tila, jonka aikana Amma paljastaa ykseytensä Jumalallisen Äidin kanssa.

Dhara: Nesteen jatkuva virta. Tätä käsitettä käytetään usein merkitsemään hoitomuotoa, jossa kaadetaan nestemäistä lääkettä jatkuvana virtana potilaan ylle. Se tarkoittaa myös jumalan patsaan seremoniallista kylvettämistä.

Dharma: 'Se mikä ylläpitää maailmankaikkeutta'. *Dharmalla* on monia merkityksiä, kuten jumalallinen laki, olemassaolon laki, se mikä on harmoniassa jumalallisen kanssa, oikeuden-mukaisuus, uskonto, velvollisuus, oikeanlainen käytös, oikeus, hyvyys, totuus ja oikea elämäntapa. *Dharma* merkitsee uskon-non sisäisiä periaatteita.

Dhyana: Meditaatio, kontemplaatio, hiljentyminen.

Diksha: Vihkimys.

Dosha: Riisijauheesta valmistettu pannukakku.

Durga: Shaktin, Jumalallisen Äidin, olemuspuoli. Durga kuva-taan usein ratsastamassa leijonalla, käsissään erilaisia aseita. Hän on pahan tuhoaja ja hyvän suojelija. Hän tuhoaa lastensa halut ja kielteiset ominaisuudet (*vasanat*) ja paljastaa siten korkeimman Itsen.

Dwaraka: Kaupunkisaari, missä Krishna asui ja hoiti kuninkaal-lisia velvollisuuksiaan. Sen jälkeen, kun Krishna jätti kehonsa, Dwaraka jäi valtameren alle. Arkeologit ovat joitakin aikoja sitten löytäneet Gujaratista kaupungin rauniot, joiden usko-taan olleen Dwaraka.

Ekagrata: Mielen täydellinen keskittyneisyys, johon pyritään meditaatiossa ja muissa henkisissä harjoituksissa.

Gayatri: Vedojen tärkein mantra, joka liittyy Savita-jumalatta-reen, Auringon elävöittävään voimaan. Kun nuori saa *upa-nayanan*, pyhän langan, hänen tulee toistaa tätä mantraa. Gayatri-jumalatar.

Gita: Laulu. *Bhagavad-Gitan* lyhennetty nimi.

Gopala: 'Lehmipoika'. Yksi Krishnan nimistä.

Gopi: *Gopit* olivat lehmityttöjä ja karjakoja, jotka asuivat Vrin-davanissa. He olivat Krishnan läheisimpiä oppilaita, jotka tunnettiin heidän *bhaktistaan*, antaumuksellisesta rakkaudestaan Herraa kohtaan. He ilmentävät voimallisinta rakkautta Jumalaa kohtaan.

Grihastashrama: Hän, joka on omistautunut elämään henkistä elämää perheellisenä.

Guna: Alkuperäinen luonto (*prakriti*) koostuu kolmesta *gunasta*, perusenergiasta tai olemuspuolesta, jotka läpäisevät kaiken olemassaolevan: *sattva* (hyvyys, puhtaus, rauhallisuus), *rajas* (aktiivisuus, intohimoisuus) ja *tamas* (pimeys, laiskuus, tietämättömyys). Nämä kolme *gunaa*, luonnonvoimaa, toimivat ja reagoivat toisiinsa. Ilmiömaailma on koostunut näiden kolmen voiman erilaisista koostumuksista.

Guru: 'Hän joka poistaa tietämättömyyden pimeyden'. Henkinen mestari, opas. *Gu* on pimeys ja *ru* on valo. *Guru* on näin hän, joka johdattaa oppilaan pimeydestä valoon.

Gurukula: Ashram, jossa on elävä guru, jossa opetuslapset asuvat ja opiskelevat gurun johdolla. Myös entisaikojen koulutusjärjestelmä Intiassa.

Guruvayoor: Pyhiinvaelluskohde Keralassa, lähellä Trissuria, missä sijaitsee kuuluisa Krishna-temppeli.

Haimavati: Yksi Jumalallisen Äidin, Parvatin, nimistä.

Hathajooga: Harjoitusmenetelmä, joka pitää sisällään kehon ja mielen harjoituksia, jotka on kehitetty menneinä aikoina Intiassa. Sen tarkoituksena on saada keho ja elinvoimat toimimaan täydellisinä käyttövälineinä, jotta ihminen voisi saavuttaa Itse-oivalluksen.

Homa: Uhrituli.

Hridayasunya: Sydämetön.

Hridayesha: Sydämen Herra.

Japa: Mantran toistaminen, Jumalan nimen rukoileminen.

Jarasandha: Magadhan voimakas kuningas, joka taisteli Krishnan kanssa 18 kertaa ja jonka Bhima lopulta tappoi.

Jivatman: Yksilösielu.

Jnana: Henkinen tai jumalallinen tieto. Todellinen tieto on suoraa kokemista, vapaana mielen, älyn ja aistien rajoituksista. Se saavutetaan henkisillä harjoituksilla ja Jumalan tai gurun armosta.

Jooga: 'Yhdistyä'. Sarja menetelmiä, joiden avulla on mahdollista saavuttaa ykseys jumalallisen kanssa. Polku joka johtaa Itse-oivallukseen eli Jumal-oivallukseen.

Joogi: Hän joka on vakiintunut joogan harjoittamiseen tai joka on vakiintunut ykseyden tilaan korkeimman tietoisuuden kanssa.

Kalari: Amritapurin ashramissa oleva pieni temppeli Kali-temppelin takana, missä bhava-darshanit, Amman halaustilaisuudet, pidettiin alkuvuosina.

Kali: 'Tumma'. Jumalallisen Äidin olemuspuoli. Egon näkökulmasta hän voi vaikuttaa pelottavalta. Hän tuhoaa egon. Mutta hän tuhoaa egon ja auttaa meitä muuttumaan äärettömän myötätuntonsa tähden. Kalilla on monia hahmoja, hyväntahtoisessa muodossa hänet tunnetaan Bhadra Kalina. Oppilas tietää, että Kalin ankaran ulkomuodon taustalla on rakastava Äiti, joka suojelee lapsiaan ja lahjoittaa heille armosta vapautuksen.

Kamandalu: Kattila, jossa on kädensija ja taivutettu nokka, jota munkit käyttävät kerätessään vettä ja ruokaa.

Kamsa: Krishnan demoninen setä, jonka hän tappoi.

Kanji: Riisivelli tai riisivesi.

Kanna: 'Hän jolla on kauniit silmät'. Krishnan kutsumanimi lapsena. Krishnan lapsuudesta on olemassa monia tarinoita ja toisinaan häntä palvotaan jumalallisena lapsena.

Kapha: Katso: vata, pitta, kapha.

Karma: Toimi, teko, toiminnan seurausvaikutus.

Karmajooga: 'Sulautuminen tekojen avulla'. Henkinen polku, joka koostuu takertumattomista, epäitsekkäistä palvelutöistä ja jossa omien tekojen hedelmät uhrataan Jumalalle.

Karmajoogi: Hän, joka seuraa epäitsekkäiden tekojen polkua.

Kartyayani: Jumalallisen Äidin, Parvatin, nimi.

Kauravat: Dritharasthran ja Gandharin sata poikaa. Kauravat olivat Pandavien vihollisia, joita vastaan he taistelivat Mahabharatan sodassa.

Kindi: Kindi on perinteinen nokallinen pronssiastia.

Kirtan: Hymni, henkinen laulu.

Krishna: 'Hän, joka vetää meitä puoleensa' tai 'Tummaihoinen'. Vishnun tärkein inkarnaatio. Hän syntyi kuninkaalliseen perheeseen, mutta kasvoi kasvattivanhempien kanssa ja eli nuorena karjapojan elämää Vrindavanissa, missä hänen seuralaisensa *gopat* (lehmipojat) ja *gopit* (lehmitytöt) rakastivat ja palvoivat häntä. Krishnasta tuli Dwarakan hallitsija. Hän oli serkkujensa, Pandavien, ystävä ja neuvonantaja, erityisesti Arjunan, jolle hän antoi opetuksensa *Bhagavad-Gitassa*.

Krishna-bhava: Juhla, jonka aikana Amma paljasti ykseytensä Krishnan kanssa.

Kumkum: sahramia, jota käytetään otsamerkkinä.

Kshatriya: Sotilaskasti, jonka jäsenet toimivat yleensä myös maansa johtajina.

Kshetra: Temppeli, kenttä, keho.

Kundaliini: 'Käärmevoima'. Henkinen energia, joka lepää ikään kuin kerällä oleva käärme selkärannan alimmassa pisteessä. Henkisten harjoitusten avulla se lähtee nousemaan *sushumna-nadia*, selkärangassa kulkevaa hienonhienoa hermorataa pitkin, ylöspäin lävistäen matkallaan *chakrat* (energiakeskukset). Kun *kundaliini* nousee *chakra chakralta* ylöspäin, henkinen oppilas alkaa kokea toinen toistaan hienompia tietoisuudentiloja. Lopulta *kundaliini* saavuttaa korkeimman *chakran* päälaella (*sahasrara*-lootuksen), mikä johtaa vapautukseen.

Lakshya bodha: Jatkuva tietoisuus ja pyrkimys korkeimpaan päämäärään.

Lalita Sahasranama: Jumalallisen Äidin, Lalitambikan, tuhat nimeä eli mantraa.

Liila: 'Jumalallinen leikki'. Jumalan teot, jotka ovat vapaita ja jotka voivat olla luonnonlakien yläpuolella.

Mahatma: 'Suuri sielu'. Kun Amma käyttää sanaa 'mahatma', hän tarkoittaa sillä Itse-oivalluksen saavuttanutta sielua.

Mahasamadhi: Kun Itse-oivalluksen saavuttanut sielu kuolee, sitä kutsutaan *mahasamadhiksi*, 'suureksi *samadhiksi*'.

Mala: Rukousnauha, joka on yleensä valmistettu rudrakshan-siemenistä, santelipuusta tai tulasi-puusta.

Mantra: Pyhä sana tai rukous, jota toistetaan kaiken aikaa. Tämä herättää nukkuvan henkisen voiman ja auttaa saavuttamaan jumalallisen päämäärän. Mantra on voimallisin, jos se saadaan henkiseltä opettajalta vihkimyksen aikana.

Mataji: 'Kunnioitettu Äiti'. Ji-loppu tarkoittaa kunnioitettua.

Maya: 'Illuusio'. Jumalallinen voima tai verho, jonka avulla Jumala luomisen jumalallisessa leikissään peittää itsensä antaen vaikutelman monesta ja luoden siten illuusion erillisyydestä. Kun *maya* peittoaa todellisuuden, se petkuttaa meitä saaden meidät uskomaan, että täydellinen onni olisi löydettävissä ulkopuoleltamme.

Mookambika: Jumalallinen Äiti, sellaisena kuin häntä palvotaan kuuluisassa Devi-temppelissä Kalloorissa, Etelä-Intiassa.

Mukti: Vapautus. Kärsimyksen ja tietämättömyyden päättyminen.

Muladhara: Alin seitsemästä chakrasta. Sijaitsee selkärangan juuressa.

Mudra: Pyhä käsiasento, joka edustaa henkisiä totuuksia.

Namah Shivayah: Panchakshara-mantra (mantra, joka koostuu viidestä eri kirjaimesta), joka tarkoittaa ' Tervehdys Shivalle, Hyvän tuojalle'.

Nanda: Krishnan kasvatti-isä.

Narayana: Nara = tieto, vesi. 'Hän, joka on vakiintunut korkeimpaan tietoon'. 'Hän, joka lepää kausaalisissa vesissä'. Vishnun nimi.

Nasyam: Puhdistava ayurvedinen hoito, johon liittyy nenän puhdistaminen lääkeöljyllä.

Ojas: Seksuaalienergia, joka on muunnettu hienoksi elinvoimaksi henkisten harjoitusten avulla.

Pada-puja: Jumalan, gurun tai pyhimysten jalkojen palvominen.

Pandavat: Kuningas Pandun viisi poikaa, jotka ovat Mahabharata-eepoksen sankareita ja samalla Krishnan oppilaita.

Paramatman: Korkein tietoisuus, henki, Brahman, absoluutti, Jumala.

Parvati: 'Vuoren tytär'. Shivan jumalallisen puolison nimi. Jumalallisen Äidin nimi.

Payasam: Makea riisivanukas.

Peetham: (lausutaan: piitham) Pyhä istuin, jolla guru istuu.

Pinnak: kuitua, joka jää jäljelle, kun kookoshedelmästä tai siemenistä poistetaan öljy.

Pitta: Katso: Vata, pitta, kapha.

Pradakshina: Jumalanpalveluksen muoto, jossa kierretään kellon suuntaisesti pyhä paikka, temppeli, vuori tai pyhimys.

Prarabdha: 'Velvollisuudet, taakka'. Aiemmin tässä elämässä tai aiemmassa elämässä tehtyjen tekojen hedelmä, joka ilmenee tässä elämässä (*prarabdha-karmana*).

Prasad: Pyhä uhrilahja, joka jaetaan osallistujille *pujan* jälkeen. Mitä hyvänsä *mahatma* antaa siunauksensa osoituksena, niin sitä pidetään *prasadina*.

Prema: Korkein rakkaus.

Prema-bhakti: Korkein antaumuksellinen rakkaus.

Puja: Ritualistinen jumalanpalvelus.

Purnam: Täysi, täydellinen.

Radha: Yksi Krishnan oppilaista, *gopeista*, lehmitytöistä. Hän oli *gopeista* lähimpänä Krishnaa, sillä hänen rakkautensa edusti korkeinta ja puhtainta rakkautta Jumalaa kohtaan. Golokassa, Krishnan taivaallisessa asuinpaikassa, Radha on Krishnan taivaallinen puoliso.

Rajas: Toimeliaisuus, intohimoisuus. Yksi kolmesta *gunasta*, luonnonvoimasta.

Rama: 'Ilon antaja'. *Ramayana*-eepoksen jumalallinen sankari. Hän oli Vishnun inkarnaatio ja häntä pidetään hyveellisyyden esikuvana.

Ramarajya: Raman kuningaskuntaa, ihanneyhteiskuntaa

Ramayana: 'Raman elämä'. Yksi Intian suurimmista eeppisistä runoelmista, joka kuvaa Raman elämää. Sen on kirjoittanut pyhimys Valmiki. Rama oli Vishnun inkarnaatio. Suuri osa tätä eeposta kuvaa sitä, miten demonikuningas Ravana ryösti Sitan, Raman vaimon ja vei hänet Sri Lankaan ja miten Rama pelasti hänet oppilaidensa kanssa.

Rasam: Keitto, joka on valmistettu tamarindista, suolasta, chilistä, sipulista ja mausteista.

Ravana: Sri Lankan demonikuningas, *Ramayana*-eepoksen roisto. Hän edustaa egon demonia.

Rudraksha: Rudraksha-puun siemenet, joilla on sekä lääkinnällisiä että henkisiä voimia, jotka liitetään Shiva-jumalaan.

Sadhaka: Henkinen oppilas, joka harjoittaa *sadhanaa* saavuttaakseen Itse-oivalluksen.

Sadhana: Henkinen itsekuri ja henkiset harjoitukset, kuten meditaatio, rukous, *japa*, pyhien kirjojen lukeminen ja paastoaminen.

Sahasrara: 'Tuhat terälehtinen (lootus)'. Korkein *chakra*, joka sijaitsee päälaella, missä *kundaliini* yhdistyy Shivan kanssa. Sitä kuvaa lootuksenkukka, jossa on tuhat terälehteä.

Samadhi: *Sam* = yhdessä, *Adhi* = Herra. Ykseys Jumalan kanssa. Syvä, täydellisen keskittymisen tila, jossa kaikki ajatukset vaimenevat, mieli hiljenee täydelliseen hiljaisuuteen, jossa puhdas tietoisuus ilmenee ja kokija pitäytyy Itsen (*atmanin*) tilassa.

Sambar: Kastike, joka on tehty vihanneksista ja mausteista.

Samsara: Moninaisuuden maailma, syntymisen, kuoleman ja uudelleensyntymisen kehä. Kärsimyksen maailma.

Samskara: Tällä sanalla on kaksi merkitystä: Kulttuuri ja toisaalta yksilön mieleen tallentuneiden kokemusten kokonaisuus (aikaisemmista elämistä), joka vaikuttaa hänen elämäänsä ihmisenä – hänen luonteeseensa, toimintaansa ja mielentilaansa.

Sanatana Dharma: 'Ikuinen elämäntapa'. Hindulaisuuden alkuperäinen nimi.

Sandhya: Auringonnousu, keskipäivä tai auringonlasku – yleensä auringonlasku.

Sankalpa: Luova, syvä päätös, joka toteutuu. Tavallisen ihmisen *sankalpa* ei aina tuota toivottua tulosta, mutta Itse-oivalluksen saavuttaneen olennon *sankalpa* tuottaa toivotun tuloksen.

Sanjaasa: Sanjaasan omaksuminen tarkoittaa munkiksi ja nunnaksi ryhtymistä.

Sanjaasi: Munkki tai nunna, joka on vannonut muodollisen luopumisen valan. *Sanjaasi* pitää perinteisesti okranvärisiä vaatteita, mikä kuvastaa kaiken riippuvuuden polttamista pois.

Satguru: Oivalluksen savuttanut henkinen opettaja. *Sat* = totuus.

Satsang: *Sat*: totuus, oleminen, *sanga* = yhdessä oleminen. Viisaiden ja hyveellisten seurassa oleminen. Pyhimyksen tai oppineen pitämä henkinen luento. Henkisten kirjojen lukeminen.

Shakti: Voima, energia. *Shakti* on myös Universaalin Äidin nimi, Brahmanin dynaaminen olemuspuoli. Shiva ja Shakti edustavat samalla maskuliinista ja feminiinistä olemuspuolta universumissa ja yksilössä.

Shankaracharya: Suuri mahatma ja filosofi, joka eli 700-luvulla. Hän opetti advaitaa eli ykseysfilosofiaa.

Shastri: Uskonnollinen, henkinen oppinut.

Shiva: Korkeimman olennon muoto, personifikaatio. Maskuliininen olemuspuoli, Brahmanin liikkumaton olemuspuoli. Yksi kolmesta jumalasta (Brahman ja Vishnun lisäksi), joka liittyy maailmankaikkeuden tuhoamiseen, sen tuhoamiseen mikä ei ole todellinen.

Shraddha: Sanskritin kielessä *shraddha* tarkoittaa uskoa, joka perustuu viisauteen ja kokemukseen, kun taas sama termi malayalamin kielessä tarkoittaa työlleen omistautumista ja tarkkaavaisuutta kaikissa toimissa. Amma käyttää tätä termiä usein jälkimmäisessä merkityksessä.

Sri tai *Shree*: 'Säteilevä, pyhä, kunnioitettu'. Kunnioitusta osoittava etuliite.

Shridhara: 'Hän, joka pitää Lakshmia'. Yksi Vishnun nimistä.

Srimad Bhagavatam: Yksi 18 Puranasta, joka käsittelee Vishnun inkarnaatioita, erityisesti Krishnan elämää. Se korostaa *bhaktia*, antaumuksellisen rakkauden, merkitystä.

Sugunandan: Amman isä.

Tamas: Pimeys, velttous, apatia, tietämättömyys. *Tamas* on yksi kolmesta *gunasta*, luonnonvoimasta.

Tambura: intialainen rumpu

Tandava: Shivan autuaallinen tanssi, erityisesti iltaruskon aikaan.

Tapas: 'Kuumuus'. Itsekuri, itsekuriharjoitukset, itsensä uhraaminen, henkiset harjoitukset, jotka polttavat mielen epäpuhtaudet pois.

Tapasvi: Hän, joka harjoittaa *tapasia*, henkisiä itsekuriharjoituksia.

Tenga: Kookos malayalamin kielellä.

Tirtham: Pyhä vesi.

Tyaga: Luopuminen.

Upanayana: Perinteinen seremonia, jonka aikana ylempään kastiin kuuluvien vanhempien syntyneelle lapselle annetaan pyhä nauha ja vihitään hänet pyhään opiskeluun.

Upanishadit: 'Istua Mestarin jalkojen juuressa'. 'Se mikä tuhoaa tietämättömyyden'. *Vedojen* neljäs, viimeinen osa, joka käsittelee *vedantaa*, ykseysfilosofiaa.

Vada: Linssistä leivottu maukas, paistettu välipala.

Vairagya: Takertumattomuus, luopuminen.

Vanaprastha: Elämänkaaren erakkovaihe. Muinaisen Intian perinteen mukaan elämänvaiheita oli neljä. Ensimmäisessä vaiheessa lapsi lähetetään *gurukulaan*, jossa hän elää *brahmacharin* elämänvaihetta. Sitten hän avioituu ja elää perheellisen elämää omistautuen samalla henkisyydelle (*grihasthashrami*). Kun aviopuolisoiden lapset ovat tarpeeksi vanhoja pitääkseen huolta itsestään, vanhemmat vetäytyvät erakkomajaan tai ashramiin, missä he elävät puhtaasti henkistä elämää tehden henkisiä harjoituksia. Elämänsä neljännessä vaiheessa he luopuvat maailmasta kokonaan ja elävät sanjaasin elämää.

Varna: Pääkasti. Neljä pääkastia ovat brahmiinit, kshatriyat, vaishyat ja sudrat.

Vasana: Vas = eläminen, jäljelle jäävä. *Vasanat* ovat piilossa olevia ominaisuuksia tai hienosyisiä mielen haluja, jotka ilmenevät toimina ja tekoina. Kielteiset ominaisuudet.

Vata, pitta, kapha: Ikivanhan *ayurvedisen* lääketieteen mukaan on olemassa kolme erilaista elämänvoimaa tai biologista ominaislaatua, jotka vastaavat ilman, tulen ja veden elementtejä. Nämä kolme elementtiä määrittävät kasvumme ja rappeutumisemme laadun ja ne ovat samalla määrääviä tekijöitä sairastumisessamme. Jonkin elementin johtava asema määrittää psykofyysisen ominaislaatumme.

Veda: 'Tieto'. Hindulaisuuden ikiaikainen, pyhä kirjoitus. Sanskritinkielinen kokoelma pyhiä tekstejä, jotka on jaettu neljään osaan: *Rig-, Yajur-, Sama-* ja *Atharva-Vedaksi*. Ne ovat maailman vanhimpia kirjoituksia. *Vedojen* katsotaan ilmentävän suoraan korkeinta totuutta, jonka Jumala on antanut risheille, tietäjille.

Vedanta: 'Tiedon loppu, korkein tieto'. Vedojen päätösosa, joka kertoo *Upanishadien* filosofiasta, lopullisesta totuudesta, joka ilmaistaan sanomalla: 'Yksi ilman toista' – moninaisuuden läpäisee yksi tietoisuus.

Veena: (lausutaan viina) Intialainen kielisoitin, joka liittyy Jumalalliseen Äitiin. Oppimisen jumalatar Saraswati kuvataan soittamassa veenaa.

Vrindavan: Paikka, missä historiallinen Krishna eli nuorena paimenpoikana.

Vyasa: Pyhimys, joka jakoi *Vedat* neljään osaan. Hän kirjoitti myös 18 Puranaa (eeposta), kuten *Mahabharatan*, mutta myös sellaisia filosofisia teoksia kuten *Brahma Sutrat*.

Yaga: Vedinen uhritoimitus.

Yama ja niyama: Joogan eettiset ohjeet sen suhteen, mitä tulee tehdä ja mitä jättää tekemättä.

Yasoda: Krishnan kasvattiäiti.

www.ingramcontent.com/pod-product-compliance
Lightning Source LLC
Chambersburg PA
CBHW071207090426
42736CB00014B/2739